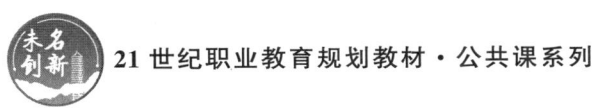

21 世纪职业教育规划教材·公共课系列

大学生职业生涯与发展规划

（第四版）

主　编　姜　辉
副主编　万春秀　马会敏
参　编　刘　丹　戴　晋　尹　静
　　　　毕淑艳　梁　昕　李　叙
主　审　李海涛

图书在版编目(CIP)数据

大学生职业生涯与发展规划 / 姜辉主编. -- 4 版. -- 北京：北京大学出版社，2025.8. -- (21 世纪职业教育规划教材). -- ISBN 978-7-301-36419-2

Ⅰ.G717.38

中国国家版本馆 CIP 数据核字第 2025FU9054 号

书　　　名	大学生职业生涯与发展规划（第四版） DAXUESHENG ZHIYE SHENGYA YU FAZHAN GUIHUA（DI-SI BAN）
著作责任者	姜　辉　主编
策 划 编 辑	温丹丹
责 任 编 辑	温丹丹
标 准 书 号	ISBN 978-7-301-36419-2
出 版 发 行	北京大学出版社
地　　　址	北京市海淀区成府路 205 号　100871
网　　　址	http://www.pup.cn　新浪微博：@北京大学出版社
电 子 邮 箱	编辑部 zyjy@pup.cn　总编室 zpup@pup.cn
电　　　话	邮购部 010-62752015　发行部 010-62750672　编辑部 010-62752013
印 刷 者	天津中印联印务有限公司
经 销 者	新华书店
	789 毫米×1092 毫米　16 开本　14.5 印张　352 千字 2009 年 8 月第 1 版　2014 年 8 月第 2 版　2023 年 8 月第 3 版 2025 年 8 月第 4 版　2025 年 8 月第 1 次印刷（总第 19 次印刷）
定　　　价	49.00 元

未经许可，不得以任何方式复制或抄袭本书之部分或全部内容。
版权所有，侵权必究
举报电话：010-62752024　电子邮箱：fd@pup.cn
图书如有印装质量问题，请与出版部联系，电话：010-62756370

第四版前言

> 选择职业是人生大事,因为职业决定了一个人的未来……选择职业就是选择将来的自己。
>
> ——罗素

党的二十大报告指出"培养造就大批德才兼备的高素质人才,是国家和民族长远发展大计",强调必须坚持"人才是第一资源",深入实施"人才强国战略",坚持"人才引领驱动"。踏上向第二个百年奋斗目标进军的新征程,我们比历史上任何时期都更加接近实现中华民族伟大复兴的宏伟目标,也比历史上任何时期都更加渴求人才。本次修订,坚持以习近平新时代中国特色社会主义思想为指导,坚持马克思主义幸福观,依据先进的职业生涯理论,按照职业生涯规划的基本流程,以探索、精进和追求幸福人生为主线,建构教学体系,力求适应当下经济发展和产业转型升级对工匠型人才的需求。

我们的编写团队中有来自教学一线的具有丰富的职业生涯规划课程教学经验的专任教师,如全球职业规划师(GCDF)、BCC全球生涯教练、企业人力资源管理师等。希望这本教材能够为学生进行职业生涯规划提供更多的帮助。但是,读完这本教材,或完成职业生涯规划课程,学生并不一定会做出自己的职业决策。因为做职业决策是一个难度很大的工作,需要学生具备一定的职业生涯规划技能,如自我探索技能和信息处理技能等,这些技能是需要经过一定的专业训练才能掌握的。

本教材具有以下几方面的特点:

第一,在编写理念上,坚持正确的价值引领,引导学生树立合理的择业观、生活观和工作观,在个人发展与祖国发展的结合点上规划自己的人生,努力追求生活的意义与人生的幸福。鼓励学生保持积极正向的行动,用积极乐观的眼光看待未来,帮助学生获得更多的面对真实世界的力量。

第二,在体系设计上,采用适应职业教育要求的、以"专业对应工作岗位"为基点的思路,以职业生涯的探索者——大学生寻找适合自己的工作为任务,围绕"职业生涯规划"的流程展开,较为全面地介绍职业选择、职业决策的基本理论和方法,其宗旨是指导学生树立正确的就业择业观,促使学生理性地规划自身未来的发展,并努力在学习过程中自觉地提高就业能力和职业生涯管理能力,获得自身的全面和终身发展。教材为学生提供一个综合的职业生涯学习活动体系,让职业生涯规划成为学生完成的第一项工作任务。教材用技能练习作为行动部分,让学生在完成练习、掌握生涯规划的各项技能的同时，一步一步地根据职业决策过程完成自己的职业生涯规划。

第三，在教学内容上，整体设计遵循帕森斯特质因素理论、霍兰德职业兴趣理论等现代生涯选择理论的传统逻辑，以问题为导向，突出课程的实操性，针对学生常见的困惑阐述职业生涯规划的基本理论和技术，为学生提供自我探索、职业探索和职业决策的具体操作方法。学生完成教材中设置的学习任务即可完成个人的生涯规划。

本教材由黑龙江交通职业技术学院姜辉担任主编，黑龙江农业经济职业学院万春秀、黑龙江交通职业技术学院马会敏担任副主编，黑龙江农业经济职业学院刘丹、黑龙江交通职业技术学院戴晋、黑龙江农业经济职业学院尹静、黑龙江交通职业技术学院毕淑艳、海尔智家供应链东北园区人力资源高级经理梁昕、牡丹江大学李叙参编，黑龙江交通职业技术学院李海涛院长担任主审，全书由姜辉统稿完成。具体编写分工如下：单元一、附录由姜辉编写，单元二由刘丹编写，单元三由万春秀编写，单元四由戴晋编写，单元五由尹静编写，单元六由马会敏编写，单元七由毕淑艳编写，单元八由万春秀、李叙编写，各单元的"HR助力规划职业生涯"部分由梁昕编写。

在编写过程中，我们借鉴了国内同类教材和相关专著，不能一一列举，在此表示谢意。

由于编者水平有限，书中难免有不足之处，敬请广大读者批评指正。

姜辉

2025 年 5 月

本教材配有习题库、教学课件、教案、活动方案或其他相关教学资源，如有任课老师需要，可扫描右侧的二维码关注"未名创新大学堂"(zyjy-pku)微信公众号索取。

- 课件申请
- 样书申请
- 教学服务
- 编读往来

目 录

单元一　站在未来思考现在 …………………………………………（1）

单元二　邂逅你喜欢的那类工作 ……………………………………（25）

单元三　探索你的性格偏好 …………………………………………（51）

单元四　你的木桶能装多少水 ………………………………………（79）

单元五　是什么驱动你的职业生涯 …………………………………（101）

单元六　走进丰富多彩的工作世界 …………………………………（117）

单元七　如何做出你的职业决策 ……………………………………（153）

单元八　你的职业生涯管理 …………………………………………（183）

附　录　大学生个人职业发展档案 …………………………………（215）

参考文献 ………………………………………………………………（225）

职业生涯访谈人物

访谈人物 1

访谈人物 2

访谈人物 3

访谈人物 4

访谈人物 5

访谈人物 6

访谈人物 7

单元一
站在未来思考现在

【课前小调查】

1. 刚进入大学的你,是否困惑于自己的专业?(　　)
   A. 是　　　　　　B. 不是　　　　　　C. 不确定
2. 你在进入大学之前,是否学过职业生涯规划课程?(　　)
   A. 是　　　　　　B. 不是
3. 你是否认同"什么样的人做什么样的事情"这个观点?(　　)
   A. 是　　　　　　B. 不是　　　　　　C. 不确定
4. 你在选择专业时,首先考虑的是兴趣吗?(　　)
   A. 是　　　　　　B. 不是　　　　　　C. 不确定
5. 你在选择专业时,首先考虑的是容易就业吗?(　　)
   A. 是　　　　　　B. 不是　　　　　　C. 不确定
6. 你是否认同一个人在不同的年龄阶段有不同的任务和不同的事情要做?(　　)
   A. 是　　　　　　B. 不是　　　　　　C. 不确定
7. 你是否认为自己的未来需要提前规划?(　　)
   A. 是　　　　　　B. 不是　　　　　　C. 不确定

【认知目标】

1. 认识到职业对个体人生的意义,下决心在大学阶段做好由"学生"向"职业人"转变的准备;
2. 认识到职业生涯规划的重要性,积极主动地进行职业生涯方面的思考,愿意对自己的职业生涯规划负责;
3. 认识到自我探索和工作世界探索的重要性,并愿意对自我和工作世界进行分析;
4. 认识到职业决策的重要性,并愿意对自己的职业决策负责。

【技能目标】

1. 了解职业生涯规划课程的教学目标和主要内容;
2. 掌握职业生涯规划的基本内容和步骤;
3. 准确描述帕森斯的特质因素理论和舒伯的职业生涯发展理论的主要内容。

【完成任务】

请你绘出自己的职业生涯彩虹图,并与同学们分享你的职业规划。

HR 助力规划职业生涯

在当今快速变化的职场环境中,我们都需要具备前瞻性思维,站在未来思考现在,为职业生涯做好充分准备。

第一,要明确职业目标,这不仅是选择行业或职位,更需要深入评估自身兴趣、优势和价值观。同时,科学设定短期和长期目标,并制订具体行动计划,确保每个阶段都有清晰路径。

第二,持续学习与技能提升至关重要。未来职场竞争将更加激烈,仅掌握单一技能已不足以应对挑战。职场环境充满不确定性,适应能力和灵活性将成为关键竞争优势。面对技术变革、市场波动等因素,要保持开放心态,勇于接受新挑战,培养解决问题的能力,从而在复杂环境中迅速调整策略,找到最优解决方案。

站在未来思考现在,意味着要有长远眼光和系统规划。通过明确目标、持续学习、培养软技能、增强适应性,个体可为职业生涯打下坚实基础,有效迎接挑战与机遇。

问题的提出与重要性

在人生的花季,学生们怀着对未来学习生活的憧憬,迈进了向往的大学校门,接受高等职业教育。高等职业教育与中小学教育完全不同,它具有高等教育和职业教育双重属性,以培养生产、建设、服务和管理第一线的高端技能型专门人才为主要任务。在这一阶段,学生们不仅可以在学校接受系统学习,而且可以逐渐适应从"学生"角色转向"职业人"角色。因此,大一新生从一入学就要为自己今后的职业生涯做好充分的准备。

现在,关于将来的工作问题,你需要运用哲学式思维,刨根问底地问自己:我到底喜欢做什么?我到底适合做什么?我到底能做什么?我最想要的是什么?然后再想象一下,十年之后的你,在什么地方工作?过着什么样的生活?当你在思考并试图回答这些问题的时候,你已经开始了你人生的第一份重要"工作"——思考并制定自己的职业生涯规划。

一、职业与专业

◁ 练习 1-1 ▷

请你尽可能多地写出你所知道的职业名称,并简要地说明该职业的工作对象、工作内容及该职业从业人员的薪资报酬等信息。

_____

_____

_____

我们在童年、少年时期对未来都充满了幻想,经常幻想将来所要从事的职业。有的人想成为科学家,有的人想成为宇航员,有的人想成为工程师,有的人想成为音乐家,等等。所有这些"幻想"都是我们对职业的感性认识。但是,很多人并不清楚职业的真正含义。有的人认为职业是一种工作,而有的人认为职业就是谋生的手段。因此,我们在开展职业生涯规划之前,必须先了解职业的概念、特征、要素、对个体生活的意义,及职业与专业的关系。

(一)职业概念

职业是人类社会发展到一定阶段的产物。职业既是人的一种社会活动和生活方式,又是一种经济行为,也是人们从社会中获取多种利益的来源,它对于每个人都极为重要。职业是指人们在社会分工中从事的、以专业能力获取经济报酬并满足精神需求的持续性社会活动。其核心特征包括:职业具有明确的目的性,即为了获得一定的物质报酬或满足自身的精神需求;职业具有社会性,即职业是从业人员在特定的社会生活环境中所从事的一种与其他社会成员相互关联、相互服务的社会活动;职业具有稳定性,即在一定时期内,职业的种类、职责以及所要求的技能等相对稳定;职业具有规范性,即职业活动必须符合国家法律和社会道德规范,并遵循一定的职业标准或行业规范。因此,职业不仅是个人谋生的手段,更是实现个人价值和社会价值的重要途径。

国内外的学者从不同的角度出发,对职业的概念进行论述。例如,美国著名教育家、哲学家杜威认为,职业不是别的,是人们可以从中得到预期利益的一种活动。美国社会学家塞尔兹认为,职业是指个体为了不断取得收入,而连续从事的具有市场价值的特殊活动,这种活动决定着从事它的从业人员的社会地位。日本职业问题专家保谷六郎认为,职业是有劳动能力的人为了生活和贡献社会而连续从事的活动。我国学者姚裕群认为,职业是一个中性的概念:从社会的角度而言,职业是指人们为了谋生和发展而从事的相对稳定、有收入、有专门类型的社会劳动;从个体的角度而言,职业是劳动者"扮演"的社会角色,通过劳动获得稳定、合法的收入,维持生活,参与社会活动,并为社会做贡献。

一般来说,职业是指个体参与社会分工,利用专门的知识和技能,为社会创造财富,获取合法经济报酬作为物质生活来源,并满足精神需求的工作。可见,职业必须同时具备五个条件:社会分工、专门的知识和技能、创造财富、合法经济报酬和满足精神需求。它不仅是对人们的生活方式、经济状况、文化水平、行为模式和思想情操的综合反映,也是对一个人的权利、义务和职责以及社会地位的一般性表征。

职业的这五个条件相互作用,形成动态耦合机制,共同构成职业的基本框架。社会分工是职业存在的结构性基础,它通过专业化的劳动分配使个体在不同领域发挥专长;专门的知识和技能是职业活动的专业能力体系,使从业者能够胜任特定的工作任务,为社会创造财富;创造财富是职业的核心功能,其产出涵盖物质财富与精神财富,驱动社会进步与个体发展;合法的经济报酬是职业的物质基础,它保障了从业人员的基本生活需求,激励人们更加努力地工作;满足精神需求则是职业的高阶价值维度,通过马斯洛需求层次理论中的自我实现机制,提升个体的生活质量与幸福感。

(二)职业特征

职业特征反映了劳动者在长期的实践活动中所形成的、与其他形式的社会活动相区别的本质属性。职业具有社会性、经济性和技术性三大基本特征。

1. 职业的社会性

职业的社会性是指职业需要由人承担,个体从事了某种职业,即参与了某种社会劳动,同时也承担起了某种社会角色,需要尽社会义务。例如,法官既是一种职业,又是一种社会角色,需要承担起维护法律尊严与法律秩序的法定社会义务。

职业使个体劳动者获得社会身份,取得社会承认。对于社会而言,职业具有实现社会控制、维持社会运转及创造财富的功能。不同职业承担不同社会角色与社会责任,如医生负有救死扶伤的责任,教师负有传道授业解惑的责任。

职业作为社会分工的产物,使人们能在各自领域发挥专长,提高生产效率,依法创造社会财富,通过规范体系维持社会正常运转。

2. 职业的经济性

职业的经济性是指个体为了维持生存,通过从事某种职业获取合法经济报酬。职业是个体获得收入的主要渠道,是维系个体生存与家庭发展的物质基础。这一属性使职业活动区别于非营利性社会活动(如义务劳动、公益活动),构成其核心功能性特征。经济报酬既是职业活动的直接目的,也是支撑其他社会活动的物质保障。

同时,职业的经济性也促进了社会的发展。个体通过职业活动获得的收入,不仅用于满足个人和家庭的基本生活需求,还会被投入到消费、储蓄和投资等经济活动中,从而推动经济的增长。这种经济性的循环,使得职业与社会经济紧密相连,形成了相互促进的关系。此外,职业的经济性还体现在不同职业之间的收入差距上,这种差距不仅反映了不同职业的社会价值和市场需求,也激励人们通过提升职业技能和素质来获得更高的经济回报。

3. 职业的技术性

职业的技术性包括职业本身的技术要求以及个体可在职业岗位上发挥自己的知识和技能两个方面。由于不同职业之间存在着差异,以及技术的进步和经济结构发生变动,不同职业对个体的知识和技能的要求也不同。如果个体希望最大限度地发挥自己的才能、发展自己的个性,就需要通过从事某种职业来实现,这样才能使自己的知识和技能不断增长,使自己不断成长。

职业的技术性不仅要求从业人员具备相应的专业知识和技能,还要求他们能够不断地学习和更新自己的技能,以适应职业发展的需求。在高度技术化的现代社会,许多职业都需要从业者具备较高的技术水平,如医生、工程师和程序员等。这些职业不仅要求从业人员掌握扎实的理论知识,还要求他们具备丰富的实践经验,能够灵活应对各种复杂情况。

同时,职业的技术性也为个体提供了展示自身知识和技能的平台。每个人都有自己的特长和优势,而职业则为个体提供了一个将这些特长和优势转化为实际成果的机会。通过从事自己擅长和感兴趣的职业,个体不仅可以实现自我价值,还可以为社会创造更多的价值。

因此,职业的技术性既是职业发展的重要推动力,也是个体实现自我成长和发展的重要途径。

(三) 职业要素

职业由以下五个要素构成:

(1) 作为职业符号特征的职业名称;
(2) 工作的对象和内容;
(3) 承担该职业的工作所需要的资格和能力;
(4) 通过该职业的工作取得的各种报酬;
(5) 在工作中建立的与其他部门或社会成员的人际关系。

◁ 职业要素案例 ▷

(1) 职业名称:礼仪主持人。

礼仪主持人是指具有良好的文化、礼仪和民俗知识,在礼仪活动现场负责推进程序、调节气氛和沟通关系的专业人员。

(2) 礼仪主持人的工作内容:

① 联络主办方和承办方,明确礼仪活动的各种要求;
② 参与方案的构思和撰写,承担细节的筹办;
③ 导入、串联和整合礼仪活动中的各个环节,推动活动进程;
④ 与礼仪活动参与者进行交流互动,营造气氛。

(3) 承担礼仪主持人工作所需要的资格和能力:

① 要有礼仪主持人国家职业资格证书;
② 应具备良好的独立策划及主持能力、语言与文字表达能力、人际沟通能力、信息获取能力、分析与解决问题的能力等。

(4) 礼仪主持人取得的各种报酬。礼仪主持人已成为当今的热门高薪职业。据统计,在非全日制工种薪酬价位中,礼仪主持人的薪酬较高,多在500~5000元/小时。

(5) 礼仪主持人在工作中建立的与其他部门或社会成员的人际关系。主持不同的活动,可结识不同层次和年龄的社会成员。

(四) 职业对个体生活的意义

职业对于每个人究竟意味着什么?很多大学生只是简单地认为职业意味着给自己带来一份收入。其实,职业为人们参与社会活动、从事社会活动、进行人生实践提供了基本条件,从多方面决定了个体的特征和境遇。职业生活使个体进入一种社会情境,这种社会情境因职业的不同而不同。由此,职业成为使个体担任特定的社会角色、形成一定行为模式的条件。在现代社会,职业对个体生活具有更为重要的意义。

1. 职业对个体的物质生活具有重要的意义

各种各样的需要是人类活动的内在动机和力量源泉,是人的本质的外在表现。每个人的生存首先必须满足物质需要,维持基本的物质生活。无论是低层次的生存需要还是高层次的发展需要,其满足都依靠一定的物质保障。对于个体来说,职业是其获得物质保障的主要方式,是其获得经济收入的主要手段,也是其生存和维持家庭生活的物质基础。

生产劳动是人类社会发展中最重要的形式,包括脑力劳动和体力劳动,而人们的职业和生产劳动是紧密相连的。因此,人们总是通过某种合理合法的职业来进行劳动,创造物质财富,以获得其生存和发展所必需的生活资料,从而满足个体和家庭生活的基本需要。

2. 职业对个体的精神生活具有重要的意义

一个人选择的职业不仅直接影响其经济收入和社会地位,还直接影响其幸福感。而这也是为什么人们的关注点从物质导向的"职业"观念转向以人为导向的"生涯"观念。

(1) 职业不仅能使个体获得非经济利益,如名誉、地位、权力、各种便利、友谊和交往等,而且能使个体获得心理满足,达到"乐业"的境地。作为社会的一分子,个体所展示的才华和取得的业绩一旦被社会认可,便能获得相应的社会地位和荣誉,扮演一定的社会角色。职业类别、职业环境和职业中的个体等级(如局长、处长、董事长、总经理、工人等),就是社会地位的象征。职业及其头衔就像是标记符号,显示出一个人的社会地位。通过职业,个体能够知道自己有多重要,能体会其他人对自己的需要。而这些将决定个体的自尊水平,体现出个体的社会价值。当一个人发现自己不被周围的人需要时,往往会陷入生活毫无意义的情绪困境。

(2) 职业促进人的个性发展。当个体所从事的职业能使个体的特长、兴趣得到充分发挥时,能够促进个性的充分发展。

(3) 职业使个体感受到生命的价值和意义。当个体将某种职业确立为毕生的理想和追求时,便找到了属于自己的事业,并倾尽所能来实现生命的价值和意义。

(4) 个体生活的幸福程度与职业期望的达成度密切相关。当某种职业能够使个体的才能得到发挥、个性得到发展与完善时,给个体带来的是身心的健康和愉悦,以及自我实现的需要满足。有研究结果表明,对职业人士来说,职业是影响他们情绪的根源。同时,个体对职业满意与否直接影响其家庭生活的和谐程度。在生活中,个体能否保持积极的心态和快乐的情绪,很大程度上取决于他的职业。

（五）职业与专业的关系

在现代社会中,专业与职业之间存在着紧密且复杂的关系。专业是通过高等教育或职业培训形成的知识技能体系,而职业是个体在社会中从事的、作为主要生活来源的专门性社会活动。一方面,专业是职业发展的基础。许多职业都需要个体具备特定的专业知识和技能,例如医生需要掌握《中华人民共和国医师法》规定的医学知识体系,工程师需具备相关条例界定的工程技术能力。专业的知识和技能不仅能够帮助个体在职业中更好地完成任务,提高工作效率,还能够为个体提供更多的职业机会和发展空间。另一方面,职业也反过来促进专业的发展。随着职业的不断细分和专业化,对专业知识和技能的要求也越来越高。这促使个体不断学习和提升自己的专业水平,以适应职业发展的需要。同时,职业中的实践经验和问题也为专业的研究和发展提供了重要的素材和动力。

因此,职业与专业之间的关系是相互促进、共同发展的。在选择职业时,个体需要考虑自己的专业背景和技能,以及职业对专业的需求和发展前景。同时,在职业生涯中,个体也需要不断学习和提升自己的专业水平,以适应职业发展的需要,实现自己的职业目标和人生价值。

专业覆盖范围广于职业,其为职业岗位群提供服务。专业与职业的关系(以会计专业为例)如图1-1所示。

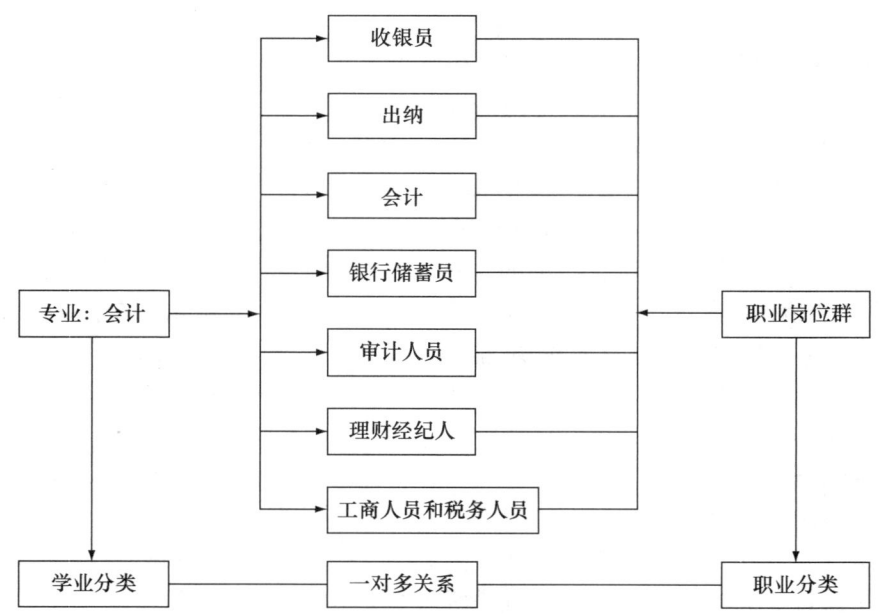

图1-1　专业与职业的关系(以会计专业为例)

◁ 练习 1-2 ▷

请你查阅资料或询问你的专业教师,了解自己所学的专业对应的职业岗位群。

_____

_____

_____

二、职业生涯与职业生涯规划

（一）如何理解生涯

在中文里,"生"原意为"活着",引申为"生存期间","涯"原意为"边际","生涯"就是"一生的极限"的意思。在英文里,career 原指古代的战车,后来逐渐引申为道路,即人生的发展道路。虽然"生涯"一词经常被国内外学者引用,但从学术上给"生涯"下一个确切的定义,并不是一件容易的事情。

目前,常见的"生涯"定义来自美国职业管理学家唐纳德·E.舒伯的观点:生涯是生活中各种事件的演进方向和历程,它综合了人一生中依序发展的各种职业和生活角色,由此表现出独特的自我发展形态;它也是人从青春期到退休后,一连串有酬与无酬职位的综合。除了职业之外,生涯还包括任何与工作有关的角色,如学生、受雇者、退休者,甚至包括家庭成员和公民的角色。

我们的人生有四个主要舞台:家庭、学校、社会和工作场所。从职业角度来看,个体往往扮演着工作者的角色。但在人生历程中,每个人都扮演着多重生活角色,主要包括儿童、学生、工作者、配偶、家长及退休者等。一个人或许会经历诸多职业,但终其一生真正心之所向的事物,往往不过一两样——那是内心中执着追寻的价值,诸如健康、富有创意的工作等。生涯具有内在的延续性,我们未来将在何处从事何种工作、职业状态如何、如何平衡工作与生活等问题,均需认知。当一个人开始思考未来发展路径时,生涯的全貌才会逐渐清晰起来。

（二）职业生涯的含义

职业生涯又称为职业发展,是指一个人一生中连续担负的工作职业和工作职务的发展道路。它是一个人一生中所有与工作相联系的行为与活动,以及相关的态度、价值观和愿望等的连续性经历的过程。职业生涯不能简单地用成功与失败、进步快慢来界定。一个人的职业生涯受各方面的影响,如本人对终身职业生涯的设想与计划、家庭中父母的意见与配偶的理解与支持、组织的需要与人事计划、社会环境的变化等。

在一定程度上,职业生涯可以说是多方面相互作用的结果。就其内在特性而言,职业生涯具有以下几个特点。

(1) 方向性。职业生涯是生活中各种事态连续演进的方向,每个人的职业生涯都是一种发展演进的动态过程,具有一定的逻辑性。

（2）时间性。职业生涯综合了人一生中依序发展的各种职业角色,每个人的职业生涯发展过程都有不同的阶段,可以分为不同的时期。每个人在不同的职业生涯阶段有着不同的任务和目标,各个阶段之间具有递进性。

（3）空间性。职业生涯除了职业角色之外,还包括任何与工作有关的经验和活动,如承担该工作需要的资格和能力,以及在工作中建立的与其他部门或社会成员的人际关系等。每个人都有自己的职业条件、职业理想和职业选择,有为实现自己的职业理想所做的种种努力,从而也就有着与他人相区别、独特的生涯历程。

（三）认识职业生涯规划

职业生涯规划起源于美国。1908年,美国社会学家塔尔科特·帕森斯针对大量年轻人失业的情况,成立了波士顿职业局,首次提出了"职业指导"的概念。20世纪50年代,西方发达国家职业指导的核心理念为:职业并非单纯的工作选择,而是个体对一生生活方式的定位。美国在1989年发布了《国家职业发展指导方针》,明确规定职业生涯教育要从6岁开始;日本从20世纪90年代开始大力推行职业生涯教育,要求从小学开始必须进行职业生涯方面的教育教学活动。职业生涯规划理念于20世纪90年代引入我国,目前,系统的职业生涯规划教育和辅导体系正在不断完善中。

美国著名管理学家哈罗德·孔茨是这样定义"规划"这一概念的:规划是组织制订的综合性长远发展计划,包括目标、政策、程序、规则、任务分配、实施步骤、资源配置,以及为完成既定行动方案所需要的其他因素。可见,规划的本质在于选择所追求的目标和实现目标的最佳方案。

我们可以通过完成以下四个问题来认识职业生涯规划。

（1）在不受任何限制的情况下,你最想做的五个职业是什么?

（2）在这五个职业中,你认为自己的性格最不适合的职业是哪一个?

（3）在这五个职业中,你认为五年内最容易实现的职业是什么?

（4）在职业生涯中,你最看重的是什么?

对以上四个问题的回答过程,实际上就是我们在进行一次简单的职业生涯规划。而下面的四个关键词,可以帮助我们认识职业生涯规划:

第一个关键词:一生。

职业生涯规划在时间跨度上涵盖人的一生。规划的是未来的事,在这漫长的人生旅途中,我们有大学的学业要规划、有职场生活要规划、有退休后的生活要规划。

第二个关键词:过程。

职业生涯规划是一个过程,是一个确立目标并为目标的实现而制订计划的过程。

第三个关键词:核心。

职业定位是职业生涯规划的核心内容。从长远来看,职业定位就是找准一个人的职业类别;就阶段性而言,职业定位是明确一个人在所处阶段对应的行业和职位。没有职业定位,也就无所谓职业生涯规划,即使做了规划,也是空中楼阁,毫无意义。

第四个关键词:前提。对个体和环境进行客观评估和分析是职业生涯规划的前提。在进行职业生涯规划之前,一方面,个体需要全面了解自己的兴趣、性格、价值观,并测定自己的职业倾向；另一方面，个体需要对所处的环境进行分析和预测。个体只有在对自我和环境全面分析的基础上，才能做到人职匹配，获得令自己满意度高的工作。

综上所述，职业生涯规划是指个体在对自己的职业生涯的主客观条件进行测定、分析、总结和研究的基础上，对自己的兴趣、爱好、能力、经历以及职业倾向等各方面进行全面的综合分析，结合时代的特点，确定最佳的职业奋斗目标，并为实现这一目标做出行之有效的安排。

三、为什么要思考并制定自己的职业生涯规划

《礼记·中庸》中说："凡事豫则立，不豫则废""行前定，则不疚；道前定，则不穷"。人生之道，在于谋划自己的未来发展，人要有远虑，想清楚自己想要的再做，即使失败也不会后悔。个体只有做好长远的规划，才不会使自己穷途末路。我们生活在飞速发展的信息时代，社会在变革，每个人也在不断地进行自我变革。对个体来说，实现自我变革的重要手段就是制定职业生涯规划，只有善于对自己进行规划的人，才能有正确的前进方向和有效的行动措施，才能充分发挥自我管理的主动性，充分开发自身的潜能，在事业上取得更好的业绩。

（一）职业生涯规划对个体的意义

1. 帮助个体确定职业发展目标

职业生涯规划的重要内容之一是对个体进行分析。通过自我分析，个体可以深入地认识自己，估计自己的能力，评价自己的智慧，确认自己的性格，判断自己的情绪，找出自己的特点，发现自己的兴趣，明确自己的优势，衡量自己的差距等。通过这些分析，个体可以确定符合自己兴趣与特长的职业生涯路线，正确设计职业发展目标，并制订行动计划，使自己的才能得到充分发挥，使自己的职业得到恰当的发展。

2. 激发个体努力工作

对许多人来说，随着时间的推移，当制定的规划一步步地实现之后，这时自己的思维方式和工作方式又会逐渐发生改变。如果职业生涯规划适合自己的目标，这个目标就是具体的，是可以实现的，是个体努力工作的依据，也是对自己的鞭策。规划给个体一个看得着的靶子，随着规划一步步地实现，个体的成就感就会越来越强烈，就越能激发个体努力工作。

3. 有助于个体重点发展

个体制定职业生涯规划的一个最大的好处是，有助于确定工作过程中各个任务目标的轻重缓急。如果个体没有职业生涯规划，就很容易陷进和职业发展目标无关的日常事务当中。通过制定职业生涯规划，个体能抓住工作中的重点，增加成功的可能性。

4. 引导个体发挥潜能

没有职业生涯规划的人即使有巨大的潜能，也很容易把精力放在工作中的小事情上，忘记了自己本应该做什么。职业生涯规划能帮助个体集中精力，全神贯注于自己的优势方面，这样有助于个体尽可能发挥自己的潜能。另外，当个体不断在自己有优势的方面努力时，这些优势会得到进一步发展。

5. 有助于个体进行自我绩效评估

职业生涯规划的一个重要功能是：给个体提供了自我评估的重要手段。失败者面临的共同问题是，他们极少评估自己所取得的进展，他们中的大多数人不明白自我评估的重要性，或者无法度量自己取得的进步。如果职业生涯规划是具体的，并且实施结果是看得见、摸得着的，则个体可以根据职业生涯规划的进展情况评估自己目前取得的成绩。

（二）职业生涯规划对大学生的意义

目前，随着大学生数量的增加，大学生就业困难已成为社会关注的热点。可以预见的是，未来几年高校毕业生就业形势不容乐观。在知识经济和全球信息化的时代，大学生只有提前思考自己的职业和未来，认清就业形势，树立正确的择业观，通过探索真实的自己，获得对环境的切实把握，找到适合自己的目标，自觉提高自己的综合素质，才能应对越来越激烈的就业竞争。因此，职业生涯规划对于大学生职业成功和人生成功有着特别重要的意义。

1. 职业生涯规划可以帮助大学生正确认识自我，避免盲目就业

通过职业生涯规划，大学生能够正确认识自身的特性和潜在的优势，能对自己的价值进行全面的定位。许多大学生对自己并不了解，尤其不了解自己的优势和劣势。因此，他们在职业选择过程中具有较大的盲目性和不切实际性。通过有效的职业生涯规划，大学生可以认识到自身的个性特征以及现有的和潜在的资源优势；可以认识自身的价值并使其持续增值；可以对自己的综合优势和劣势进行对比分析，着力培养某些职业特质，树立自己的职业发展目标和职业理想，从而规划自己的学习和社会实践，并为自己的理想职业做各种准备。职业生涯规划不仅有利于大学生及早消除就业和择业过程中的错误观念，而且有利于大学生及早转换角色并对自己的大学生涯及未来的职业生涯做出长远规划，从而避免出现盲目就业或就不了业的现象。

2. 职业生涯规划可以帮助大学生进一步了解社会，增强社会竞争能力

社会的发展使职业选择成为一项复杂的社会历程。生活在象牙塔里的大学生常常缺乏对社会的了解，在职业生涯规划过程中，大学生需要不断获得信息，这些信息包括职业、礼仪和社会等方面。大学生获得的信息越多，心理准备就越充分，在制定职业生涯规划的时候，就能够根据社会的需要，考虑眼前利益和长远发展的关系，合理规划自己的未来。同时，当今社会竞争日益激烈，大学生要在竞争中居于领先位置，就要找到一个适合自己发展的平台，尽可能避免频繁跳槽。因为频繁跳槽不仅会耗费大学生的时间和精力，还有可能挫伤大学生的积极性，消磨其对工作的热情和锐气。职业生涯规划能帮助学生未雨绸缪，在走出象牙塔后找到一个适合自己的工作。

3. 职业生涯规划可以培养大学生的自信心，提高自身的综合素质

在诸多影响大学生职业生涯成功的因素中，自信心排在首位。职业生涯规划是大学生不断学习的过程，随着知识的积累、接受培训和教育的增多，以及对自己和职业工作认识的加深，大学生的自信心就会建立起来。同时，具备社会需要和认可的综合素质是大学生取得职业生涯成功的重要因素，职业生涯规划能够使大学生明确职业方向，将自己

所学的专业与社会要求结合起来,增强实际应用能力、合作和沟通意识,学会做一名合格的职业人和社会人。

4. 职业生涯规划可以帮助大学生实现职业上的成功,促成自我实现

面对人生的大舞台,每个人都渴望实现自我价值,当代大学生更是如此。按照美国著名心理学家亚伯拉罕·马斯洛的需求层次理论,人生的需求是有层次的,是一个由低级需求逐渐向高级需求推进的过程,而所有这些需求必须通过职业生涯活动来实现。一份工作并不能让所有从事它的人都满意,也不能保障每个从事它的人都能实现自己的价值。每个人都希望自己的职业生涯能够成功,特别是受过良好教育、自身素质较高的大学生,他们对未来的职业道路有很高的期望,并愿意为成功付出勤奋和努力。但是,职业上的成功和自我价值的实现仅靠个体的主观努力是不够的,还要看个体是否选择了正确的方向。有效的职业生涯规划能为大学生在职业上的成功提供保障,为大学生实现自我价值创造机会,促使大学生最终迈向成功。

理论的讲解与运用

一、帕森斯的特质因素理论——适合的才是最好的

特质因素理论是用于职业选择与职业指导的经典性理论之一,它的创立者是帕森斯,后来又由美国职业指导专家E.G.威廉逊发展和确定。该理论认为,每个人都有自己的特质-因素模式,所谓"特质",即个体与职业的适配性要素。当个体特质与职业因素匹配时,职业成功的概率会显著提升。此理论是职业选择领域最早的系统性理论框架。特质因素理论最基本的观点是人职匹配。其基本假设是:一个人可以通过他的特质与工作上所要求的条件相互匹配,来找出理想的工作或职业。帕森斯认为,可以借用测验或量表等工具,用一组特质或人格特性界定不同类型的人,同时也可以用一组工作上所要求的条件或资格来界定不同类型的工作。个体特质与工作上所要求的条件相互匹配,可达到"人以群分"的理想效果。特质因素理论为人们的职业选择提供了最基本的指导原则——人职匹配。

帕森斯认为个体在进行职业选择时要遵循以下三个因素:

(1) 个体特质。应清楚地了解自己的态度、能力、兴趣、智力水平、局限和其他特征。

(2) 职业因素。应清楚地了解职业选择成功的条件、所需知识,以及在不同职业工作岗位上所占有的优势、劣势、补偿、机会和前途等。

(3) 动态平衡与匹配。对以上两类因素进行理性推理,在整合自我特质与职业要求信息的基础上,筛选出与个体特质高度适配的职业类型。

根据特质因素理论,职业生涯规划就是要解决人职匹配的问题。在特质因素理论的指导下,大学生在进行职业生涯规划时,要经历以下三个步骤:

第一步,通过生理和心理测量或调查,大学生对自己的生理和心理特质做出评价。大学生除了了解自己的体质、智力、能力倾向、兴趣爱好、气质和性格等身心特质以外,还应分析自己的家庭背景、经济情况、学业成绩、课外活动和业余兴趣等。最后,大学生根

据自身的全面而客观的材料,对自己的生理和心理特质做出评价。

第二步,大学生应熟悉职业岗位的职责及其对人的要求(因素),以及有关的其他职业信息等。这些职业信息的内容应当包括四个方面:

(1) 职业的性质、工资待遇、工作条件和晋升的可能性;

(2) 任职的最低条件,其中包括学历条件、所需的专业训练、身体要求、年龄、职业能力和其他心理特点的要求;

(3) 为准备就业而设置的教育课程计划,以及提供这种训练的教育机构、学习年限、入学资格和费用等;

(4) 职业信息咨询渠道,如《中华人民共和国职业分类大典》,以及由国家劳动部门的权威人士、各行各业的专家、各院校的教授、职业指导专家等撰写的职业指导类书籍等。

第三步,大学生应使自己的特质和职业相匹配。大学生在了解了自己的特质和职业因素之后,需要通过分析和比较,选择一种既适合自己特质又有可能应聘成功的职业。

帕森斯认为人职匹配分为以下两种类型:

(1) 条件匹配。例如,需要专门技术和专业知识的职业与掌握该种专门技术和专业知识的人相匹配;脏、累、险等劳动条件很差的职业,需要吃苦耐劳、体格健壮的人与之相匹配。

(2) 特长匹配。部分职业(如艺术创作类工作)要求从业者具备特定的才能,以满足审美表达和情感抒发的需求。每个人的职业发展路径都具有独特性,即便经历相似的角色序列,个体特质的差异也会造就截然不同的职业表现。

≪ 练习1-3 ≫

特质因素理论的运用

特质因素理论是以个体的个性心理特性作为描述个体差异的重要指标,强调个体的特质与所选职业的匹配关系。特质因素理论注重职业资料的重要性,强调个体只有对职业有正确的态度与认识,才能做出正确的职业选择。因此,大学生在运用特质因素理论时,需要借助一些心理测量工具来充分了解自己的智力、能力倾向、兴趣特点和个性倾向等特质。同时,也需要对职业环境和个体特质的具体要求有所了解。大学生所掌握的相关资料越充分,就越有利于做出正确的职业生涯决策。特质因素理论使用范围较广,当大学生在就业方面碰到难题时,可以借助该理论。比如,大学生毕业时是选择国企、私企,还是外企;是选择从事技术研发还是市场销售;是选择从事教育事业还是到企业工作;等等。同时,特质因素理论还可以帮助大学生进一步明确未来的职业发展方向。

请你运用特质因素理论对自己将来的职业选择与发展进行分析。

_____

_____

_____

二、舒伯的职业生涯发展理论——到什么时候做什么事

舒伯从人的终身发展的角度出发,综合了差异心理学、发展心理学、自我心理学以及有关职业行为发展方向的长期研究结果,并参照布尔赫勒的生命周期理论,建构了一套完整的生涯发展理论。舒伯本人比较喜欢将其理论命名为"差异—发展—社会—现象的心理学",其理论观点为大多数职业生涯研究者所认可,成为职业生涯领域的主要理论。

（一）职业生涯发展阶段

舒伯依据年龄将个体职业生涯发展阶段划分为成长、探索、确立、维持与衰退五个阶段。其中,有三个阶段与美国著名职业指导专家伊莱·金斯伯格的分类相近,只是年龄与内容稍有不同,具体分析如下：

1. 成长阶段（0—14岁）

成长阶段的孩童开始发展自我概念,开始以各种不同的方式来表达自己的需要,并且经过对现实世界的不断尝试,来修正自己的角色。这个阶段发展的任务是：发展自我形象,发展对工作世界的正确态度,以及了解工作的意义。舒伯将这个阶段具体分为以下三个成长期：

（1）幻想期（0—10岁）。主要考虑"需要"方面的因素,儿童从外界感知到许多职业,对于自己觉得好玩和喜爱的职业充满幻想,在幻想中进行职业角色扮演。

（2）兴趣期（11—12岁）。主要考虑"喜好"方面的因素,理解和评价职业,儿童开始做出职业选择。

（3）能力期（13—14岁）。主要考虑"能力"方面的因素,能力逐渐具有重要作用,儿童开始考虑自身的条件与喜爱的职业是否相符合。

2. 探索阶段（15—24岁）

探索阶段的青年,通过参加学校的活动、社团休闲活动和打零工等,对自我能力以及所扮演的社会角色有了尝试性的探索和了解,因而扩展了其在职业生涯规划上的选择范围。

探索阶段是青年学习打基础的阶段。在这一时期,青年将认真地探索各种可能的职业选择,对自己的天资和能力进行现实性评价,并根据未来的职业选择做出相应的教育决策,完成几次择业和初就业。探索阶段又可分为以下三个时期：

（1）试验期（15—17岁）。综合认识和考虑自己的兴趣、能力与职业社会价值、就业机会,开始进行择业尝试。

（2）过渡期（18—21岁）。正式进入劳动力市场,或者接受专门的职业培训,由一般性的职业选择转为特定目标的选择。

（3）尝试期（22—24岁）。选定工作领域,开始从事某种职业,对职业发展目标的可行性进行试验。

3. 确立阶段（25—44岁）

确立阶段属于选择和安置阶段。经过早期的试探与尝试后,在这一阶段,不适合者

会进行其他职业探索。因此,该阶段中的绝大多数人最终可以确立稳定的职业,并谋求发展,获得晋升。这一阶段是大多数人职业生涯周期中的核心部分,一般又分为以下三个时期:

(1) 尝试期(25—30岁)。一方面个体寻求安定,如对自己所选的职业比较满意而安顿下来;另一方面个体可能对初就业选定的职业不满意,会再次选择调换职业。

(2) 稳定期(31—40岁)。这是最具创造性的时期。个体最终确定稳定的职业目标,并致力于实现这些目标。

(3) 职业中期的危机期(41—44岁)。处于转折期,个体可能会发现自己并没有朝着目标靠近或发现了新的目标,因而需要重新评价自己的需求和目标。

4. 维持阶段(45—64岁)

维持阶段属于升迁和专精阶段。在这一阶段,个体一般可达到人们常说的"功成名就"阶段,已不再考虑调换职业,只力求维持已取得的成就和社会地位,维持家庭和工作之间的和谐关系。

5. 衰退阶段(65岁及以上)

衰退阶段属于退休阶段。个体在家庭中投入相当多的时间,这一阶段的主要任务就是注重发展新的角色,减少原有权责,适应退休后的生活。

(二) 螺旋循环式发展模式

在之后的研究中,舒伯对于职业生涯发展阶段的理论又进行了深化。他认为,在职业生涯的各个发展阶段中,个体要经历成长、探索、确立、维持和衰退阶段,这样就形成一种螺旋循环式发展模式,丰富和深化了职业生涯发展阶段的内涵。螺旋循环式发展模式如表1-1所示。

表1-1 螺旋循环式发展模式

生涯阶段	青年期 (15—24岁)	成年初期 (25—44岁)	成年中期 (45—64岁)	成年晚期 (65岁及以上)
成长阶段	发展合适的自我概念	学习与他人建立关系	接受自身的限制	发展非职业性的角色
探索阶段	在众多机遇中学习	寻找心仪的工作机会	确认有待处理的新问题	选择一个良好的养老地点
确立阶段	在选定的职业领域起步	确定投入某一工作,并寻求职位上的升迁	发展新的应对技能	完成未完成的梦想
维持阶段	验证目前的职业选择	致力于维持职位的稳固	巩固自我以对抗竞争	维持生活的兴趣
衰退阶段	从事休闲活动的时间减少	减少体能活动的时间	精力集中在主要的活动中	减少工作时间

根据表1-1,大学一年级的新生必须适应新的角色与学习环境,经过成长阶段和探索阶段,一旦确立较固定的适应模式,同时维持大学学习生活之后,便开始面对另一个阶

段——准备求职。大学生原有的习惯会逐渐衰退,继而对新阶段的任务进行"成长—探索—确立—维持—衰退",如此周而复始。

（三）职业生涯彩虹图

1976—1979 年,舒伯在英国进行了为期四年的跨文化研究,为了综合阐述职业生涯发展阶段与角色彼此间的相互影响,他在原有的职业生涯发展理论上,加入角色理论,创造性地提出一个更为广阔的新观念——生活广度和生活空间的职业生涯发展观,将职业生涯发展阶段与角色彼此间交互影响的状况,描绘为一个综合图形,命名为"职业生涯彩虹图",形象地展现了职业生涯发展的时空关系,更好地诠释了职业生涯的定义。职业生涯彩虹图的提出,弥补了舒伯原有理论的不足。舒伯的职业生涯发展理论较为全面完整,阐释了将个体特质与职业匹配的动态适应过程,并将制约个体职业选择和发展的心理因素、社会因素基于差异心理学与发展心理学框架有机地结合在一起,对职业生涯发展的研究具有理论系统性与实践普适性。职业生涯彩虹图如图 1-2 所示。

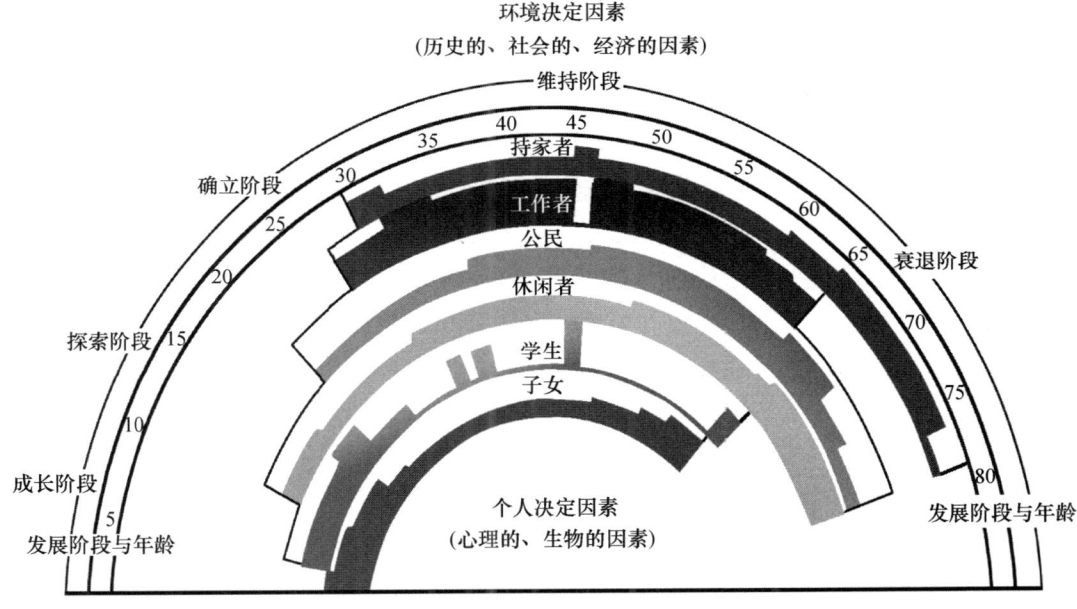

图 1-2 职业生涯彩虹图

（1）横贯一生的彩虹——生活广度。在图 1-2 中,横向层面代表的是横跨一生的"生活广度",又称为"大周期"。彩虹的外层显示的是人生主要的发展阶段与年龄。在这五个主要的人生发展阶段中,各个阶段还有小的阶段,舒伯特别强调各个时期的年龄划分有相当大的弹性,应依据个体情况的不同而定。

（2）纵贯上下的彩虹——生活空间。在图 1-2 中,纵向层面代表的是纵贯上下的"生活空间",是由一组角色(包括子女、学生、休闲者、公民、工作者和持家者)组成的。各种角色之间交互影响,交织出个体独特的职业生涯类型。一个角色的成功,特别是早期角色的成功,将会为其他角色提供良好的基础;反之,一个角色的失败,也可能导致其他角色的失败。舒伯进一步指出,如果个体为了某一个角色的成功付出太大的代价,就有可能导致其他角色的失败。

图1-2中的阴影部分表示角色的相互替换、盛衰消长,它除了受到年龄增长和社会对个体发展、任务期待的影响之外,往往跟个体在各个角色上所花的时间和感情投入的程度有关。成长阶段(0—14岁)最显著的角色是子女;探索阶段(15—24岁)最显著的角色是学生;确立阶段(25—44岁)最显著的角色是工作者和持家者;在维持阶段(45—64岁),工作者的角色突然中断,又恢复了学生角色,同时公民与休闲者的角色逐渐增加,这一阶段伴随"中年危机"的出现,个体必须再学习、再调适,才能处理好职业与家庭生活中所面临的问题。

舒伯的职业生涯发展理论较为全面完整,阐释了将个体特质与职业匹配的动态过程,并将制约个体职业选择和发展的心理因素、社会因素有机地结合在一起,对职业生涯发展的研究具有较高的理论价值和实践价值。

◀ 练习1-4 ▶

请动手描绘一下你的职业生涯彩虹图,画出自己在不同发展阶段扮演的所有角色,不仅要画出从过去到现在的角色,还要画出你理想中的未来角色。画完后你会发现,人的一生是多么丰富多彩,只要懂得均衡和谐地分配,每一个角色都能为自己的生命添彩。

探索的方法与技能训练

由于个体差异,实现职业生涯规划并没有固定的程序。一般来说,大学生职业生涯规划所遵循的基本步骤包括觉知与承诺、自我探索、工作世界探索、做出职业决策、行动落实、评估与反馈。

步骤1：觉知与承诺。这是进行职业生涯规划的第一步，也是非常重要的一个步骤。这个步骤的任务就是帮助大学生了解职业生涯规划，让大学生真正意识到职业生涯规划对自己未来人生发展的重要性和价值。同时，由于职业生涯规划本身是一个根据自己的职业兴趣、性格偏好、工作能力和工作价值观等确立目标，并为目标的实现而制订科学合理的计划过程，因此需要大学生对自己负责任地做出承诺，即愿意花费时间完成这项难度高、意义大的工作。

步骤2：自我探索。因为职业生涯规划遵循的基本原则是帕森斯等学者提出的"人职匹配"理论，因此这个步骤所进行的工作主要是收集并分析自己的职业兴趣、性格偏好、工作能力和工作价值观等方面的信息。比如，弄清楚自己喜欢做什么，适合做什么，最愿意用哪些技能谋生立业，等等。总之，在这个步骤，大学生要认识自己内心最不能割舍的、最看重的东西。这部分也是大学生最喜欢的内容，但随着内容的推进，难度也会越来越大。在此步骤中，大学生要能够通过学习运用多种自我评估的工具，不断提升自我探索技能，初步明确自己的职业生涯发展方向。

步骤3：工作世界探索。此步骤和步骤2都是系统的职业生涯规划不可缺少的基础部分。步骤2是"向内问自己"——我想要的东西到底是什么？我可以往哪个职业方向发展？而步骤3是"向外探索"，主要是评估各种环境因素对自己的职业生涯发展的影响，回答的是如何利用好周围的社会环境、职业环境和行业环境满足自己的愿望，为建立明确的职业目标、坚定自己的职业方向奠定基础。在此步骤中，大学生可以通过多种方式获得尽可能多的工作世界的信息，不断提升自己的信息探索技能，而且能正确评估自己在某行业、某企业内实现职业生涯目标的可能性，寻找各种发展的机会。

步骤4：做出职业决策。职业决策是大学生对自己将要从事的职业做出的选择，是对步骤2和步骤3中所获得的信息进行综合整理和分析评估的过程。在此步骤中，大学生主要通过运用职业决策和确立职业目标的方法，给自己未来的职业发展做出准确的定位。在此步骤中，大学生可以了解自己的决策风格，掌握职业生涯决策的重要理论和常用的决策模型，学会处理决策过程中的各种问题，不断提高自己的决策能力，最后明确自己的职业生涯目标，完成自己的行动方案——职业生涯规划书。

步骤5：行动落实。在确定了职业生涯目标后，行动便成了关键。大学生要通过求职行动来获得自己的目标职业，并在工作中实现自己设立的职业目标。从大学生进行职业生涯规划的目的来说，求职行动应该包含两个部分：一是完成学校的学习任务，为获得目标职业做好身体、心理和技能方面的准备；二是具体的求职过程。如果大学生没有具体的求职行动，目标就难以实现，更不用说事业的成功。

步骤6：评估与反馈。一个行之有效的职业生涯规划需要大学生不断地对自己的职业决策进行评估与修订。只要外部世界在不断变化，自我的成长就不会停止，特别是当大学生进入职场、职业能力得到提升之后，会重新审视个体的职业生涯发展路径与目标。这时可能会发生两种情况：一种是大学生继续按照自己的规划前进，另一种是大学生发现自己以前所制定的规划不太适合自己，负面的反馈过多，这就需要重复以上过程。

◀ 练习1-5 ▶

生涯幻游

　　尽可能放松,使你自己能舒服地坐在椅子上(或躺在地上)。现在,闭上眼睛并完全让自己放松,舒缓你的呼吸,看看身体还有哪些地方没有放松。如果还有没放松的地方,请放松、放松、放松……现在,请你想象自己穿越时空,来到三年后的世界。在三年后的某一日你刚醒来,请你想象:现在几点了?你在哪儿?你听到什么?闻到什么?你还感觉到什么?有其他人与你一起吗?他是谁?现在,你已经起床了。接下来要做些什么?

　　现在,你正在穿衣服,你穿的是什么衣服?你穿好衣服后要做些什么?你的情绪如何?你意识到什么?

　　现在,你正要去某地。回头看时,你刚才离开的地方像什么?(暂停)你上路了,乘坐的是什么交通工具?(暂停)有人和你在一起吗?是谁呢?(暂停)当你离开时,请注意周遭的一切,(暂停)后来你到目的地了,(暂停)你在何方?这地方像什么?(暂停)你又意识到什么?(暂停)在这里,你要做什么?(暂停)旁边有人吗?有的话,与你是什么关系?(暂停)你要在这里逗留多久?(暂停)今天你还想去别的地方吗?(暂停)在这一天中,你还想做什么事情?(暂停)现在,你回家了,今天是什么日子?(暂停)到家时,有人欢迎你吗?(暂停)回家的感觉又是如何呢?(暂停)在家里,你想做什么?(暂停)你会与别人分享你做的事情吗?(暂停)你已准备睡觉,(暂停)回想这一天,你感觉如何?(暂停)你希望明天也是如此吗?(暂停)你对这种生活的感觉究竟是什么样的?(暂停)过一会儿,我将要求你回到现在,回到学校及教室来。我从10开始倒数,当我数到0的时候,你就可以睁开眼睛。10,9,8,7,6,5,4,3,2,1,0。好了,你回到现实了,请睁开眼睛,看看周遭的一切,欢迎你旅游归来。你可以花些时间思考,回想这次经历。然后,思考下面的问题:

1. 三年后的你与今天有何不同?
   (1) 人:_____
   (2) 事:_____
   (3) 生活内容:_____

2. 三年后的你与今天的你有何关系?
   (1) 延续了今天的_____
   (2) 改变了今天的_____
   (3) 最深的感受是_____

3. 写一封信给未来的自己。

_____
_____
_____
_____

成功者的足迹

李开复的职业成功之路

下面,我们通过李开复的求学和职业生涯之路来谈谈职业生涯规划的几个关键因素。

1. 选对专业

在研究历史和政治的父亲影响下,李开复初入美国哥伦比亚大学,毫不犹豫地选择法律专业。在20世纪80年代的美国社会中,律师是收入多、地位高、前途好的理想职业。经过一年的通识教育,李开复却发现这个专业完全不适合自己。大学一、二年级,他的学习成绩一直徘徊在B和C之间。曾经的梦想在现实面前不堪一击。偶然一次,李开复在学校计算机房打工时,疯狂地喜欢上了计算机,每天废寝忘食地编程。他不仅乐在其中,而且颇有天赋。经过慎重考虑,李开复最终坚定地转到计算机系,很快便一鸣惊人。对计算机的这种热情,激励李开复当年投奔这一新兴领域。在专业课"可计算性和形式语言"中,他考了满分。因为选择了计算机专业,李开复的数学天赋得到淋漓尽致地发挥;因为选择了计算机专业,对计算机强烈的兴趣激发了他极大的热情,为他带来了持久的动力,让他敢于大胆尝试,积极主动地争取成功的机会。例如,他开发出"非特定人连续语音识别"系统,以及击败人类国际象棋世界冠军的"奥赛罗"人机对弈系统等。

"想要爱你所做,要先做你所爱"。大学生在接受高等教育或走上工作岗位的时候,都会面临一个重大抉择——选择专业。虽然个体在事业上的成功不完全依靠所学的专业,但选择一个正确、合适的专业,会让自己走对路、做对事。对于大学生来说,选择专业是跨出职业生涯道路的第一步,因此,大学生应当结合自己的兴趣、理想、价值观和天赋来考虑职业定位。

2. 选对环境

除了自身的天赋之外,李开复能够成功的另一个关键因素是:他在良好的教育环境中成长。在攻读博士期间,李开复选择了开明的导师瑞迪,开始了语音识别系统的研究。李开复在研究思路上与导师瑞迪产生分歧,是坚持自己的统计学方法进行研究,还是遵从导师的思路呢?彷徨许久,最终李开复跟瑞迪直接表明想法,希望"以统计学来解决这个'不特定语、大词汇、连续性语音识别'"。虽然瑞迪并不赞同,但还是支持了他。之后三年半,李开复每天18个小时、一周六天进行科研工作,把语音识别率从起初的40%提高到80%,最终飙升到96%。他为自己的语音识别系统取名为"斯芬克斯",并在瑞迪的支持下参加了1988年度世界语音学术会议,震惊了整个学术界。1988年,李开复获得《商业周刊》颁发的"最重要科学创新奖"。

获得博士学位后,李开复留在卡内基梅隆大学任教。当他发现这并不是他想干的工作时,他毫不犹豫地接受了苹果公司的邀请。要知道,在美国,大学教师有很高的社会地位和良好的待遇。选择"下海",是李开复人生中的又一个飞跃。他先后经历苹果、SGI、微软、谷歌四家顶级公司的高管生涯。李开复一直行走在巅峰,到底有怎样的独到之处呢?李开复的回答是:"追随我心。"

数次穿梭于世界电脑巨头公司做高管、创建研究院,不论职务如何变动,工作地点设在世界的哪一个角落,李开复内心中始终有一个属于自己的清晰目标,这也让他从未因被光环笼罩而手足无措,也不会因为位高权重而放弃自我。

3. 自信积极的人生态度

事实上,李开复是一个普通人,因为他曾经和我们大多数人一样:上台演讲时会手脚发抖,怕得罪人而不敢行使管理权,认为只要是创新就一定有市场价值。但李开复又是一个不平凡的人,他为了提高演讲能力,强迫自己每月做两次演讲;他很快就悟出了一个道理——对人类有用的创新才是更重要的。而这一切都源于李开复自信积极的人生态度。李开复清楚自己的能力,定位清晰、发展方向坚定并且持之以恒。事实表明,拥有自信和积极心态的人,很容易在职场上游刃有余。积极的心态能使人看到希望,激发自身的潜能,有助于克服困难、保持进取的旺盛斗志。而消极的心态则使人沮丧、抱怨、失望、自我封闭、限制和扼杀自己的创造力。

4. 情商重于智商

在竞争激烈的商业领域,高智商能助你获得稳固的职业起点,而高情商则能让你的影响力边界与社交网络持续拓展。从卓越科学家成功转型为卓越经理人,这一历程彰显出李开复兼具超高的智商与情商。2000年,李开复被调回微软美国总部工作。为了深入了解员工需求,以高效开展部门管理,他每周与部门的10名员工共进午餐,悉心聆听他们的心声与建议。这一举措使他迅速熟悉全体下属,并精准完成人力资源调配。事实证明,高层管理者的领导力构建,情商往往比智商更具决定性作用。

从李开复的职业发展轨迹中,我们可以获得重要启示:岗位工作具有阶段性特征,而职业发展则是持续演进的过程。当代大学生应当学会培养自己的职业生涯规划能力。成功的人生需要科学的路径设计,当下的位置只是起点,关键在于把握未来的发展方向。

(作者根据网络资料整理)

课后任务

完成生涯规划书——开启你的职业生涯大门

姓名：_____

专业：_____

生日：_____

性别：_____

你最想对自己说的一句话：_____

_____

你选择这个专业的原因是：_____

_____

你将来可以做的事情是：_____

_____

你最喜欢做的工作是：_____

_____

你最不喜欢从事的工作是：_____

_____

你人生最大的愿望是：_____

_____

十年后的你是这样的：_____

_____

单元二
邂逅你喜欢的那类工作

【课前小调查】

1. 请从下列选项中选出你最喜欢做的事情。（　　）
   A. 动手制作一些东西
   B. 喜欢跟朋友在一起，享受其乐融融的感觉
   C. 喜欢阅读和思考
   D. 喜欢做一些整理性的事情，如把自己的物品整理得规规矩矩、井井有条
   E. 喜欢说服、影响其他人
   F. 喜欢以艺术创作形式表达自己
2. 一般来说，你会在感兴趣的事情上投入多长时间？（　　）
   A. 很少　　　　　　　　B. 很多
3. 你有意识地培养过自己的兴趣吗？（　　）
   A. 是　　　　　　　　　B. 否
4. 你考虑过未来选择一份自己感兴趣的职业吗？（　　）
   A. 是　　　　　　　　　B. 否
5. 你曾通过哪些途径培养自己的兴趣呢？（　　）
   A. 阅读相关书籍　　　　B. 参加培训活动
   C. 参加社团活动　　　　D. 其他

【认知目标】

1. 认识到职业兴趣在职业发展过程中的重要性，愿意在进行职业选择时考虑职业兴趣因素；
2. 认识到职业兴趣类型与职业发展的内在关系，并通过霍兰德职业兴趣代码等多种工具进行兴趣探索，从而较为全面地认识和评估自己的职业兴趣。

【技能目标】

1. 掌握霍兰德职业兴趣理论的基本观点和主要内容，并能运用霍兰德职业兴趣代码等多种探索工具剖析自己的兴趣偏好，确认自己的霍兰德职业兴趣代码；
2. 能结合霍兰德职业兴趣理论剖析自己的兴趣偏好同专业学习和未来成长的关系，锁定与职业兴趣类型相匹配且与所学专业相关的职业或岗位；
3. 能根据自身职业兴趣特点及未来职业生涯发展的需要，设计职业兴趣培养方案。

【完成任务】

1. 探索并确认自己的霍兰德职业兴趣代码；
2. 结合所学专业，锁定与自己的职业兴趣类型相匹配的职业或岗位。

HR 助力规划职业生涯

　　找到一份自己喜欢的工作不仅关乎职业选择,还能构建具有长期发展潜力、充满成就感和满足感的职业生涯系统。

　　首先要系统评估自身兴趣、技能、价值观及人格特质,明确在职场中追求的是稳定性、创新性或挑战性。基于自我认知设定短期与长期职业目标,研究不同行业的发展趋势,结合个人优势制定可执行路径(包括学习计划、技能认证及经验积累等)。利用实习、兼职、志愿者活动等探索目标领域,获取结构化实践经验(如项目管理、团队协作等核心能力),验证行业适配性并动态调整规划。

　　在求职时,除薪资待遇外,需关注组织文化与个人价值观的契合度,优先选择支持员工成长与多元包容的环境。准备符合岗位要求的简历与求职信,突出关键胜任力。在面对挫折时,应通过复盘优化策略,将失败转化为职业适应性提升的机会。

　　综上所述,找到理想工作需要时间投入、策略性努力与持续学习,通过科学决策与动态调整,最终实现职业价值最大化与人生满意度提升。

问题的提出与重要性

◀ **练习 2-1** ▶

　　请你阅读下面的案例并思考案例中学生们的困惑是什么。你有类似的情况吗?你认为应该如何解决这些问题?

　　(1) 王新宇是一名入学不久的大一新生。在高考填报志愿时,他就曾经因为不知道该选什么专业而困惑。有人告诉他"随便选一个自己喜欢的专业就行",而他却不知道自己喜欢什么专业。于是,王新宇听从父母的意愿,选择了他们认为的"男生比较适合"的康复治疗技术专业。目前,王新宇对自己所学的专业谈不上喜欢还是不喜欢。对于所学的专业内容,他认为按部就班学习就好,只要能够顺利毕业,最后找到工作就行。然而,学习了职业生涯规划课程之后,王新宇开始思考这些问题:我选择的专业是不是我所喜欢的?我适合做什么样的工作?我最看重什么样的工作?每当想起这些问题时,他就会陷入困惑和迷茫:就这样按部就班地毕业然后找工作吗?难道真的找不到自己喜欢的职业吗?

　　(2) 司琪被同学们认为是一个非常博学的人,是多才多艺的典范,大家都很羡慕她。她的兴趣和爱好十分广泛:体育、绘画、琴艺、表演,而且在某些方面还得过奖。此外,她还加入了文学社、英语社、戏剧社、书法社,又与一些同学一起创办了职业生涯发展协会。但是有一个问题一直让她困惑:干什么都不能持之以恒,过不了多久就没有了新鲜感。现在临近毕业,在面临职业选择时,司琪想知道:自己真正的兴趣到底是什么?

(3) 曹将自称是文学青年，他一直梦想当作家。但他的父母认为，作家不是一个正当职业，写作也不能当饭吃。因此，在选择大学专业时，曹将与父母发生了冲突：他想学习中文，而父母希望他学习计算机，将来进入热门的 IT 行业。目前，曹将是某大学计算机应用技术专业的大二学生。但学习让曹将感到很无奈，无论怎么努力，他都没法喜欢计算机专业的课程。当然，曹将也想通过转专业来解决这一问题，但转专业也不是一件容易的事情。

"股神"巴菲特曾说过这样一段话：我和你没有什么差别，如果你一定要找一个差别，那可能是我每天都有机会做我最爱的工作。如果你要我给你忠告，这是我能给你的最好忠告了。巴菲特的观点当然是一家之言，但是他说出了一个道理：兴趣与职业生涯发展关系密切。

一个人的工作满意度和生活满意度，主要取决于其职业兴趣倾向的满足程度。在职业生涯规划过程中，识别自己的兴趣偏好是一个关键的部分，也是自我探索的核心内容之一。对自我了解得越多、越深，就越清楚地知道自己更适合走哪一条道路，职业发展方向也就越明确。本单元，我们将从职业兴趣概念、职业兴趣在职业生涯发展中的作用以及职业兴趣的相关理论入手，重点分析霍兰德职业兴趣理论，目的是帮助同学们了解自己的职业兴趣，并发现与之相匹配的职业。

一、兴趣与职业兴趣

《练习 2-2》

请同学们谈一谈自己的兴趣与爱好，说说这些兴趣与爱好对自己的生活有哪些影响。

_____
_____
_____

（一）兴趣的含义

兴趣是一种重要的心理倾向，是指个体以特定的事物、活动及人为对象所产生的积极的和带有倾向性、选择性的态度和情绪，是个体力求认识某种事物和从事某项活动的意识倾向。兴趣是多种多样的，不同人的兴趣有可能不同，即使同一个人也可能有多种不同的兴趣。有的人对研究自然知识感兴趣，向往在大自然和天文地理中自由翱翔；有的人倾向于情感世界，乐此不疲地与人交往；有的人倾向于理性世界，喜欢逻辑分析；有的人对智力操作感兴趣，对读书、写作、演算和设计等废寝忘食；有的人对技能操作感兴趣，对手工和摄影等情有独钟。

（二）职业兴趣的含义

职业兴趣是兴趣在职业方面的表现，是指人们对某种职业活动具有比较稳定而持久的心理倾向,对某种职业给予优先注意并具有向往的情感。职业兴趣反映了职业特点与个体特点之间的匹配关系,是人们选择职业的重要依据。

二、为什么在职业选择时要考虑职业兴趣

许多研究表明,单凭能力并不能预测职业生涯的成功或失败,个体的职业兴趣、性格和价值观等情感性倾向因素对职业适应性都有影响,因而必须加以考虑。而在这些因素中,职业兴趣所起的作用最大。

心流(Flow)这一概念由美国积极心理学奠基人米哈里·契克森米哈赖在1975年发表的《超越无聊与焦虑》研究报告中首次提出。心流是一种在高度专注状态下所体验的最优体验心理学现象。它是指个体在进行挑战与技能平衡的活动时,完全沉浸于活动中,达到行动与意识的完美融合,形成即时反馈循环,甚至会出现时间感知的扭曲现象。心流的本质是意识资源的优化配置状态。

心流的出现通常伴随着自我意识的消融,即自我意识消失不见,个体不会过度关注自己的行为,而会排除一切外界干扰和分心因素,全神贯注于当前任务,体验到一种充实感和愉悦感,生命潜能得到充分发挥。

在心流状态下,由于注意力高度集中,工作效率提高,会涌现出大量创意,有效激发创造力。经常体验心流的人往往具有更高的生活满意度和幸福感,而且提高了自我效能感,而这种成就感进一步激励个体实现更高的目标。

人们要达到心流状态,需要很多因素的结合,但首要因素是兴趣。

(一)职业兴趣会影响工作状态

职业兴趣是一个人最好的老师,是一个人强大的精神力量,是一个人工作动力的主要源泉之一。职业兴趣能让人集中注意力获取知识、启迪智慧并创造性地开展工作。当个体对某种工作产生兴趣时,他的工作主动性能够得到充分发挥。即使工作十分辛劳,也依然兴致勃勃,乐此不疲;即使困难重重,也绝不灰心丧气,而是想尽办法,百折不挠地克服困难。

(二)职业兴趣能够提高工作效率,促进个体才能的发挥

当个体对某一方面的工作感兴趣时,枯燥的工作也会变得丰富多彩、趣味无穷。职业兴趣能够调动个体的全部精力,使其具有敏锐的观察力、高度的注意力和深刻的思维能力,长时间保持高效而不知疲倦;反之,当个体对某种工作不感兴趣时,就会把工作当成苦差,消极怠工,容易感到疲劳和厌倦。有研究表明,如果个体从事自己感兴趣的职业,则在工作中能发挥自己全部才能的80%~90%,并能长时间保持高效率的工作;如果个体从事自己不感兴趣的职业,则在工作中只能发挥自己全部才能的20%~30%,这类工作往往容易让人心生厌恶。

(三)职业兴趣是保证职业稳定性、职场成功的重要因素

如果个体对自己所从事的工作感兴趣,就愿意刻苦钻研,就容易获得成功。职业兴趣是个体职业生涯适应的一个重要方面,令个体感兴趣的工作能够激发其工作热情,并容易使个体获得职场成功。而且职场的成功能够有效提升个体的自我价值感,增强其职业稳定性。

理论的讲解与运用

职业兴趣理论最为著名并广泛应用的是霍兰德职业兴趣理论。

约翰·霍兰德是美国心理学家,著名的职业指导专家。他认为职业选择是个体兴趣在工作世界中的表露和延伸,某一类型的职业通常会吸引具有相同职业兴趣的人,而具有相同职业兴趣的人对许多生活事件的反应模式也是基本相似的,他们创造了具有某一特色的生活环境(包括工作环境)。霍兰德强调人的整体性和工作环境的整体性,注重个体的兴趣类型同工作环境的一致性。他认为,在同等条件下,人和环境的适配性或一致性将会增加个体的工作满意度、职业稳定性和职业成就感。职业代表一种生活方式和生活环境,而不仅仅是一些工作职能和技巧。

一、霍兰德职业兴趣理论基础

霍兰德职业兴趣理论有以下四个基本假设。

(1) 大部分人的职业兴趣可分为六种类型,即现实型(R)、研究型(I)、艺术型(A)、社会型(S)、企业型(E)和常规型(C)。

(2) 现实社会中存在六种职业,即现实型(R)、研究型(I)、艺术型(A)、社会型(S)、企业型(E)和常规型(C)。

(3) 人们倾向于寻找和选择那种有利于他们技术和能力的发挥,能充分表达他们的态度、实现他们的价值,并使自己能扮演满意角色的环境。

(4) 一个人的行为是其本人的兴趣和环境特征相互作用的结果。

二、霍兰德对六种不同职业兴趣类型的描述

(一) 现实型(R)

现实型职业兴趣使人们表现出下列特征。

(1) 职业偏好:喜欢从事自己偏好的现实型职业或情境(如电工或技工),而回避社会型职业或情境所要求的活动。

(2) 生活目标和价值观:拥有传统的价值观,偏好在制度约束下工作。相信自由(独立或自由选择),认为雄心勃勃和自我控制是重要的价值,鄙视怜悯。

(3) 自我信念:认为自己有机械的、技术的或者运动的能力;乐于用双手、工具和电器工作;认为自己缺乏人际交往方面的能力,在一些社会性任务上会受挫。

(4) 问题解决类型:用现实型信念、能力和价值观解决工作或其他场合中遇到的问题。他们喜欢具体的、实际的和结构化的解决方案或策略,而不喜欢学究气的或者富有想象力的事情。

(二) 研究型(I)

研究型职业兴趣使人们表现出下列特征。

(1) 职业偏好：喜欢从事自己偏好的研究型职业或情境（如生物学家或医学家）。

(2) 生活目标和价值观：重视科学性的或学术性的活动和成果。重视自主（独立）以及一些个体特点（如智慧的、富有逻辑的、雄心勃勃的），但是认为其他的生活目标或价值观相对而言不太重要，拥有真正的友谊，信念开放。

(3) 自我信念：认为自己善于分析；具有科学研究能力以及数学才能；好奇、博学、兴趣广泛；乐于阅读或思索问题的解决方案。认为自己劝说他人采取行动会受挫；认为自己心胸开阔、有广泛的兴趣；自尊程度中等。

(4) 问题解决类型：用研究型的信念、能力和价值观解决工作或其他场合中遇到的问题，乐于寻求具有挑战性的问题。

（三）艺术型（A）

艺术型职业兴趣使人们表现出下列特征。

(1) 职业偏好：喜欢从事自己偏好的艺术型职业或情境（如作家或室内装饰设计师），而回避常规型职业或情境所要求的活动。

(2) 生活目标和价值观：重视审美体验和成就。重视自我表达、人人平等以及一些个体特征（如富有想象力、勇敢）；不服从指挥；逻辑性不强或责任心不强。

(3) 自我信念：认为自己有表现力；坦率、创新、不拘泥、不循规蹈矩、好自省、独立、不讲秩序；具有艺术、写作和演说才能。

(4) 问题解决类型：用研究型信念、能力和价值观解决工作或其他场合中遇到的问题，善于发现艺术情境中的问题。艺术才能和个体特征（如直觉、表达能力、独创性）支配艺术型人的问题解决过程。

（四）社会型（S）

社会型职业兴趣使人们表现出下列特征。

(1) 职业偏好：喜欢从事自己偏好的社会型职业或情境（如教师或咨询师），而回避现实型职业或情境所要求的活动，能与具有相似信念和价值观的人交往。

(2) 生活目标和价值观：重视社会和道德活动与问题；愿意在医务和公共服务等情境中服务他人；相信人人平等，愿意帮助他人；鄙视逻辑性、理性或奢华的生活。

(3) 自我信念：认为自己乐于助人、理解他人；有教学才能、社会技能；缺乏机械与科学能力；满足于帮助他人或教学。

(4) 问题解决类型：用社会型信念、能力和价值观解决工作或其他场合中遇到的问题，善于发现社会情境中的问题。这些问题更多地被视为人际关系类问题。社会能力特质（如寻求互惠互利等）支配这类人的问题解决过程。

（五）企业型（E）

企业型职业兴趣使人们表现出下列特征。

(1) 职业偏好：喜欢从事自己偏好的企业型职业或情境（如销售人员或管理者），而回避研究型职业或情境所要求的活动。

(2) 生活目标和价值观：持有传统的价值观（如经济的和政治的成就）；重视控制他人，而不愿受到他人控制；雄心勃勃。

(3) 自我信念：认为自己有进取心；受人欢迎、自信、好交际；有领导和演说才能；缺乏科学研究能力；自尊心很强，持有传统的价值观。

（4）问题解决类型：用企业型信念、能力和价值观解决工作或其他场合中遇到的问题；善于在经营中发现问题，这些问题更多地被视为社会影响类问题。

（六）常规型（C）

常规型职业兴趣使人们表现出下列特征。

（1）职业偏好：喜欢从事自己偏好的常规型职业或情境（如记账员），而回避艺术型职业或情境所要求的活动。

（2）生活目标和价值观：重视商业和经济成果；认为成为财经或贸易方面的专家、过舒适的生活以及从事许多工作都是重要的目标；持传统价值观，信念保守。

（3）自我信念：认为自己遵从规则、守秩序；具有文书和数字才能；认为自己在事务方面具有较强的才能，而在艺术方面较弱。

（4）问题解决类型：用常规型信念、能力和价值观解决工作或其他场合中遇到的问题；遵从既有的规则、实践和程序；愿意向权威人士征求意见。

≪练习2-3≫

职业兴趣的自我诊断——你的霍兰德职业兴趣倾向

职业兴趣的自我诊断是进行职业兴趣评估的有效方法之一，现在我们一起来运用以下测验来评估你的职业兴趣倾向。本测验选择霍兰德职业兴趣测验中的三个部分，每部分测验都没有时间限制，但请你按要求尽可能一次完成。

第一部分　你所感兴趣的活动

下面列举了若干种活动，如果是你感兴趣的活动，请选择"是"；不感兴趣的活动，请选择"否"。请按顺序回答全部问题（每选择一个"是"得1分），并统计每一部分的得分。

现实型活动（R）

1. 装配或修理电器　　　　　　　　　是□　否□
2. 修理自行车　　　　　　　　　　　是□　否□
3. 用木头制作产品　　　　　　　　　是□　否□
4. 开汽车或摩托车　　　　　　　　　是□　否□
5. 用机器制作产品　　　　　　　　　是□　否□
6. 参加木工技术学习班　　　　　　　是□　否□
7. 参加制图和描图学习班　　　　　　是□　否□
8. 驾驶卡车或拖拉机　　　　　　　　是□　否□
9. 参加机械和电气学习班　　　　　　是□　否□
10. 装配和修理机器　　　　　　　　 是□　否□

"是"一栏得分＿＿＿＿

研究型活动（I）

1. 阅读科技图书和杂志　　　　　　　是□　否□

2. 在实验室工作　　　　　　　　　　　　是☐　否☐
3. 改良水果品种,培育新的水果　　　　　是☐　否☐
4. 调查了解土壤和金属等物质的成分　　　是☐　否☐
5. 研究自己选择的特殊问题　　　　　　　是☐　否☐
6. 解算术题或玩数学游戏　　　　　　　　是☐　否☐
7. 上物理课　　　　　　　　　　　　　　是☐　否☐
8. 上化学课　　　　　　　　　　　　　　是☐　否☐
9. 上几何课　　　　　　　　　　　　　　是☐　否☐
10. 上生物课　　　　　　　　　　　　　 是☐　否☐

"是"一栏得分____

艺术型活动（A）

1. 进行素描、制图或绘画　　　　　　　　是☐　否☐
2. 参加话剧或戏剧表演　　　　　　　　　是☐　否☐
3. 设计家具或布置室内　　　　　　　　　是☐　否☐
4. 练习乐器或参加乐队　　　　　　　　　是☐　否☐
5. 欣赏音乐或戏剧　　　　　　　　　　　是☐　否☐
6. 看小说或读剧本　　　　　　　　　　　是☐　否☐
7. 从事摄影创作　　　　　　　　　　　　是☐　否☐
8. 写诗或吟诗　　　　　　　　　　　　　是☐　否☐
9. 参加艺术（美术或音乐）培训班　　　　是☐　否☐
10. 练习书法　　　　　　　　　　　　　 是☐　否☐

"是"一栏得分____

社会型活动（S）

1. 参加学校或单位组织的正式活动　　　　是☐　否☐
2. 参加某个社会团体或俱乐部活动　　　　是☐　否☐
3. 帮助他人解决困难　　　　　　　　　　是☐　否☐
4. 照顾儿童　　　　　　　　　　　　　　是☐　否☐
5. 出席晚会、联欢会或茶话会　　　　　　是☐　否☐
6. 和大家一起出去郊游　　　　　　　　　是☐　否☐
7. 想获得关于心理方面的知识　　　　　　是☐　否☐
8. 参加讲座或辩论会　　　　　　　　　　是☐　否☐
9. 观看或参加体育比赛和运动会　　　　　是☐　否☐
10. 结交新朋友　　　　　　　　　　　　 是☐　否☐

"是"一栏得分____

企业型活动（E）

1. 说服或鼓动他人　　　　　　　　　　　是☐　否☐
2. 卖东西　　　　　　　　　　　　　　　是☐　否☐
3. 谈论政治　　　　　　　　　　　　　　是☐　否☐

4. 制订计划,参加会议 是☐ 否☐
5. 以自己的意志影响他人的行为 是☐ 否☐
6. 在社会团体中担任职务 是☐ 否☐
7. 检查与评价他人的工作 是☐ 否☐
8. 结交名流 是☐ 否☐
9. 指导有某种目标的团体 是☐ 否☐
10. 参与政治活动 是☐ 否☐

"是"一栏得分____

常规型活动(C)

1. 整理桌面和房间 是☐ 否☐
2. 抄写文件和信件 是☐ 否☐
3. 为领导写报告或公务信函 是☐ 否☐
4. 检查个体收支情况 是☐ 否☐
5. 参加打字培训班 是☐ 否☐
6. 参加办公软件等实务培训班 是☐ 否☐
7. 参加商业会计培训班 是☐ 否☐
8. 参加情报处理培训班 是☐ 否☐
9. 整理信件、报告和记录等 是☐ 否☐
10. 写商业贸易信件 是☐ 否☐

"是"一栏得分____

第二部分　你所喜欢的职业

下面列举了若干职业,如果是你感兴趣的工作,请选择"是";如果是你不感兴趣的工作,请选择"否"。请按顺序回答全部问题(每选择一个"是"得1分),并统计每一部分的得分。

现实型职业(R)

1. 飞机机械师 是☐ 否☐
2. 野生动物专家 是☐ 否☐
3. 汽车维修工 是☐ 否☐
4. 木匠 是☐ 否☐
5. 测量工程师 是☐ 否☐
6. 话务员 是☐ 否☐
7. 园艺师 是☐ 否☐
8. 长途公共汽车司机 是☐ 否☐
9. 电工 是☐ 否☐
10. 铁路轨道检修工

"是"一栏得分____

研究型职业(I)

1. 气象学学者或天文学学者 是☐ 否☐
2. 生物学学者 是☐ 否☐

3. 医学实验室的技术人员　　　　　　是□　　否□

4. 人类学学者　　　　　　　　　　　是□　　否□

5. 动物学学者　　　　　　　　　　　是□　　否□

6. 化学学者　　　　　　　　　　　　是□　　否□

7. 数学学者　　　　　　　　　　　　是□　　否□

8. 科学杂志的编辑或作家　　　　　　是□　　否□

9. 地质学学者　　　　　　　　　　　是□　　否□

10. 物理学学者　　　　　　　　　　是□　　否□

"是"一栏得分____

艺术型职业（A）

1. 乐队指挥　　　　　　　　　　　　是□　　否□

2. 演奏家　　　　　　　　　　　　　是□　　否□

3. 作家　　　　　　　　　　　　　　是□　　否□

4. 摄影家　　　　　　　　　　　　　是□　　否□

5. 记者　　　　　　　　　　　　　　是□　　否□

6. 画家或书法家　　　　　　　　　　是□　　否□

7. 歌唱家　　　　　　　　　　　　　是□　　否□

8. 作曲家　　　　　　　　　　　　　是□　　否□

9. 电影或电视演员　　　　　　　　　是□　　否□

10. 电视节目主持人　　　　　　　　是□　　否□

"是"一栏得分____

社会型职业（S）

1. 街道、工会或妇联干部　　　　　　是□　　否□

2. 小学或中学教师　　　　　　　　　是□　　否□

3. 精神科医生　　　　　　　　　　　是□　　否□

4. 婚姻介绍所的工作人员　　　　　　是□　　否□

5. 体育教练　　　　　　　　　　　　是□　　否□

6. 福利机构的负责人　　　　　　　　是□　　否□

7. 心理咨询师　　　　　　　　　　　是□　　否□

8. 共青团干部　　　　　　　　　　　是□　　否□

9. 导游　　　　　　　　　　　　　　是□　　否□

10. 国家机关工作人员　　　　　　　是□　　否□

"是"一栏得分____

企业型职业（E）

1. 厂长　　　　　　　　　　　　　　是□　　否□

2. 电视剧制作人　　　　　　　　　　是□　　否□

3. 公司经理　　　　　　　　　　　　是□　　否□

4. 销售员　　　　　　　　　　　　　是□　　否□

5. 房地产推销员　　　　　　　　　　　　是□　　否□
6. 广告部经理　　　　　　　　　　　　　是□　　否□
7. 体育活动主办者　　　　　　　　　　　是□　　否□
8. 销售部经理　　　　　　　　　　　　　是□　　否□
9. 个体工商业者　　　　　　　　　　　　是□　　否□
10. 企业管理咨询人员　　　　　　　　　是□　　否□

"是"一栏得分____

常规型职业（C）
1. 会计师　　　　　　　　　　　　　　　是□　　否□
2. 银行出纳员　　　　　　　　　　　　　是□　　否□
3. 税收管理员　　　　　　　　　　　　　是□　　否□
4. 成本核算员　　　　　　　　　　　　　是□　　否□
5. 计算机操作员　　　　　　　　　　　　是□　　否□
6. 速记员　　　　　　　　　　　　　　　是□　　否□
7. 文书档案管理员　　　　　　　　　　　是□　　否□
8. 打字员　　　　　　　　　　　　　　　是□　　否□
9. 法庭书记员　　　　　　　　　　　　　是□　　否□
10. 人口普查登记员　　　　　　　　　　是□　　否□

"是"一栏得分____

第三部分　统计和确定你的职业兴趣倾向

请将第一部分和第二部分的各项得分填入表2-1，并做纵向累加。

表2-1　六种职业兴趣倾向测试

测试	现实型（R）	研究型（I）	艺术型（A）	社会型（S）	企业型（E）	常规型（C）
第一部分						
第二部分						
总分						

请将表2-1中的六种职业兴趣倾向总分按大小顺序依次从左至右排列：
_____型、_____型、_____型、_____型、_____型、_____型
你的职业倾向性得分：最高分_____，最低分_____

三、霍兰德对六种职业类型的描述

（一）现实型职业（R）

现实型职业通常是指对物体、工具和机器等进行操作的工作。从事现实型职业的人通常具有现实型的人格特质。他们大多是现实的并具有传统的价值观；愿意使用工具从

事操作性工作,动手能力强、做事手脚灵活、动作协调;倾向于用简单、直接的方式来处理问题;偏好于具体任务;不善言辞、做事保守、较为谦虚;喜欢使用工具、机器等需要基本操作技能的工作,对要求具备机械方面的才能、体力或与机器、工具、运动器材、植物、动物相关的职业感兴趣,并具备相应能力。此外,从事现实型职业的人通常缺乏社交能力,喜欢独立做事,有时也用他们的机械和技术能力来进行生产。

典型职业:技术性职业(计算机硬件人员、摄影师、制图员、机械装配工)、技能性职业等。

（二）研究型职业（I）

研究型职业通常是指对物理学、生物学或文化知识进行研究和探索的工作。从事研究型职业的人通常具有研究型的人格特质。他们大多是有学问、聪明的思想家,抽象思维能力强,求知欲强,肯动脑,善思考,不愿动手。他们喜欢独立的和富有创造性的工作,做事精确,喜欢逻辑分析和推理,考虑问题比较理性,喜欢不断探索未知的领域,喜欢智力的、抽象的、分析的、独立的工作,具备智力或分析才能,而且能将这种才能用于观察、估测、衡量,形成理论,最终解决工作中的问题。他们主要通过证明其科学价值来获取成就。

典型职业:科学研究人员、教师、工程师、计算机编程人员、医生、系统分析员等。

（三）艺术型职业（A）

艺术型职业通常是指进行艺术、文学、音乐和戏剧创作的工作。从事艺术型职业的人通常具有艺术型的人格特质。他们大多擅长表达、富有创造力、直觉能力强、渴望表现自己的个性、不随波逐流、独立性强;喜欢要求具有艺术修养、创造力、表达能力和直觉的工作,并具备相应的能力将其用于语言、行为、声音、颜色等形式的审美、思索和感受中,不善于事务性工作。他们具有一定的艺术才能和个性,做事理想化、追求完美、不重实际,通常以展示自己的艺术价值来获取成就,以复杂的和非传统的方式来看待世界,与他人交往更富于情感和表达能力。

典型职业:艺术性职业(演员、导演、艺术设计师、雕刻家、建筑师、摄影师、广告制作人)、音乐性职业(歌唱家、作曲家、乐队指挥)、文学性职业(小说家、诗人、剧作家)等。

（四）社会型职业（S）

社会型职业通常是指与人打交道的工作,如教导、培训、治疗或启发人的心智等。从事社会型职业的人通常具有社会型的人格特质。他们通常乐于助人、善解人意、做事灵活、关心社会问题、渴望发挥自己的社会作用。他们比较看重社会义务和社会道德,获取成就的主要方式是展示自己的社会价值来达到,并常常以友好、合作的方式与人相处。他们喜欢与人打交道的工作,能够不断结交新的朋友,如提供信息、启迪、帮助、培训、开发或治疗等工作。

典型职业:教育性职业(教师、教育行政人员)、社会性职业(咨询人员、公关人员)等。

（五）企业型职业（E）

企业型职业通常是指通过控制、管理他人而达到个体或组织目标的工作。从事这一职业的人通常具有企业型的人格特质。他们追求权力、权威和物质财富,一般都具有领导和演说才能,喜欢竞争、敢冒风险,有野心、抱负心,为人务实,习惯以利益得失、权力、地位、金钱等来衡量做事的价值，做事有较强的目的性。他们喜欢要求具备经营、管理、说服、监督和领导才能，以实现机构、政治、社会及经济目标的工作。

典型职业：项目经理、销售人员、营销管理人员、政府官员、企业领导、法官、律师等。

（六）常规型职业（C）

常规型职业通常是指对数据进行细致有序的系统处理的工作，如数据录入、档案管理、信息组织和机器操作等。从事这一职业的人通常具有常规型的人格特质。他们尊重权威和规章制度，喜欢按计划办事，细心、有条理，习惯接受他人的指挥和领导，自己不愿意谋求领导职务。他们通常整洁有序、擅长文书工作、较为谨慎和保守、缺乏创造性、不喜欢冒险和竞争、富有自我牺牲精神，一般会在适应性和依赖性的工作中获得成就。他们通常以传统的和依赖的态度来看待事物，并用认真、现实的方式来处理问题。他们喜欢要求注意细节和精确度、有系统、有条理，以及具有记录、归档、根据特定要求或程序组织数据和文字信息的工作。

典型职业：秘书、办公室人员、办事员、行政助理、图书馆管理员、出纳员、打字员、投资分析师等。

四、霍兰德六种职业兴趣类型之间的关系

人们通常倾向于选择与自我兴趣类型匹配的职业环境，如具有现实型兴趣的人希望在现实型的职业环境中工作，可以更好地发挥个体的潜能。但在职业选择中，个体并非一定要选择与自己兴趣完全对应的职业环境，因为：① 个体通常具有多种兴趣类型，单一兴趣类型显著突出的情况不多，所以在评价个体的职业兴趣类型时，也时常将其得分居前三位的类型进行组合，组合时根据分数的高低依次排列字母，构成其兴趣组型，如 RCA、AIS 等；② 影响职业选择的因素是多方面的，不能完全依据职业兴趣类型，还要参照社会的职业需求及获得职业的现实可能性。因此，个体在进行职业选择时会不断妥协，寻求相邻职业环境，甚至相隔职业环境。在这种环境中，个体需要逐渐适应工作环境。如果个体寻找的是相斥的职业环境，意味着他所进入的是与自我兴趣完全不同的职业环境，则工作起来可能难以适应，或者难以做到快乐地工作，甚至可能会每天工作得很痛苦。

霍兰德将六种职业兴趣类型排列成一个六边形（如图 2-1 所示），形象地阐述了六种职业兴趣类型之间的关系。

在这个六边形模型中，每种职业兴趣类型与其邻近的两种职业兴趣类型属于相邻关系，与其处于次对角线上的两种职业兴趣类型属于相隔关系，与其处于主对角线上的职业兴趣类型属于相斥关系。在进行职业选择时，霍兰德认为应遵循以下几个原则：

（1）适宜原则，即具有相同职业兴趣类型的人适宜从事同类型的职业。

（2）相邻原则，即具有某种职业兴趣类型的人选择从事相邻类型的职业，比较容易适应，如 RI、IR、IA、AI、AS、SA、SE、ES、EC、CE、CR 及 RC。属于这种关系的两种类型的人之间共同点较多，现实型（R）和研究型（I）的人都不太偏好人际交往，这两种职业环境中也都较少有机会与人接触。

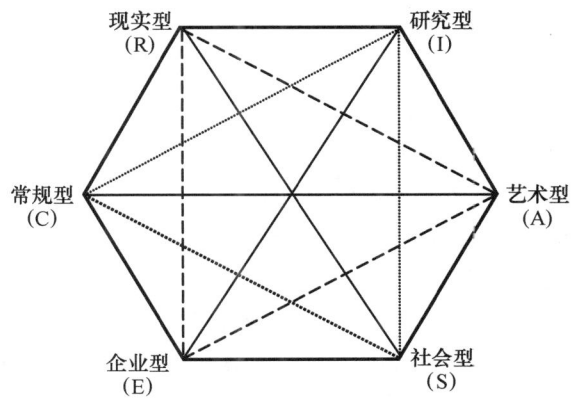

图 2-1 霍兰德六边形模型

（3）相隔原则，即人们选择从事与其职业兴趣类型具有相隔关系的职业，经过艰苦努力，较容易适应，如 RA、RE、IC、IS、AR、AE、SI、SC、EA、ER、CI 及 CS。属于这种关系的两种职业兴趣类型个体之间的共同点较相邻关系的要少。

（4）相斥原则，即人们如果选择与兴趣类型具有相斥关系的职业，则很难适应，如 RS、IE、AC、SR、EI 及 CA 等。相斥关系的人格类型的共同点较少，因此，同一个人同时对具有相斥关系的两种职业环境都感兴趣的情况较为少见。

在霍兰德看来，个体的职业兴趣类型是可以测定的，既可以自测，也可以通过量表来测定。有些人的职业兴趣类型可能不清晰，但总与某一类职业兴趣比较接近。同样，霍兰德认为，社会环境的类型也是可以区分开来的。在清楚地了解了职业兴趣类型和社会环境类型之后，可以使两者适当地配合。

但在实际的测试中，很少有人属于其中某种单一类型，多数人属于其中几种的混合类型。每个人都会测得分数最高的某种职业兴趣类型，也有分数次高的与之相近的职业兴趣类型，还有分数再次高与之成中性关系的职业兴趣类型，甚至分数最低与之具有相斥关系的职业兴趣类型。个体在实际选择职业时，可以选择与自己的职业兴趣类型完全一致的职业。如果不能实现，也可以选择与之相近或成中性关系的职业，但尽可能注意避免选择与之成相斥关系的职业。

人们在选择职业时遇到困难，往往是由于对自己的兴趣和能力不够了解，或者了解得过于笼统，也有可能是由于对社会环境缺乏了解，从而无法实现其职业规划。因此，霍兰德认为，如果没有严重的心理障碍和精神异常，大部分人只要得到必要的信息，有一定的机会进行职业探索，每个人都可以自行解决职业问题。

霍兰德还认为，个体最初表现出来的是对某些活动的偏好和兴趣，后来才逐渐发展成为某一方面的能力和专长，在此基础上形成职业价值观。个体对职业的偏好、能力和价值观又会引导其朝着这一职业目标前进。因此，一个人的兴趣类型是遗传与环境相互作用的结果。从这个意义上讲，个体在早期对职业兴趣的培养，在个体的兴趣类型的形成中起着重要作用。

探索的方法与技能训练

有一年,美国内华达州的麦迪逊中学在入学考试时出了一道题目:比尔·盖茨的办公桌上有五个带锁的抽屉,分别贴着财富、兴趣、幸福、荣誉、成功五个标签。比尔·盖茨总是只带一把钥匙,而把其他的四把钥匙锁在抽屉里。请问:比尔·盖茨带的是哪一把钥匙?其他的四把钥匙锁在哪一个或哪几个抽屉里?

有的学生把它当成一道作文题来回答,有的学生随便选了一个答案就交卷了,还有的学生弄不清楚题目究竟是什么意思,于是放弃回答。究竟有多少种答案我们不得而知。最后,还是比尔·盖茨给麦迪逊中学的回信揭开了谜底。信中只有一句话:"在你最感兴趣的事物上,隐藏着你人生的秘密。"同学们,你们想不想知道自己的人生秘密呢?接下来,就开始动手进行职业兴趣的自我探索活动吧!

《练习2-4》

发现你的兴趣

请认真完成下列各题。

1. 在学校里,你喜欢哪些课程?

2. 你经常阅读哪些类型的书籍或杂志?

3. 你最感兴趣的事情是什么?

4. 你是如何度过自己的闲暇时间的?

单元二 邂逅你喜欢的那类工作

5. 你做过哪些工作(包括志愿者工作)？

_____
_____
_____

6. 你喜欢做哪些工作？

_____
_____
_____
_____

◀ 练习 2-5 ▶

描述自己

请你在下面的形容词旁边做出标记,"√"表示描述的和你相符,"×"表示描述的和你不相符。

1. 现实型(R)

循规蹈矩的	物质至上的	现实的
教条的	自然的	保守的
真诚的	普通的	精力充沛的
踏实的	坚韧的	谦让的
僵硬的	实际的	肤浅的

2. 研究型(I)

善于分析的	独立的	激进的
谨慎的	有智慧的	理性的
复杂的	内省的	保守的
挑剔的	悲观的	不爱交际的
好奇的	精细的	谦逊的

3. 艺术型(A)

杂乱的	富有想象力的	有直觉的
不整齐的	不务实的	叛逆的
情绪化的	易冲动的	开放的
富于表现的	独立的	原创的
理想主义的	内省的	敏感的

41

4. 社会型（S）

惬意的	乐于助人的	有责任感的
乐于合作的	理想主义的	好交际的
移情的	友善的	机智的
友好的	有耐心的	善解人意的
慷慨的	善于信服的	热情的

5. 企业型（E）

进取的	精力充沛的	强有力的
冒险的	热忱的	乐观的
有抱负的	要求刺激的	足智多谋的
独断的	好出风头的	自信的
专横的	外向的	好交际的

6. 常规型（C）

细心的	僵硬的	坚韧的
遵守规则的	拘谨的	实际的
尽责的	有条理的	注重细节的
教条的	顺从的	节俭的
有效率的	有序的	缺乏想象力的

请在下面空格中标出六组形容词中你选出的形容词最多的组名，按从多到少的顺序排列。

1. _____ 2. _____ 3. _____

每一组形容词都描述某一特定类型的人。你愿意和哪一类人打交道？请按照从多到少的顺序标出组名。

1. _____ 2. _____ 3. _____

◁ 练习2-6 ▷

描述自己的兴趣发展

从小学、初中、高中到大学阶段，你在学习、工作、休闲、社交等方面发生过哪些令你难忘的、感兴趣的事情，请尽可能多地将它们一一列出来并填到表2-2中。最后，通过这些兴趣表现来分析你的职业兴趣可能是什么。

单元二 邂逅你喜欢的那类工作

表 2-2 各阶段的兴趣表现

兴趣表现	人生阶段			
	小学阶段	初中阶段	高中阶段	大学阶段
学习方面				
工作方面				
休闲方面				
社交方面				

填写完表 2-2 之后，请结合下面的问题进行深入思考。

1. 你有没有发现自己的兴趣在不同的成长阶段是不太一样的？想一想这些转变是如何发生的。

___

2. 你有没有注意到有一些兴趣在不同的成长阶段并没有改变？想一想是什么让你一直坚持着这一兴趣。

___

3. 试着将你的兴趣按照霍兰德六种职业兴趣类型归类，请按照从多到少的顺序将它们写下来。

(1)_____ (2)_____ (3)_____
(4)_____ (5)_____ (6)_____

4. 思考你的人生历程，哪些兴趣的发展让你比较满意？哪些兴趣的发展不尽如人意？这些兴趣与你的专业相关吗？

___

经过职业兴趣的自我探索和自我诊断活动，同学们对自己的职业兴趣有了进一步的了解，明确了自己的职业兴趣倾向。其中，有的同学的自我探索与自我诊断的结果是基本一致的，而有的同学可能存在一定的偏差。这说明同学们在理想与现实选择中出现了不一致的情况。这是正常现象，就如同许多时候我们的思想和行动存在不一致的情况一样。这种不一致也提醒我们：要不断进行职业兴趣的探索和诊断活动，加深对自己职业兴趣的认知。

《练习 2-7》

悦己四象限——聚焦你的职业兴趣

1. 请你将平时所有喜欢做的事情列举出来,越详细越好,个数不限。例如:读书、玩游戏、唱歌、做手工、做设计等。

2. 将第 1 题中的内容填入以下对应的象限中(如图 2-2 所示)。

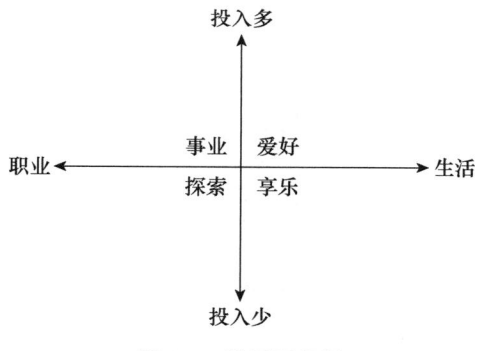

图 2-2 悦己四象限

爱好象限:偏向于生活类活动,出于休闲、娱乐或者放松身心而做,生活中有过思考、投入较多时间和精力及付出过很多行动等。比如:个体喜欢美食,会通过查阅菜谱或到各大饭店学习等方式来提升做菜的能力。

享乐象限:偏向于生活类活动,完全出于休闲、娱乐或者放松身心而做,生活中投入的时间和精力并不是很多。比如:个体喜欢美食,会品尝各种美食或者做美食,完全是为了满足味蕾和享受的需要。

事业象限:偏向于职业类活动,投入很多时间和精力进行思考,付出过很多努力。比如:个体喜欢编程活动,会在闲暇时阅读编程书并编写一些程序,投入大量的时间和精力研究编程等,未来可能成为一名程序员。

探索象限:偏向于职业类活动,平时喜欢做,因为缺少时间或精力,所以付出较少的努力,做得频率不高。比如:个体喜欢编程,会编写一些小程序,但受学习时间限制,很少有时间做。

3. 通过以上职业兴趣探索活动,你有哪些发现?换句话说,有可能发展为未来职业的活动集中在哪个象限?

4. 如果你的职业兴趣没有倾向于事业象限的活动,那么与社会现行职业相结合,其他象限还有哪些活动可能发展为未来职业?

5. 在探索到的这些兴趣活动中,你想投入多少时间和精力?付出什么样的行动来提升技能以获取未来求职的资格呢?

◀ 练习 2-8 ▶

你的备选职业清单

请你找出在前面练习中居前三位的职业兴趣代码,判断与自己的职业兴趣类型相匹配的职业有哪些,整理后填入表 2-3。

表 2-3　你的备选职业清单

你的备选职业清单:

职业兴趣的培养

职业兴趣与职业活动密切相关,职业兴趣是职业活动的巨大动力。如果个体对某一职业具有职业兴趣,就可以提高个体的工作积极性,促使个体主动愉快地从事该职业。职业兴趣总是以社会的职业需要为基础,并在一定的学习与教育条件下形成和发展起来的,因此职业兴趣是可以培养的。

(一)职业兴趣培养的影响因素

职业兴趣是以一定的素质为前提,在职业生涯实践过程中逐渐产生和发展起来的。它的形成与个体的个性、自身能力、实践活动、客观环境和所处的历史条件有着密切的关系。因此,在职业生涯规划中不能孤立地对职业兴趣进行探讨,应当结合个体、家庭及社会等因素来考虑。了解这些因素,有助于个体深入认识自己,更好地进行职业规划。

1. 个体需要和个性

兴趣是以需要为前提和基础的,一般来说,个体需要什么就会对什么产生兴趣。由于个体的需要包括生理需要(或物质需要)和社会需要(或精神需要),因此个体的兴趣也同样表现在这两个方面。一般来说,个体的生理需要(或物质需要)是暂时的、容易满足的。例如,个体对某一种食物或衣服感兴趣,吃饱了或穿上了也就满足了。而个体的社会需要(或精神需要)却是持久的、稳定的、不断增长的。例如,对文学和艺术的兴趣,以及对参与社会生活的需要则是长期的、终身的、不断追求的。兴趣是在需要的基础上产生的,也是在需要的基础上发展的。

兴趣也受到个体个性品质的影响,良好的个性品质会有效地促进个体形成良好的职业兴趣倾向。个性内向稳重的人,职业兴趣持久稳定,在所感兴趣的领域中容易形成自身突出的专长与优势,容易成长为专业型人才。而个性外向活泼的人,兴趣和爱好相对比较广泛,有助于在多方面发展中拓宽自己的职业生涯发展路径,容易成长为复合型人才。

2. 个体认识和情感

兴趣不足与个体的认识和情感密切相关。如果一个人对某项事物没有深刻的认知,就不会对它产生情感,因而也就不会对它产生兴趣。同样,如果一个人缺乏某种职业知识,或者根本不了解这种职业,那么他不可能对这种职业产生浓厚的兴趣,在职业规划时也就不会考虑它。一个人对某项事物认识得越深刻,情感就越专注,兴趣就越浓厚。例如,有的人对集邮很入迷,认为邮票既有收藏价值,又有观赏价值;既能丰富知识,又能陶冶情操。因此,当一个人收藏的邮票越来越多时,集邮就会发展成为他的一种爱好,并有可能成为他的职业。

3. 家庭环境

家庭作为最基本的社会单元,对个体的心理发展会产生重要影响。家庭环境的熏陶对个体职业兴趣的形成具有十分明显的导向作用。大多数人从幼年起就在家庭环境中感受父母的职业活动,随着年龄的增长,逐步形成自己对职业价值的认识,使得个体在选择职业时,不可避免地带有家庭教育的印记。家庭因素对职业取向的影响,主要体现在择业趋同性与协商性等方面。

一般情况下,个体对于家庭成员特别是长辈的职业比较熟悉,在职业规划和职业选择上产生一定的趋同性影响。同时,由于受家庭成员职业活动的影响,个体的职业生涯决策或多或少建立在家庭成员共同协商的基础之上。此外,父母的兴趣也会对孩子有直接的影响。

4. 受教育程度

个体的受教育程度是影响其职业兴趣的重要因素。从客观上来说,任何一种社会职业对个体都有知识与技能等方面的要求,而个体的知识与技能水平的高低在很大程度上取决于个体的受教育程度。一般来说,个体学历层次越高,接受职业培训的范围越广,其职业取向领域就越宽。

5. 社会因素

一方面,社会因素对个体职业兴趣的影响主要体现在政府的就业政策、传统的就业观念和就业模式、社会时尚等方面。政府的就业政策是主导性的影响因素,传统的就业观念和就业模式也往往制约着个体的职业选择,而社会时尚职业则始终是许多人,特别是青年人追求的目标。例如,如果当前计算机技术和会计行业的发展前景较好,那么选择这两个职业的人也就增多。另一方面,兴趣和爱好是受社会因素制约的,不同环境、不同职业和不同文化层次的人,兴趣和爱好往往不一样。

6. 职业需求

职业需求是一定时期内用人单位可提供的不同职业岗位对从业人员的总需求量,它是影响个体职业兴趣的客观因素。职业需求越多、类别越广,个体选择职业的余地就越大。职业需求对个体的职业兴趣具有一定的导向性,在一定条件下,它可以强化个体的职业选择,或抑制个体不切实际的职业取向,也可以引导个体产生新的职业取向。

此外,年龄的变化和时代的变化也会对个体的兴趣产生直接影响。就年龄来说,少儿时期往往对图画、歌舞感兴趣,青年时期往往对文学、艺术感兴趣,成年时期往往对某种职业、某种岗位感兴趣。这反映了一个人的兴趣会随着年龄的增长、知识的积累而不断变化。就时代来说,不同的时代有不同的物质和文化条件,也会对个体的职业兴趣产生很大的影响。

以上因素对每个人的影响不完全相同,需要在职业规划中予以考虑。大学生应根据自身特点,制订出适合自己的职业兴趣培养方案。

(二)在职业兴趣培养中应注意的问题

1. 要培养广泛的兴趣

广泛的兴趣不仅可以使个体的生活丰富多彩,还是个体成才的重要因素。广泛的兴趣可以使个体增加知识、开阔眼界、开拓思维和想象力等。具有广泛职业兴趣的人,不仅对涉及自己职业领域的事物怀有浓厚的兴趣,对其他领域的事物也感兴趣,能够将不同领域的思维方式相互融合,创造出新的思维方式。这种人的眼界较为开阔,解决问题时也会从多方面考虑,善于应对多变的环境,在职业选择、工作变动上有很大的活动空间,从而为事业的成功奠定了一定的基础。比如,一个电视节目主持人的业余爱好是体育运动,当电视台开发有关体育的栏目时,他就能很快胜任体育频道主持人的工作。而兴趣范围狭窄的人,对新鲜事物的接受和适应能力就要差一些,职业选择面也较窄。

2. 要形成中心职业兴趣

广泛的兴趣是职业成功的基础,但个体一定要有自己的中心兴趣。毕竟,个体的才能在某种意义上是有限的,不可能在各个方面全方位地发展自己。因此,个体要有意识地培养自己在某一方面的职业兴趣,并且深入地发展它,这样才有助于自身的发展与成长。有这样一个故事:一个小伙子为了找水而在地面上挖井,他在地面上挖了许多深浅不一的井,可是每一口井都没有挖到可以找到水的深度,尽管有的只差一点点。人的精力是有限的,如果这个小伙子把精力集中于一口井上,持之以恒地挖下去,一定能够找到水。人的兴趣也是如此,如果对这个感兴趣,对那个也感兴趣,四面出击,但没有一个中心兴趣,时间和精力投入不少,最终很可能一事无成。

3. 要保持稳定的职业兴趣

兴趣的稳定性(也叫持久性),是指兴趣持续时间的长短。个体的兴趣只有稳定而持久,才能推动个体深入钻研问题,从而获得系统的科学知识,取得良好的工作成绩。有些人的兴趣缺乏稳定性,他们对任何事物都可能产生浓厚兴趣,甚至达到狂热和迷恋的程度,但这种兴趣很快会被另一种兴趣所代替。这类人常常朝三暮四、见异思迁。缺乏稳定而持久兴趣的人,他们无论在何种实践领域中,都不可能取得很大的成功。个体只有在某一方面有稳定持久的兴趣,才能有更多的精力深入钻研,也就更容易获得成功。

4. 培养切实可行的职业兴趣

我们不能为了追求过于理想的目标而不考虑兴趣培养的可行性。有些人的职业兴趣脱离客观条件,往往曲高和寡,甚至画地为牢,自缚手脚;有些人结合自己所学的专业、社会的职业需求等,将职业兴趣建立在切实可行的基础之上,最终获得成功。因此,个体在培养自己的职业兴趣时,除了要考虑职业,还要兼顾考虑兴趣的可行性。个体在考虑外界的客观现实条件时,注意考察哪种职业兴趣更有机会展开和深入。有这样一则寓言故事:一头驴听到蝉唱歌的声音很好听,便头脑发热地向蝉学习发音的方法。蝉告诉驴:"你首先必须像我一样,每天以露水充饥。"于是,驴便照着蝉的话去做,非但没有练就动听的歌喉,反而饿得头昏眼花,最后倒下再也起不来了。这则寓言故事告诉我们,培养兴趣要切合自身实际,不能盲目。

歌德有句名言:你适合站在哪里,你就站在哪里。事实说明:人职匹配既能够充分发挥人的积极性、创造性,使人们既能在职业活动中体验快乐,又能充分提高职业活动的效益。大学生应尽快在学习和实践中培养和提高自己的职业兴趣。

单元二 邂逅你喜欢的那类工作

成功者的足迹

兴趣助力匠心梦——大国工匠机车"医生"李万坤

李万坤是中车洛阳机车有限公司的一名电工高级技师,享受国务院政府特殊津贴,获得"全国五一劳动奖章""河南省五一劳动奖章""中国中车高铁工匠""中原大工匠"等荣誉。

李万坤是半路出家的,对机车维修之类的电子技术比较感兴趣,经常钻研电器。他在30岁的时候放弃了事业编制,成为一名机车维修工人。当李万坤辞职时,身边很多人都颇为不解,领导和同事们都劝他好好考虑后再做决定,他却显得异常坚定。同年12月份,李万坤被调入中车洛阳机车公司柴油机车间,当了一名维修电工。

为了从"门外汉"发展为电工技术的行家里手,李万坤从最基础的电工理论知识开始,系统地学习电气测量、高压供电和电工维修等电子技术。在实际工作中,李万坤遇到重重难题,他意识到只有理论知识还不够,丰富的实践经验才是提升技能的关键所在。工作中,只要有现场处理设备故障的机会,李万坤就会紧紧跟在技术水平高的师傅身后,仔细看、详细问、认真学,力争不留下任何一个疑问。日积月累的勤学苦练,从1989年到1998年,李万坤用9年的时间完成了人生完美三级跳——从维修电工到青工技师,从青工技师到工人技师,从工人技师到高级技师。2006年,李万坤被推上公司"首席高级技师"的宝座。

"攻坚克难,迎难而上"是李万坤一贯的工作作风。2014年,李万坤承担公司克诺尔制动柜C4C5的检修攻关项目。这个项目市场巨大,技术门槛也很高。李万坤敢于迎接挑战,用娴熟的检修技术征服了德国技术专家,让对方拿出了最大诚意与中车洛阳机车公司合作。从2015年到2017年,李万坤带领20人的技术团队对该项目的检修技术进行攻关,每年完成产值1.5亿元人民币。

到底是什么力量推动这位"门外汉"成为一名大国工匠?李万坤因为喜欢而从业,因为喜欢而刻苦钻研,也正是因为喜欢而执着地坚守。兴趣是推动李万坤心无旁骛、孜孜以求、砥志研思、精进不休的强大动力,也是因为兴趣让李万坤甘于坚守平凡的工作岗位、默默无闻、无私奉献。李万坤的职业成功之路是兴趣与职业完美结合的结果,浓厚的职业兴趣,精湛的技能,不断追求卓越、精益求精的工作理念,以及求真、务实、敬业、认真的工作态度,铺就了大国工匠的成功之路!

(作者根据网络资料整理)

课后任务

请你完成表2-4的兴趣偏好与喜欢做的事情。

表 2-4　兴趣偏好与喜欢做的事情

姓名：　　　　　　　　　专业：

项目	兴趣偏好与喜欢做的事情
你的专业对应的主要工作岗位	
你的霍兰德职业兴趣代码	
依据霍兰德类型，符合你的职业兴趣偏好的描述有	
依据霍兰德类型，你可以考虑的职业有（请至少列出十种）	
综合所有的兴趣练习，令你感兴趣的职业有	
综合所有的兴趣练习，你会考虑的职业有（请至少列出十种）	
综合所有的兴趣练习，在你的专业内，你会考虑的职业有（请至少列出五种）	
你会通过哪些活动来进一步培养自己的某种职业兴趣	

单元三
探索你的性格偏好

【课前小调查】

1. 你认为性格可以改变吗？（　　）
   A. 可以　　　　　　　B. 不可以　　　　　　C. 不确定
2. 你认为性格有好坏之分吗？（　　）
   A. 有　　　　　　　　B. 没有　　　　　　　C. 不确定
3. 你喜欢自己的性格吗？（　　）
   A. 喜欢　　　　　　　B. 不喜欢
4. 你觉得自己的性格倾向于外向还是内向？（　　）
   A. 外向　　　　　　　B. 内向
5. 在职业选择中，你是否认同"适合的才是最好的"这个观点？（　　）
   A. 是　　　　　　　　B. 不是　　　　　　　C. 不确定

【认知目标】

1. 认识到每一种工作对个体的性格都有特定的要求，如果性格与职业相匹配，就能够使个体获得更高的工作满意度，愿意在选择职业时考虑性格因素；
2. 认识到职业性格类型与职业发展的内在关系，愿意付出努力并通过多种工具进行性格探索，从而较为全面地认识和评估自己的职业性格。

【技能目标】

1. 掌握 MBTI 性格理论的主要内容，并能运用 MBTI 性格理论和多种探索工具剖析自己的性格偏好，确认自己的 MBTI 性格类型；
2. 能够结合 MBTI 性格理论分析与自己专业相对应或相关的性格特点，同时锁定与自己性格倾向相匹配的职业或岗位；
3. 能够根据自身职业性格特点和未来职业生涯发展的需要，设计职业性格调适的方案，优化性格、完善自我。

【完成任务】

1. 确认自己的 MBTI 性格类型；
2. 结合自己所学专业，锁定与自己的性格倾向相匹配的职业或岗位。

HR 助力规划职业生涯

探索自己的性格偏好是职业规划和个体发展中的关键一步，了解自己的性格特点有助于我们找到与个体特质相匹配的职业路径，从而在工作中实现更高的满意度和成就感。

我们可以借助科学的性格测评工具，如 MBTI、DISC 或霍兰德职业兴趣测试等，帮助我们更客观地理解自己的性格类型，这些工具不仅能够揭示个体在不同情境下的行为倾向，还能提供有关适合职业领域的指导。

培养自我觉察能力有以下几种方法：① 通过练习正念冥想或其他形式的心理训练，增强对自己情绪状态的认知，意识到自己在不同场景下的情感波动，可以帮助我们更好地控制情绪，做出理性选择。② 通过反思日常行为模式，回顾日常生活中的决策过程、人际交往方式以及应对压力的方法，记录并分析自己在各种情况下的反应，更加清晰地认识自身的性格优势和需要改进的地方。③ 可以与信任的朋友、家人或者导师分享自己的想法，并请求他们给予真诚的意见，他人往往能从旁观者的角度看到我们自己可能忽略的性格特征。当然，了解性格偏好很重要，但也要考虑到市场的实际需求，寻找那些既能发挥个体优势又能满足社会需要的职业领域，这样才能确保职业生涯既充满意义又具备可持续性。

性格是一个复杂的概念，它并非一成不变。随着个体年龄增长和经历的变化，其性格也会有所调整。综上所述，探索性格偏好是一个持续的过程，它涉及自我认知、实践体验和社会互动等多个方面。我们可以通过以上方式在过程中获得深刻的洞察，为未来的职业生涯打下坚实的基础。

问题的提出与重要性

◀ 练习 3-1 ▶

请同学阅读下面的案例并思考：他们的困惑是什么？你有类似的情况吗？你认为应该如何解决这些问题？

（1）金玲是大学一年级的学生，学习的专业是会计电算化。其实在填报高考志愿时，她并不想选会计电算化专业，无奈在父母的安排下选择了这个专业。经过一个学期的学习，金玲发现自己对所学的专业越来越感兴趣了，以前认为很枯燥的一些原理与数据，现在让她感觉乐趣无穷。看来一切都在向好的方向发展。但渐渐地，金玲发现自己性格中存在的问题：有时很容易急躁，考虑问题没有耐心，而会计行业的职业特点要求会计人员能够静下心来，对待工作要严谨细致。于是，金玲开始质疑：自己的性格是否利于今后在职业上的发展呢？

（2）刘双是一名护理专业的学生，从小到大，学习对她来说都不是难事。上大学以后，她的学习成绩依然名列前茅，每年都获得奖学金。在临近毕业时，刘双发现自己存在一个突出的问题，即自己的性格过于内向，不太擅长与陌生人沟通。刘双希望自己能够很快融入职场，但在医院的职场环境中，时刻都要与陌生的患者及其家属打交道，这让她感到担心：自己这样的性格能否适应医院的职业环境？应该怎样改变自己的性格呢？

爱因斯坦对性格曾有一段很经典的论述：优秀的性格和钢铁般的意志，比智慧和博学更为重要……智力上的成就在很大程度上依赖于性格的伟大，这一点往往超出人们的普遍认识。这段话鲜明地道出了性格对未来职业发展的深远影响，因此，如果一个人连自己的性格是什么样子的、自己真正适合什么样的工作都一无所知，又如何谈得上在职业上发挥自己的性格特长与优势呢？

现代人已经深刻地认识到：性格决定着职业的长远发展。一个人的工作满意度和生活满意度，除了受个体职业兴趣影响之外，还有很重要的一个方面就是性格偏好。性格偏好决定了一个人能否适应某一职业的工作环境或生活方式，决定了一个人更适合从事什么样的职业或岗位，以及在职业或岗位上的优势与可能存在的不足等。

一、性格的含义

（一）性格的概念

性格也称为人格特征，是指一个人在先天生理素质的基础上、在社会实践活动和不同环境的熏陶下逐渐形成的比较稳定的心理特征，如寡断、刚强、懦弱等。

大千世界，事有迥异，人亦不同。有的人豁达开朗，有的人斤斤计较；有的人勤劳勇敢，有的人懒惰怯懦；有的人积极进取，有的人悲观消极……人与人之间的这些区别说明，每个人都要面临人格选择问题。一个人选择了正确的人格模式，就会走向成功、走向美好；一个人选择了错误的人格模式，就会走向失败、走向痛苦。这里的"人格"更多是指一个人的性格。

心理学认为，性格是个体对现实稳定的态度和习惯化了的行为方式。可见，性格并不是独立存在的，个体在日常生活中的态度及行为表现都可以反映出自身的性格特征。人的个性差异首先表现在性格上。恩格斯说过：刻画一个人物不仅应表现他做什么，而且应表现他怎样做。"做什么"，说明一个人追求什么、拒绝什么，它反映了人的活动动机或对现实的态度；"怎样做"，说明一个人如何追求要得到的东西，如何避免要拒绝的东西，反映了人的活动方式。

性格是个体在社会生活中逐渐形成的，同时也受自身生物学因素的影响。也就是说，性格主要受后天环境的影响，具有可塑性。例如：法官在工作中长期保持着理性和严谨的思考；客服人员在工作中始终表现出耐心与热情；会计更是需要在工作中保持细心与谨慎的态度；等等。这些特点也会迁移到人们的生活中，所以这种长期习惯形成的特点便逐渐成为一个人的性格。

（二）性格的特征

从理论上讲，性格的特征表现在以下四个方面：

（1）性格的态度特征。个体对现实的态度是性格最重要的组成部分。现实态度特征主要是指个体在看待和处理各种社会关系方面的性格特征，如对待自己的态度，对待社会、集体、他人的态度，对待学习、工作的态度，对待婚姻、家庭的态度等。性格的态度特征决定了个体对人生的选择。

（2）性格的意志特征。意志是指个体对自己的行为自觉调节的能力水平，包括发动和制约两个方面，它对于个体的独立性、主动性、自制性和坚韧性等具有促进、强化或抑制、削弱的作用。意志特征在个体的性格中具有十分重要的地位。

（3）性格的情感特征。情感特征又称性情，是指个体情绪活动的强度、稳定性、持久性和主导心境方面的表现。它直接控制并影响个体的自我状态。

（4）性格的理智特征。性格的理智特征是指个体在认知活动中表现出来的认知特点和风格上的差异。

二、为什么在职业选择时要考虑性格因素

个体成功的诀窍就是善于发挥自己的长处，而只有选择适合个体性格的职业，才能更好地发挥自己的个性特长。不同的性格适合从事不同的职业，职业和性格存在相互对应的关系，如具有好动、坚强性格者适合当运动员；具有不厌重复、冷静、细心性格者适宜从事机械操作之类工作。如果个体的性格与职业搭配得当，事业之路必然多了一份平坦。

（一）选择职业要考虑自己的性格特征，尽量选择适合自己性格的工作

因为每一种工作都对从业人员的性格有特定的要求，如各类公共服务人员，必须具有亲切、热情、周到、体贴他人的性格，这样才能做好服务工作；再如个体工程技术人员要具有严谨认真、一丝不苟、精益求精、善于合作的性格。

（二）职业对性格具有反作用

如果服务行业的从业人员性格是孤傲型、冷僻型或轻率有余而稳重不足型的，为了能干好本职工作，就要按照工作要求改变自己的性格。事实上，许多人在工作中克服了自己性格上的弱点。

（三）性格特点同职业本身性质、规矩的适应关系

当个体进行职业生涯规划时，除了要考虑自身性格同职业所要求的人际关系相适应之外，还要考虑自身性格特点同职业本身性质、规矩的适应关系。国内外的研究发现，在有成就的杰出人物中，绝大多数人属于性格坚强、有毅力、人际关系和谐的类型。其中，有的人要经过数年甚至几十年的努力，花费大量的精力和劳动，才能取得一项或几项成果。当个体根据性格选择职业时，一方面要根据自身特点，选择更适合发挥自身特长的工作；另一方面要在后天各种环境中培养、修炼自身性格，使自己适应职业领域里更广泛的工作。

（四）性格对职业生涯发展亦有较大的影响

那些在事业上成功的人往往具有相似个性，如不畏艰苦、百折不挠、善于忍耐、自律性强、独立和执着，在他们身上很少有诸如暴躁、冲动和懦弱等不良性格。由于具体的生活道路不同，每个人的性格会有不同的特征。

理论的讲解与运用

一、MBTI性格理论的发展与演变

MBTI（Myers-Briggs Type Indicator）性格理论源自瑞士心理学家卡尔·荣格提出的人格理论，它是一种性格测试工具，用以衡量和描述人们在获取信息、做出决策、对待生活等方面的心理活动规律和性格类型。MBTI性格理论的第一张量表于1942年问世。荣格强调人类具有思维、情感、感觉和直觉四种心理功能，性格是一种个体内部的行为倾向。他利用四种心理功能与"内倾""外倾"两种态度把人划分成不同的类型。

20世纪中叶，美国心理学家伊莎贝尔·迈尔斯及其母亲凯瑟琳·布里格斯悉心研究了荣格的人格理论，在荣格的两种态度类型和四种心理功能类型的基础上，又增加了判断和知觉两种类型，由此组成了个性的四维八极特征。她们设计出一种用于鉴别不同人格类型的问卷调查表，并命名为"迈尔斯-布里格斯人格类型测验"，测验包括16种人格类型。

二、MBTI性格理论应用前提

荣格并非把人格简单地划分为八种类型，他的心理类型学只是作为一个理论体系用来说明性格的差异。在实际生活中，绝大多数人都是兼有外倾型和内倾型的特征，纯粹的内倾型或外倾型的人几乎是没有的，只是在特定场合下由于情境的影响而使某种态度占主导。同时，每个人都能运用四种心理功能，只不过每个人的侧重点不同而已。

MBTI性格理论认为，人的性格倾向，就像用自己的两只手分别写字一样，都可以写出来，但惯用的那只手会比另外一只手写得更好。每个人都会沿着自己所属的类型发展出行为、技巧和态度，而每一种类型都存在着自己的潜能和潜在的盲点。

三、MBTI性格理论的四维八级特征

MBTI从能量来源、信息收集、决断方式和生活态度四个维度，对人的性格进行考量，其中每一个维度又分为两个偏好，分别是：

能量来源——内倾（I）、外倾（E）；
信息收集——感觉（S）、直觉（N）；
决断方式——思维（T）、情感（F）；
生活态度——知觉（P）、判断（J）。

（一）内倾-外倾维度

内倾-外倾维度表示个体心理能量的获得途径和与外界相互作用的程度，即个体的注意力是较多地指向外部的客观环境，还是内部的概念建构和思想观念。

外倾型态度表现为主体的注意力和精力指向客体，即在外部世界中获得支持并依赖于外在环境中产生的信息，这是一种从主体到客体的兴趣向外的转移。外倾型的人需要通过经历来了解世界，所以他们更喜欢大量的活动，并偏好通过谈话的方式来思考，在语言的交流中对信息予以加工。而内倾型态度表现为主体的注意力和精力指向内部的精神世界，其心理能量通过内部的思想和情绪等获得。内倾型的人在内部世界中获得支持并看重事件的概念和意义等，因此，他们的许多活动是精神性的，他们倾向于安静地思考以加工信息。外倾型的人经常先行动后思考，而内倾型的人经常耽于思考而缺乏行动。

（二）感觉-直觉维度

感觉-直觉维度又称为非理性维度或知觉维度，表示个体在收集信息时注意的指向。也就是说，注意的指向是倾向于通过各种感官去注意现实的、直接的、实际的、可观察的事件，还是对事件将来的各种可能性和事件背后隐含的意义感兴趣。

感觉型的人倾向于接受能够衡量或有证据支持的任何事物，关注真实而有形的事件。他们相信感官能告诉他们关于外界的准确信息，也相信自己的经验。他们重视现在，关心某一刻发生的所有事情。而直觉型的人会自然地辨认和寻找一切事物的含义，他们不仅重视想象力，还注重将来，努力改变事物而不是维持它们的现状。直觉型的人看到一个环境就想知道它的含义和结果可能是什么。感觉型的人被视为较具有实际意识，而直觉型的人被视为较具有改革意识。感觉-直觉维度在问题解决过程中起着重要的作用。

（三）思维-情感维度

思维-情感维度又称为理性维度或判断维度，表示个体在做出决定时采用什么样的方式，即依靠客观的逻辑推理，还是主观的情感和价值。

思维型的人通过对情境进行客观的、非个体的逻辑分析，然后做出决定，他们注重因果关系并寻求事实的客观尺度，因此较少受个体情感的影响。而情感型的人期望自己的情感与他人保持一致，他们做出决定的基石是什么样的人对自己和他人比较重要，其理性判断的依据是个体的价值观。

（四）知觉-判断维度

知觉-判断维度用以描述个体的生活方式，即倾向于以一种较固定的方式生活（或做出决定），还是以一种更自然的方式生活（或收集信息）。这一维度是一种态度维度。虽然个体能够使用直觉和判断，但是这两极不能同时被运用。多数人会发现，采用某种生活方式总是比采用其他的生活方式更令自己轻松。因此，在和外部世界打交道时，个体会采用这种生活态度。

知觉型的人偏好知觉经验，他们不断地收集信息以使自己的生活保持弹性和自然。他们努力使事件保持开放性，任其自然变化，以便出现更好的结果。判断型的人倾向于以一种有序的、有计划的方式对自己的生活加以控制，他们期望看到问题被解决，习惯于并喜欢做出决定。

在以上四个维度中,每个人都会有自己天生就具有的倾向性,也就是说,处在两个方向分界点的这边或那边,我们称之为"偏好"。例如,如果你落在外倾的那边,你便具有外倾的"偏好";如果你落在内倾的那边,你便具有内倾的"偏好"。

◁ **练习 3-2** ▷

MBTI(中文微缩版)

下面,我们将运用 MBTI 进行自我检测。这个测验是由心理学家在无数个案例和广泛调查研究的基础上总结设计出来的,它能够较为客观地评估你的性格。

注意事项如下:

(1) 请你在心态平和且时间充足的情况下开始答题。

(2) 每道题目下面均有两个选项:A 和 B。请你仔细阅读题目,按照你的性格特征,分别给每道题目中的 A 和 B 赋予一个分数,分数之和为 5。

(3) 请注意,题目的答案无对错之分,你不需要考虑哪个答案"应该"更好,并且不要在任何问题上思考太久,而应该根据你的第一反应做出选择。

(4) 如果你觉得在不同的情境里,两个选项或许都能反映你的倾向,请选择一个对于你的行为方式来说最自然、最顺畅和最从容的答案。

范例:当你参加社交聚会时,你会

A. 总是能认识新朋友。(4)

B. 只跟几个密友待在一起。(1)

在上面的例子中,也可能是 3+2 或者 5+0 或者其他组合。

最小 ├──────────────────────┤ 最大
    0   1   2   3   4   5

请你对以下题目赋值:

1. 当你遇到新朋友时,你

    A. 说话与聆听的时间差不多。( )

    B. 聆听的时间会比说话的时间多。( )

2. 下列哪一种是你的一般生活取向?

    A. 只管做吧。( )

    B. 找出多种不同的选择。( )

3. 你喜欢自己的哪种性格?

    A. 冷静而理性。( )

    B. 热情而体谅。( )

4. 你擅长的是:

    A. 有时候需要同时协调进行多项工作。( )

    B. 专注在某一项工作上,直至把它完成。( )

5. 当你参与社交聚会时,你
   A. 总是能认识新朋友。( )
   B. 只跟几个密友待在一起。( )
6. 当你尝试了解某些事情时,一般你会
   A. 先要了解细节。( )
   B. 先了解整体情况,随后再谈细节。( )
7. 你对下列哪方面比较感兴趣?
   A. 知道他人的想法。( )
   B. 知道他人的感受。( )
8. 你比较喜欢下列哪个工作?
   A. 能让你迅速和及时做出反应的工作。( )
   B. 能让你定出目标,然后逐步实现目标的工作。( )

下列哪一种说法比较适合你?
9. A. 当我与友人聊得尽兴后,我会感到精力充沛,并会继续追求这种快乐。( )
   B. 当我与友人聊得尽兴后,我会感到疲累,觉得需要一些空间独自待一会儿。( )
10. A. 我对他人的经历比较感兴趣,如他们做过什么、认识什么人。( )
    B. 我对他人的计划和梦想比较感兴趣,如他们会去哪里,憧憬什么。( )
11. A. 我擅长制订一些可行的计划。( )
    B. 我擅长促成他人同意一些计划,并与他人通力合作。( )
12. A. 我会突然尝试做某些事情,看看会有什么事情发生。( )
    B. 我在尝试做任何事情之前,想事先知道可能有什么事情发生。( )
13. A. 我经常边说话边思考。( )
    B. 我在说话之前,通常会思考要说的话。( )
14. A. 周围的实际环境对我很重要,而且会影响我的感受。( )
    B. 如果我喜欢所做的事情,气氛对我而言并不那么重要。( )
15. A. 我喜欢分析,心思缜密。( )
    B. 我对他人感兴趣,关心他们身上所发生的事情。( )
16. A. 即使已制订出计划,我也喜欢探讨其他新的方案。( )
    B. 一旦制订出计划,我便希望能依计划行事。( )
17. A. 认识我的人,一般都知道我最看重什么。( )
    B. 除了我感觉亲近的人,我不会对他人说出对我来说最重要的事情。( )
18. A. 如果我喜欢某种活动,我会经常参加这种活动。( )
    B. 我一旦熟悉某种活动,便希望转而尝试其他新的活动。( )
19. A. 当我做出决定的时候,我更多地考虑正反两面的观点,并且会推理与质疑。( )
    B. 当我做出决定的时候,我会更多地了解其他人的想法,并希望能够达成共识。( )

20. A. 当我专注做某件事情时,需要不时地停下来休息。( )
    B. 当我专注做某件事情时,不希望受到任何干扰。( )
21. A. 独处时间太久,我就会感到不安。( )
    B. 若没有足够的独处时间,我就会感到烦躁不安。( )
22. A. 我对一些没有实际用途的意念不感兴趣。( )
    B. 我喜欢意念本身,并享受想象意念的过程。( )
23. A. 当进行谈判时,我依靠自己的知识和技巧。( )
    B. 当进行谈判时,我会拉拢其他人组成统一阵线。( )

当你放假时,多数情况下你会怎么做?

24. A. 随遇而安,想起做什么事情就去做。( )
    B. 按以前想好的计划来做。( )
25. A. 多花些时间与他人共度时光。( )
    B. 多花些时间自己阅读、散步或者做白日梦。( )
26. A. 选择喜欢的地方度假。( )
    B. 选择前往一些从未到过的地方度假。( )
27. A. 做一些与工作或学习有关的事情。( )
    B. 处理一些对我来说重要的人际关系。( )
28. A. 忘记平时发生的事情,专心享乐。( )
    B. 想着假期过后要准备的事情。( )
29. A. 参观著名景点。( )
    B. 花时间逛博物馆和一些较为幽静的地方。( )
30. A. 在喜欢的餐厅用餐。( )
    B. 尝试新的菜式。( )

下列哪个说法最能贴切地形容你对自己的看法?

31. A. 他人认为我会公正处事,并且会尊重他们。( )
    B. 他人相信在他们有需要时,我会出现在他们身边。( )
32. A. 随机应变。( )
    B. 按照计划行事。( )
33. A. 坦率。( )
    B. 深沉。( )
34. A. 留意事实。( )
    B. 注重感受。( )
35. A. 知识广博。( )
    B. 善解人意。( )
36. A. 容易适应转变。( )
    B. 做事井井有条。( )

37. A. 爽朗。（　）
    B. 沉稳。（　）
38. A. 有一说一。（　）
    B. 富有想象力。（　）
39. A. 喜欢询问实情。（　）
    B. 喜欢探索和感受。（　）
40. A. 不断接受新的建议。（　）
    B. 着眼于达成目标。（　）
41. A. 率直。（　）
    B. 敏感。（　）
42. A. 实事求是。（　）
    B. 目光远大。（　）
43. A. 公正。（　）
    B. 宽容。（　）

你会倾向于下列哪一种说法？

44. A. 暂时放下不愉快的事情，直至有心情时再处理。（　）
    B. 及时处理不愉快的事情，力求把它们抛诸脑后。（　）
45. A. 自己的工作被他人欣赏，即使你自己并不满意。（　）
    B. 创造一些有长远价值的东西，但不一定需要他人知道是你做的。（　）
46. A. 做自己感兴趣的事情，积累丰富的经验。（　）
    B. 有各式各样的经验。（　）
47. A. 感情用事的人较容易犯错。（　）
    B. 逻辑思维会令人自以为是，因而容易犯错。（　）
48. A. 犹豫不决必失败。（　）
    B. 三思而后行。（　）

请将上面题目中A、B选项的分数填写到表3-1中相应的位置。

表3-1　答题纸

题目	A	B	题目	A	B	题目	A	B	题目	A	B
1			9			24			44		
2			10			25			45		
3			11			26			46		
4			12			27			47		
5			13			28			48		

续表

题目	A	B	题目	A	B	题目	A	B	题目	A	B
6			14			29					
7			15			30					
8			16			31					
			17			32					
			18			33					
			19			34					
			20			35					
			21			36					
			22			37					
			23			38					
						39					
						40					
						41					
						42					
						43					
SUM											
	E	I		S	N		T	F		J	P

现在，将每项总得分填到下列各个空白处，也就是说，你在 E 维度名下的总得分记在 E 后面的空白处，在 I 维度名下的总得分记在 I 后面的空白处，依此类推。

总得分：

　　E:_____　　　　　I:_____

　　S:_____　　　　　N:_____

　　T:_____　　　　　F:_____

　　J:_____　　　　　P:_____

以上八个偏好两两成对，也就是说，E 和 I、S 和 N、T 和 F、J 和 P 各自是一对组合。在每一对组合中，比较该组合中偏好的得分孰高孰低，得分高的就是你的优势类型。例如，E 得到 22 分，I 得到 13 分，E 就是优势类型；S 得到 19 分，N 得到 21 分，N 就是优势类型。如果同分的话，选择后面的那一组，即 I、N、F、P。当对四对组合都做出一个比较以后，你会得到一个由四个字母组成的优势类型，如 ENFP、ISTJ 等，把它写在下面的横线上。

测评问卷所揭示的优势类型是：_____

四、MBTI性格理论的应用

在职业实践中，MBTI性格理论主要用于探讨各种性格类型与相关职业的匹配程度，不仅可以帮助人们更好地认识和了解自己，而且可以帮助人力资源部门更好地培养和管理不同类型的员工。

目前，MBTI性格理论已成为世界上应用最广泛的识别个体差异的测评工具之一，被广泛应用于团队建设、职业发展、婚姻教育和职业咨询等方面。MBTI性格理论主要用于了解受测者的处事风格、特点、职业适应性和潜质等，从而给受测者提供合理的工作及人际决策建议。

按照MBTI性格理论的四维八极的论述，人的性格类型可分为16种，而每一种性格类型都有其独有的特征与解决问题的模式，具体内容如表3-2所示。

表3-2 MBTI的16种性格类型

类型	特征	解决问题的模式
ISTJ	详尽、精确、系统、勤劳、关注细节。致力于改善组织程序与过程，无论组织处在发展的顺境还是逆境，都对组织保持忠诚	喜欢完全依据事实，在逻辑框架中进行分析。为了获得理想结果，会考虑所采用的解决模式对人们的影响，然后寻找更多的可能性和其他含义
ISTP	注重实用性，尊重事实，寻求有效的方法，具有现实性，只信服被论证的结果。喜欢独立工作，依靠逻辑和足智多谋解决组织中出现的问题	喜欢依据现有事实，以自身具有的内部逻辑构建问题和解决问题。为了获得理想结果，会考虑其他可能性和对人们的影响
ESTP	行为定向型，讲究实效、足智多谋、注重现实，以最有效的途径解决问题。喜欢在复杂的情境中找到解决问题的方法	喜欢现实、具体的评估环境，在进行逻辑分析后采取适当的步骤。为了获得理想结果，会考虑采用的解决模式对人们的影响，寻找其他选择的可能性
ESTJ	理智、善分析、果断、意志坚定，以系统化的方式组织具体事实。喜欢事先安排细节和操作程序，与他人一起完成任务	喜欢根据相关的事实和细节进行逻辑分析，从而控制情境。为了达到理想结果，会考虑更广阔的前景以及所采用的解决模式对他人和自己的影响
ISFJ	仁慈、忠诚、体谅他人、善良。不怕麻烦，帮助需要帮助的人。喜欢充当后盾，给他人提供支持和鼓励	喜欢完全依据事实，尤其是当应用于人和准则方面时。为了获得理想结果，会退一步思考问题的逻辑性，然后寻找更多的可能性和其他含义
ISFP	温和、体贴、灵活，具有开放性。富有同情心，尤其是对那些需要帮助的人。喜欢在合作和充满和谐气氛的环境中工作	喜欢从实用的角度考虑对自己和他人真正重要的事物。为了获得理想结果，会考虑其他人际关系和其他可能性，然后更客观地做决定
ESFP	友好、开朗、爱开玩笑、活泼、天性喜欢与他人相处。喜欢与其他活泼、快节奏的人一起工作，同时也会根据自己的判断做出不同选择	喜欢对情境进行现实和具体的评估，对于人更是如此。为了获得最佳结果，会增强客观性，从长远的眼光看待不同事物

续表

类型	特征	解决问题模式
ESFJ	乐于助人、机智、富有同情心、注重秩序，把与他人和谐相处看得很重要。喜欢通过制订计划来完成眼前的任务	喜欢考虑社会准则对人们的影响，也会关注相关的事实和有用的细节。为了获得理想结果，会识别其他人际关系，然后理智、冷静地分析
INFJ	相信自己的眼光，具有同情心和洞察力，温和地运用影响力。喜欢独立工作或在热衷于关注人的成长与发展问题的团队中工作	喜欢识别自己内在观点的可能性，尤其是与人和社会准则有关的问题。为了实现目标，重视现实的细枝末节的问题
INFP	具有开放性和洞察力，做事灵活，是理想主义者。希望自己的工作被认为是重要的。喜欢独立工作或在能发挥创造性的团队里工作	思考真正对自己和他人重要的问题，找出具有创造性的可能性。为了获得最佳结果，注意搜集事实资料，以便客观地做出决策
ENFP	热情、富有洞察力和创造性、多才多艺、不知疲倦地寻求新的希望和前景。喜欢在团队中工作，致力于从事能给人们带来改善的事情	喜欢根据自己的价值观和准则探索创造性发展的各种可能性和前景。为了获得最佳结果，会进行冷静理智的分析，考虑相关的事实资料和各种细节
ENFJ	关注人际关系，能够理解、宽容和赞赏他人，是良好沟通的促进者。喜欢与他人一起工作，致力于完成与人们的发展有关的各种任务	首先会判断发展计划是否能取得绩效和对人们的影响。为了获得最佳结果，会注意更多的事实资料，然后进行理智、冷静的分析
INTJ	独立而极具个性，具有专一性和果断性，相信自己的眼光，漠视他人的怀疑。喜欢独自完成复杂的工作	喜欢以内在的认识制定战略、系统和结构，然后客观地做出决定。为了获得最佳结果，会接纳他人和那些使自己的认识更加接近现实的细节资料
INTP	讲究合理性，好奇心重，不仅喜欢理论和抽象的事物，而且喜欢构建思想，但不太关注环境和人。喜欢单独工作，强调对自己的观点和方法拥有最大的自主权	在寻求各种可能的选择时，喜欢以自身内部的逻辑构建问题和解决问题。为了获取最佳结果，会关注现实状况和他人的需求
ENTP	富于创新、多才多艺，具有战略眼光、分析型思维和创业能力。喜欢与他人一起从事需要非凡智慧的创造性活动	喜欢探索未来的前景和发展模式，理智地分析每一个正向和反向的结果。为了获得最佳结果，会关注人们的需要和相关的事实与细节
ENTJ	具有逻辑性、组织性、客观性和果断性。喜欢与他人一起工作，尤其是在从事管理工作和制订战略计划时	根据内在的理解进行逻辑分析，从而控制局面。为了获得理想结果，对事实资料进行现实性决策，同时考虑决策对自己和他人的影响

职业咨询专家认为，大部分人会在 20 岁以后形成稳定的 MBTI 性格类型，此后，MBTI 的性格类型也会随着年龄的增长、经验的丰富而得到发展和完善。

五、性格偏好与职业匹配

有调查发现，部分在高中成绩优秀的学生，到了大学后成绩平平，参加工作后业绩也很一般，甚至看不出有什么过人之处。对此，许多专家从社会适应能力方面找原因，通过

单元三　探索你的性格偏好

走访发现问题出在"入错行"上。不仅刚参加工作的人会对自己的职业发展存在疑问,而且有多年工作经验并取得过一定成绩的人也会有"是否该换一个工作"的想法。对此,心理专家调查发现:当有人在工作中出现明显问题,但又无法找出具体原因时,多数情况是性格与职业岗位不匹配造成的,这已经成为现在职场中面临的越来越严峻的问题。

（一）MBTI 的 16 种性格类型与职业的匹配关系

根据 MBTI 性格理论,每种性格类型均有相应的优缺点、适合的工作环境、适合自己的岗位特质。使用 MBTI 性格类型进行职业生涯规划的关键在于,如何将个体的人格特点与职业特点相结合。

表 3-3 所示为 MBTI 的 16 种性格类型与职业的匹配关系。

表 3-3　MBTI 的 16 种性格类型与职业的匹配关系

类型	倾向性顺序	适合职业	特点
ISTJ	感觉 思维 情感 直觉	会计/管理人员 工程师 警察/律师 建筑/生产、保健	注重事实和结果 提供安全、结构和顺序 能保持稳定情绪 努力、任务取向,为了工作不被中断而喜欢独处
ISTP	思维 感觉 直觉 情感	科研 机械和修理 农业 工程师和科技人员	注重迅速解决问题 目标和行动取向 不受规律限制 着眼于现在的经历
ESTP	感觉 思维 情感 直觉	市场销售 工程师和技术人员 信用调查 建筑/生产、娱乐	注重第一手的经验 灵活、注重结果 工作具有灵活性 即时满足需要、技术取向
ESTJ	思维 感觉 直觉 情感	商业管理 银行、金融 建筑/生产 教育、技术、服务	注重正确、高效地做事 任务取向,注重组织、结构 提供稳定性和可预知性 实现可行的目标
ISFJ	感觉 情感 思维 直觉	保健专业 教学/图书馆工作 办公室管理 个体服务、文书管理	看重有条理的任务 注重安全和隐私 结构清晰、有效率,喜欢安静 服务取向
ISFP	情感 感觉 直觉 思维	机械和维修 工厂操作 饮食服务 办公室工作、家务工作	善于合作,喜爱自己的工作 希望有自己的私人空间 灵活、具有审美能力 谦恭有礼、以人为本
ESFP	感觉 情感 思维 直觉	服务业:秘书、警察等 销售工作/设计 交通工作、管理工作 机械操作、办公室工作	注重现实 行动取向、活泼、精力充沛 适应性强、和谐 以人为本,喜欢舒适的工作环境

65

续表

类型	倾向性顺序	适合职业	特点
ESFJ	情感 感觉 直觉 思维	保健服务 接待员 销售 看护孩子、家务工作	喜欢帮助他人 喜欢目标明确的人和组织 喜欢有组织的、气氛友好的环境 善于欣赏、有良心，喜欢按事实办事
INFJ	直觉 情感 思维 感觉	心理咨询师 教学/图书馆工作 媒体专家 社会服务、研究和发展	关注人类的思想和心理健康 具有创造性 善于协调、喜欢安静 喜欢有反省的时间和空间
INFP	情感 直觉 思维 感觉	咨询 教学、文学、艺术 戏剧、科学 心理学、写作、新闻工作者	关注他人的价值 喜欢合作的氛围 喜欢有思考的时间和空间 灵活、安静、不官僚主义
ENFP	直觉 情感 思维 感觉	教学、咨询 作家 广告、销售、艺术、戏剧 音乐	关注人类的潜能 喜欢丰富多彩、积极参与的氛围 喜欢活泼的、不受限制的氛围 喜欢提供变化和挑战，做事具有思想取向
ENFJ	情感 直觉 感觉 思维	销售 艺术家、演艺人员 社会工作者 咨询、教学、保健	愿意为帮助他人而做出改变 喜欢支持的、社会化的、和谐的氛围 以人为本，做事井井有条 善于自我表达
INTJ	直觉 思维 情感 感觉	科学 工程师 政治/法律 哲学家、计算机专家	注重实现长远规划 有效率、以任务为重 喜欢独自一人思考 有效率、多产的，支持创造性和独立性
INTP	思维 直觉 感觉 情感	科学、研究 工程师 社会服务 计算机程序、心理学、法律	喜欢解决复杂问题 鼓励独立、隐私 喜欢灵活的、不受限制的、安静的氛围 喜欢自我决定
ENTP	直觉 思维 情感 感觉	摄影、艺术 市场营销 零售、促销 计算机分析、娱乐	独立处理复杂问题 喜欢灵活的、挑战的、不官僚主义的氛围 做事具有求新取向 喜欢冒险
ENTJ	思维 直觉 感觉 情感	管理 操作和系统分析 销售经理 市场营销 人事关系	做事具有结果取向，喜欢独立的氛围 喜欢解决复杂问题 做事具有目标取向，果断 喜欢有效率的系统和人 喜欢挑战性的、结构性的、顽强的人

MBTI性格理论注重的不是工作本身，而是工作的内容，如对于ENTJ类型的人而言，并不能说他适合或不适合做总经理助理，关键在于总经理助理这一职位能否让ENTJ类型的人领导、掌管、组织和完善一个机构的运行体系，以便让它有效运转并达到计划目

标;能否让ENTJ类型的人从事长期计划的设计,创造性地解决问题,对各种各样的问题提出创造性且合乎逻辑的办法;等等。

对于大学生而言,在进行职业生涯设计时除了参考职业兴趣之外,最重要的就是了解自己的MBTI性格类型,它不仅可以给大学生提供选择职业岗位、工作环境等方面的参考,还可以根据大学生的情况提出系统的发展建议。

(二)不同维度的功能组合对职业选择的影响

感觉-直觉、思维-情感两个维度的不同组合,即"感觉+思维、感觉+情感、直觉+思维、直觉+情感"四个组合,不同职业领域对于不同组合的吸引程度是不一样的。

"感觉+思维"类人群,更倾向于通过实效和实际的方式来收集信息,并做出相应的理性逻辑判断,因而容易被军人、财务审计和工程制造类职业所吸引。

"感觉+情感"类人群,更倾向于通过实效和实际的方式来收集信息,并基于情感因素做出决定,因而容易被医疗护理、酒店餐饮和幼儿辅导等服务类职业所吸引。

"直觉+思维"类人群,更倾向于通过想象的方式来收集信息,并做出相应的逻辑判断,因而容易被管理、战略咨询和科研创造类职业所吸引。

"直觉+情感"类人群,更倾向于通过想象的方式来收集信息,并基于情感因素做出决定,因而容易被心理咨询、中高等教育、环保、人文类职业所吸引。

这四个组合构成了性格的"功能等级",这种等级把人的性格功能划分为强和弱,尽管人的身心不断成长和改变,但功能等级往往是终身不变的。表3-4为MBTI性格类型的功能等级。其中,1是第一功能,具有主导作用;2是第二功能,具有辅助作用;3是第三功能(2的对立面);4是第四功能(1的对立面)。如果思维是个体性格类型中的主导类型,则个体是一个思维主导者。思维主导者喜欢基于逻辑与客观分析来决定如何做。在面对情况时,他们最直接的、最强烈的倾向就是客观地看待问题,并找到一个结论。然而,思维主导者不擅长其他的方式。

表 3-4 MBTI 性格类型的功能等级

ISTJ	ISFJ	INFJ	INTJ
1. 感觉 2. 思维 3. 情感 4. 直觉	1. 感觉 2. 情感 3. 思维 4. 直觉	1. 直觉 2. 情感 3. 思维 4. 感觉	1. 直觉 2. 思维 3. 情感 4. 感觉
ISTP	ISFP	INFP	INTP
1. 思维 2. 感觉 3. 直觉 4. 情感	1. 情感 2. 感觉 3. 直觉 4. 思维	1. 情感 2. 直觉 3. 感觉 4. 思维	1. 思维 2. 直觉 3. 感觉 4. 情感
ESTP	ESFP	ENFP	ENTP
1. 感觉 2. 思维 3. 情感 4. 直觉	1. 感觉 2. 情感 3. 思维 4. 直觉	1. 直觉 2. 情感 3. 思维 4. 感觉	1. 直觉 2. 思维 3. 情感 4. 感觉

ESTJ	ESFJ	ENFJ	ENTJ
1. 思维 2. 感觉 3. 直觉 4. 情感	1. 情感 2. 感觉 3. 直觉 4. 思维	1. 情感 2. 直觉 3. 感觉 4. 思维	1. 思维 2. 直觉 3. 感觉 4. 情感

在运用MBTI性格类型时,大学生应该注意偏好和性格类型并没有好坏之分。每种性格类型都是独特的,会在适合的环境中发挥自己的优势。大学生认识自己的性格类型,可以更好地了解自己,理解自己的行为特点,根据自己的特点学习、工作和解决问题。世界上没有百分之百适合某种性格类型的职业,懂得用己所长整合现有资源,才是问题解决之道。

◀ 练习 3-3 ▶

思维体操

结合自己的性格代码,请同学们思考自己的两个功能维度的倾向是什么。这个功能组合与自己的专业是否相关?应该如何处理它与专业的关系?

_____
_____
_____
_____

探索的方法与技能训练

在职业生涯规划及发展过程中,真正了解自己的性格特点非常重要,这不仅能让自己在职业选择时少走弯路,而且能够帮助自己找到更准确的职业定位、更理性的职业基础和更清晰的职业目标。

练习3-4至3-7由四个维度组成,在每个练习中,都有一些关于性格倾向的描述,请同学们根据自己的特点与偏好,选择出符合自己的描述。

◀ 练习 3-4 ▶

E 和 I 维度

通过前面的学习,我们已经对MBTI性格理论有了一定的了解,请你尝试运用这个理论来完成性格的自我分析。具体说明如下:

1. 请认真按照自己的理解去分析,不要与其他人讨论。
2. 适度放松心情,在最自然的状态下做出自己的选择。

单元三 探索你的性格偏好

下面是关于精力的描述,哪一种模式更接近你,E还是I?

E:外倾

(1) 从人际交往中获得能量;

(2) 喜欢外出;

(3) 表情丰富、外露;

(4) 喜欢交互活动,合群;

(5) 行动派,喜欢多样性(不能长期坚持);

(6) 不怕被打扰,喜欢自由沟通;

(7) 先讲,然后想,易冲动、易后悔、易受他人影响。

I:内倾

(1) 从时间中获得能量;

(2) 喜静、多思、冥想(离群、与外界相互误解);

(3) 谨慎、不露声色;

(4) 社会行为的反射性(被动反应,会失去机会);

(5) 不怕长时间做事,勤奋;

(6) 怕被打扰,独立;

(7) 先想,然后讲,负责、细致、周到、不蛮干。

大部分选择E的人的性格倾向于行动。选择I的人的性格倾向一些内在的东西,如道理或个体感受。当然,每个人都是外倾而行动、内倾而思考的,我们倾向于更多地运用某一种决策方式。

经过评估,在E和I这个维度上,我认为更接近我的本性的是:_____

《练习3-5》

S和N维度

刘梅、王芳、杜倩、赵亮四人一起坐大巴车出差。在行驶途中大巴车出现了故障,四人的表现如下:

刘梅:"司机,怎么会发生这种情况?"

王芳:"刘梅,你去看一下仪表盘的显示情况吧!"

杜倩:"(皱着眉嘟囔)怎么会遇到这种倒霉的事情?!"

赵亮:"(拿出一小瓶二锅头)幸好我带了二锅头,还能喝一口!"

请你仔细分析每个人的表现,思考以下几个问题:

(1) 你最喜欢谁的做法?谁的行为和你的相似?

(2) 分组讨论上面四个人的性格特点。

(3) 在小组成员达成共识后,请你对照S/N的特点,验证自己的代码(S还是N)。

下面是一些处理信息的方式,哪一种模式更接近你,S还是N?

S:感觉

(1) 通过五官感受世界,注重实际与实事求是;
(2) 用已有的技能解决问题;
(3) 喜欢具体明确的工作;
(4) 重细节(少全面性);
(5) 脚踏实地;
(6) 能忍耐,行事小心谨慎;
(7) 可做重复工作(不喜欢新任务),不喜欢展望。

N:直觉

(1) 通过第六感洞察世界,注重如何做事情;
(2) 喜欢学习新的技能;
(3) 不注重准确性,喜欢抽象和理论性的内容;
(4) 注重可能性,讨厌细节;
(5) 好高骛远,喜欢新问题;
(6) 凭爱好做事,对事情的态度容易改变;
(7) 喜欢提出新见解,仓促做出结论。

S与N代表人们接受和处理信息的两种方式,即运用和对待经验的方式。每个人都在不同程度地运用感觉和直觉,但不同的人更倾向于使用其中的一种方式。S类型性格的人更多地把注意力放在源自个体经验的事实上,更容易察觉细节,而N类型性格的人则更倾向于从整体上看事物,喜欢透过事物看本质。

经过评估,在S和N这个维度上,我认为更接近我的本性的是：_____

《练习3-6》

T和F维度

学校要评选"年度篮球先生",最后有两个候选人：A和B。

A(低年级)为球队赢得场均18.7分并助力全队获市级联赛金奖。部分观点认为A是天赋型运动员,但其训练时长达每周20小时,符合"努力-天赋平衡模型"。从竞技维度评估,A符合"年度篮球先生"评选的技术标准。

B(高年级)虽非技术最优,但训练投入度达150%,每场比赛情绪唤醒水平超基准值35%,并且通过团队激励行为提升全队凝聚力。B因家庭经济困难,高中毕业后将就业,此次获奖可能助其申请体育奖学金。

如果你是篮球队长,你会选择谁呢?

选择A者倾向于思维型T,选择B者倾向于情感型F。

单元三 探索你的性格偏好

下面是描述一个人做出决定的方式,哪一种模式更接近你,T还是F?

T:思维
(1) 分析,用客观逻辑方式决策;
(2) 坚信自己的观点正确,不考虑他人的意见;
(3) 想法清晰,有正义感,不喜欢调和主义;
(4) 具有批判和鉴别能力;
(5) 遵守规则;
(6) 工作中很少表露出情感;
(7) 不喜欢他人感情用事。

F:情感
(1) 做事情会综合考虑情况,并带有主观性,用个体化的、价值导向的方式做出决策;
(2) 会考虑决策对他人的影响;
(3) 待人宽容,喜欢调解事情;
(4) 不按照逻辑思考;
(5) 做事情会受周边环境的影响;
(6) 喜欢工作场景中的情感;
(7) 从赞美中得到享受,也希望得到他人的赞美。

T类型性格的人通过检验事实和数据做出决策,很少把个人感情牵涉到决策中。F类型性格的人通过个体的价值观和感受做出决策。每个人每天都会进行T和F的判断,我们倾向于更多地运用某一种决策方式。

经过评估,在T和F维度上,我认为更接近我的本性的是:_____

《练习3-7》

J和P维度

今天是周六,周一上午你有一个重要的考试。你想利用周末时间好好复习,这时,你接到一个好朋友的电话,他约你今天晚上吃饭聚会,周日晚上才能离开。你会与好友见面吗?

选择不去的同学倾向于判断型J,选择去的同学倾向于知觉型P。

下面是描述一个人的日常生活方式,哪一种模式最接近你,J还是P?

J:判断
(1) 封闭定向;
(2) 结构化和组织化;
(3) 时间导向;
(4) 做事决断,认为事情都有正误之分;

(5)喜欢命令控制,反应迅速;
(6)喜欢完成任务;
(7)不善适应。

P:知觉
(1)开放定向;
(2)弹性化和自发化;
(3)探索和开放结局;
(4)好奇,喜欢收集新信息而不是得出结论;
(5)喜欢观望;
(6)喜欢做许多新的项目,但不完成这些项目;
(7)优柔寡断,易分散注意力。

J类型的人更容易对他人表现自己的思维和感情判断,而不太轻易对他人表现出自己的直觉感受。P类型的人与J类型的人正相反,他们在同外部世界打交道时,更容易表现出自己的直觉感受,而非理智的判断。

经过评估,在J和P维度上,我认为更接近我的本性的是:＿＿＿＿＿＿＿＿

◁ 练习3-8 ▷

确定你的MBTI性格类型

今天是周六,周一上午你有一个重要的考试。这时,你接到一个好朋友的电话,他约你今天晚上吃饭聚会。你面临着是否去的选择。

(1)你会如何选择呢?
(2)分组讨论,你和组里的哪个成员的选择一样?为什么?
(3)在小组成员达成共识后,请你分别对照E/I、S/N、T/F和J/P的特点,验证自己的代码(E或I、S或N、T或F、J或P)。

请你回顾练习3-4至3-7中的四个维度,选出适当的字母。
E(外倾)-I(内倾)
S(感觉)-N(直觉)
T(思维)-F(情感)
P(知觉)-J(判断)
你偏好的四个字母为:＿＿＿＿＿＿＿＿＿＿＿＿

请结合练习3-4至3-7的结果,与练习3-2的结果做比较,二者综合后即为你的最终性格类型
你的优势性格类型为:＿＿＿＿＿＿＿＿＿＿。

单元三 探索你的性格偏好

《练习 3-9》

你的性格类型分析

请你结合练习 3-2、练习 3-4 至 3-8,参考相关资料对自己的性格做出相应的分析,并将分析的内容填入表 3-5。

表 3-5　性格的自我探索与测验

结合性格自我探索,我认为符合我的性格特征的描述有:
在我的性格特征描述中,可能存在的影响发展的因素有:
在我的性格特征描述中,可能存在的发展优势有:
适合我的职业有:
我的性格发展未来规划是:

《练习 3-10》

验证你的性格类型

请你与班级中较熟悉的同学组成小组,对照 MBTI 性格理论中的解释和职业匹配类型进行自我分析。先将自己的分析与小组其他成员共享,说一下自己属于哪种类型、有何特征,然后再请小组中的其他成员对自己的分析进行评述。如符合自己认知的有哪些,有差异的又有哪些,对自己适合的工作方向有何新的发现,等等。

良好职业性格的养成

俗话说：江山易改，本性难移，即性格一旦形成，就很难改变。职业性格是大学生参与职业活动的态度和行为方式的表现。职业性格一旦形成，往往也较难改变。因此，一方面，大学生要根据自己的性格特点寻求适合自己的职业；另一方面，在职业活动中，大学生要注意培养自己的良好职业性格，使自己的事业获得成功。

一、职业性格的形成

（一）职业与职业性格的形成

在现实社会中，各种职业因其社会责任、工作性质、工作内容、工作方式和手段的不同，决定了它对从业人员的性格有不同的要求，即不同的职业需要不同的职业性格。例如：医生要有救死扶伤的人道主义精神，要有精益求精、一丝不苟的工作态度，要有高度的责任感；而演员在个性上要活泼、善于表演、富有表现力等。

◁ 练习 3-11 ▷

想一想与你的专业相关的岗位或岗位群，你应当具备怎样的职业性格呢？

_____

_____

_____

（二）职业环境与职业性格的形成

孟母三迁的故事说明人的性格形成受后天的生活、学习和环境的影响较大。职业环境是指从业人员所能获得的工作条件的便利与社会经济权利的总和，包括职业的自然环境与社会环境，如职业工作环境、职业技术环境、职业报酬环境、职业福利环境和职业安全环境等。职业环境越好，职业功能越大，职业声望就越高。在现实的工作中，每一个专注于发展自己职业的人，都可以在良好的职业环境的熏陶和感染下，逐渐形成适应职业所需要的性格。

◁ 练习 3-12 ▷

评价一下你周围的成长环境，哪些方面有助于形成和塑造自己的职业性格。

_____

_____

_____

（三）自我培养与职业性格的形成

良好的职业性格主要有以下几个特点：一是应该有良好的道德品质、正确的人生观；二是在日常生活中热爱生活、热爱集体、热爱劳动，能够经常保持愉快的情绪、广阔的胸怀，不以自我为中心；三是富有同情心，能经常想到他人；四是遇事能客观冷静地分析，正确理智地进行处理和判断，不固执己见、不主观臆断；五是有坚强的意志和毅力，没有依赖性，勇于克服困难，善于解决矛盾。当然，这些是理想化的性格特征，大学生应该把它们作为一生追求和完善的目标。

◀ 练习3-13 ▶

你认为自己的性格与自己的目标职业有哪些相悖之处？你打算采用哪些策略与方法去调适自己的性格？

_____
_____
_____

二、培养职业性格的途径和方法

（一）树立正确的职业观

树立职业自豪感是培养良好职业性格的基础。个体只有对职业有正确的认识并产生职业自豪感，才能热爱自己的本职工作，才能主动调适自己不适应职业要求的性格特征。大学生要努力培养自己的自我意识，克服个性上的缺点，强化个性优势，充分认识提升个性心理品质对于职业发展与事业成功的重要价值。

（二）学习榜样，陶冶性情

榜样力量是职业性格形成的牵引力。职场中的榜样像镜子一样可以照出个体自身存在的差距，会成为帮助个体努力调适职业性格的无形力量。在某种程度上，一个具有自由个性、健全人格、良好心态的人，才是一个充满活力、富有潜力、全面发展的人。

（三）严格要求，提高素养

大学生要养成自律的品格和自省的习惯，通过自我反省、自我约束，达到自我提高、自我完善的目的。教师在教学中应注重不断地渗入心理调适和心理适应训练，使大学生认识到自身不适合职业发展的个性和心态，并加以调适和修正。

（四）积极实践，加强磨炼

任何职业性格的培养都离不开实践活动，人的职业性格是在职业活动中造就的，特殊的职业造就了特殊的职业性格。大学生要积极参加社会实践，在具体实践中要做到三点：一是从易到难，二是坚持不懈，三是对症下药。

大学阶段是性格形成的关键时期，可塑性很强，只要大学生充分认识自己、了解自己，注意扬长避短，就能塑造出适应各种社会环境的性格。我国古人讲过：积行成习，积习成性,积性成命。好的性格的养成首先是个体对日常行为和习惯的修炼,积少成多是不可忽视的。

职业性格不是一日形成的,需要坚持不懈、日积月累地总结和提炼。大学生只有对自己的性格特征进行科学的分析与评价,并在此基础上找出与职业性格要求存在的差距,才能找准目标,使自己不断地进行性格的学习与磨炼,最终形成良好的职业性格。

成功者的足迹

亨利·福特与福特汽车公司兴衰记

福特从一个一文不名的穷小子到亿万富翁,其个人奋斗的历史已经成为许多年轻人津津乐道的传奇。

1863年7月30日,福特出生于美国密歇根州底特律市郊的一个小城镇。

1880年,福特离开父母,独自一人前往底特律谋生。在底特律,福特对机械产生了浓厚的兴趣,并很快成为一名成熟的机械师。福特先后从事机械修理、手表修理和船舶修理等工作。

1896年,福特制造了自己研发的第一辆汽车,命名为"四轮车"。这也是底特律的第一辆汽车!福特开着这辆车在城里转来转去,引来了许多人的围观,别人都叫他"疯子亨利"!

1903年,福特和11名合伙人建立了福特汽车公司。

1908年,福特生产出T型车,由于采用了先进的制造技术,福特才有可能将T型车推向公众视野。

1913年,世界上第一条汽车流水装配线在福特的工厂里建成了,大规模流水装配线带来了生产方式上的革命。

采用流水线装配的福特T型车,20年间共计生产1500多万辆。大批量流水线生产方式的成功,不仅使T型车成为有史以来最常见的车种,而且正如福特所说:"在工业生产史上,它告诉人们新的时代已经来临。"至此,福特汽车公司发展成为当时世界上最大的汽车公司。这种以流水装配线的生产方法和管理方式为核心的福特制造,为后来汽车工业的发展树立了楷模,掀起了世界范围内具有历史进步性的"大量生产"的产业革命。从1908年到1927年,福特汽车公司生产的T型车数量是全球汽车总量的一半。

福特晚年时已跟不上汽车时代的前进步伐,没能适应消费者需求的变化及时推出新车型。在人才管理上,福特排斥他的儿子埃德塞尔主张的改革。1927年,福特汽车公司排名世界第一的位置被通用汽车公司替代。1936年,福特汽车公司还一度被克莱斯勒汽车公司赶超。1943年,福特的儿子埃德塞尔病故,围绕福特汽车公司继承权的问题,公司和福特家族发生了一场激烈的斗争。

单元三 探索你的性格偏好

1945年,福特在觉察到自己已无法控制局势之后,便辞去了公司总经理的职务,将福特汽车公司交给长孙亨利·福特二世。

1947年4月7日,福特因脑出血在底特律逝世。

1947年4月,《纽约时报》对福特这样评价:当他来到人世时,这个世界还是马车时代;当他离开人世时,这个世界已经成了汽车的世界。这个评价形象地概括了福特与这个世界的联系。

(作者根据网络资料整理)

课后任务

请你根据自己的情况填写表3-6。

表3-6 MBTI性格偏好与适合的职业

姓名　　　　　　　专业

项目	性格偏好与适合的职业
你的专业对应的主要工作岗位	
你的MBTI性格类型	
根据MBTI性格类型,列出你的职业性格偏好	
根据MBTI性格类型,列出你考虑的职业(请至少列出十种)	
综合所有的性格练习,列出适合你的职业	

续表

项目	性格偏好与适合的职业
综合所有的性格练习,列出你考虑的职业(请至少列出十种)	
综合所有的性格练习,列出在你的专业内你会考虑的职业(请至少列出五种)	
你会通过哪些方式完善你的某个方面的性格	

单元四
你的木桶能装多少水

【课前小调查】

1. 你了解自己现在具备哪些能力吗？（　　）
   A. 比较了解　　　　　　B. 了解一些　　　　　　C. 不了解
2. 你了解现在的企业对人才的基本要求吗？（　　）
   A. 比较了解　　　　　　B. 了解一些　　　　　　C. 不了解
3. 你了解提升能力的方法吗？（　　）
   A. 比较了解　　　　　　B. 了解一些　　　　　　C. 不了解
4. 你了解如何打造自己的核心竞争力吗？（　　）
   A. 比较了解　　　　　　B. 了解一些　　　　　　C. 不了解
5. 你了解获得企业对人才要求的渠道和途径吗？（　　）
   A. 比较了解　　　　　　B. 了解一些　　　　　　C. 不了解

【认知目标】

1. 认识到在职业生涯规划中澄清个体技能的重要性，愿意为了未来的职业发展培养自己所欠缺的技能；
2. 认识到可迁移技能和自我管理技能对个体职业发展的重要性，并能利用在校学习的机会，制订训练方案，自觉提高自己的可迁移技能和自我管理技能。

【技能目标】

1. 能运用成就故事等工具辨识自己所拥有的技能，为自己乐于使用的可迁移技能和自我管理技能中的五种技能进行排序；
2. 会使用技能语言在简历和面试中表现自己。

【完成任务】

1. 运用成就故事等工具辨识自己的专业技能、可迁移技能和自我管理技能；
2. 使用技能语言在简历和面试中表现自己。

HR 助力规划职业生涯

识别长板与短板，首先要清楚地了解自己在各个关键能力领域中的表现，可以通过自我评估、接受反馈或使用专业测评工具来确定哪些技能是你擅长的（长板），而哪些领域可能需要加强（短板）。重要的是要认识到，即使是最小的短板也可能限制整体的发展。

首先，我们要优先强化短板，一旦明确了短板所在，制订一个有针对性的学习和发展计划就显得尤为重要，可以通过参加培训课程、获取认证、阅读相关书籍或者向经验丰富的从业人员请教等方式，改善最弱环节通常能带来最大边际收益。

其次，我们要持续优化长板，在强化短板的同时不要忽视对长板的投资，将你的优势进一步打磨，使之成为你差异化的竞争力。通过深入学习和实践，你可以使这些强项更加突出，并为未来的职业机会做好准备。

除了专注于增强特定技能外，培养广泛的行业知识同样关键。了解兴趣行业的最新趋势和技术进步，可以在快速变化的职场中保持敏锐度。此外，跨学科的知识积累也有助于开拓新的思维视角和解决问题的方法。

"我的木桶能装多少水"，不仅指物理容量，更象征职业生涯中责任与成就的承载边界。通过不断努力弥补短板、发挥长板，并始终保持学习热情，我们能够构建稳固的职业能力体系，迎接未来的机遇与挑战。

问题的提出与重要性

◁ 练习 4-1 ▷

你的木桶能装多少水？

请阅读下面的一段文章并思考：你有什么能力？你将来如何应对面试？

我经历了人生中第一场作为面试官的招聘会，第一次坐在了发问者这一边。看着一张张充满期待的脸庞，我的任务却是提出一堆让他们眼里的光芒收敛起来的问题。

有一个女孩在说了一通自己的特长之后，我看着她的简历说："你说你会用 InDesign 软件，可你连软件的英文名都拼错了。"那个女孩红着脸说："哎呀，这是昨天匆匆忙忙赶出来的，所以可能出现拼写错误。"

那一刻她已经失去了面试的机会，因为她可能在以后的工作中会借口说时间来不及而犯错误。

几乎每个求职的毕业生手上都有一张《毕业生推荐表》，上面的推荐语也基本上千篇一律。这张毫无个性的推荐表，并不能帮助一个人获得他想要的工作。

那么，求职者如何告诉面试官"我就是你要找的人"呢？你至少要让面试官知道：除了成绩优秀，你也明白什么是社会，而且你能力出众、甘于奉献；你清楚公司是一个什么样的组织，你愿意服务公众。

一位学生会主席递来一张简历，上面写着她的社会实践：组织过某个大型的国际学生会议，与伦敦、纽约等地区的大学建立了长期的合作关系。这些经历无疑是一块敲门砖，但是我要判断一下它们的可靠性。

"你是怎么联系这些著名大学的？"我问道。

"我给这些大学的相关负责人发邮件。国外的大学网站做得很好，上面都能找到相关的信息，发邮件邀请他们参加会议，有回应的就继续谈。"她说道。

嗯，看来这不是什么有技术含量的事情，不过是群发邮件然后守株待兔。

"那你具体做些什么事情？负责哪几个环节？"我继续问，我想知道她的作用是否不可替代。

"我是让我们组里相关的负责人去做的，他们得到回应之后，我去申请经费。"

"那……其实你没有亲自与伦敦、纽约等地区的大学建立长期的合作关系吧？你做的事情就是打报告吗？"

"话也不能这样说。比如，学校组织的大型晚会，观众不会知道具体办事的人是谁。"她辩解道。她本可以详细说一下她的组织能力，或者强调一下她是如何协调整个活动的。可是她如此辩解，我无语地望着她，眼睁睁地看着留给她的机会不断减少。

给我留下印象最深的一名求职者，是一位腼腆的女孩。她的简历老老实实，当被问到会不会某个软件的时候，她很诚实地说："不会，但是我可以学。"她要回了她的简历，说等她学会了那个软件之后，拿着作品再来面试。这一刻，她已经赢得了下一次面试的机会。

结论：你在找工作时，要确保自己的"木桶"里存储着足够多的水。例如，应聘时要展示自己的学习能力和协作能力，以及踏踏实实的业绩成果和实践能力。

（作者根据网络资料整理）

你具有哪些能力？这是每个求职者在求职时都要面对的问题。用人单位最看重的就是求职者的工作能力。经过前面几个单元的学习与探索，我们已经了解了自己的职业兴趣偏好及性格倾向，也列出了几个（或几十个）自己感兴趣的工作。但是接下来我们所面对的问题是：哪些工作是我能干的？除了这些工作，我还能做哪些工作？因此，一个人在寻找职业的时候，首先需要向潜在的用人方展现出自己所具有的能力，毕竟在职场中人们是通过自身的能力来获得报酬的。刚刚毕业的大学生除了了解自己已具备的能力，还需要去探索自己的潜能。

一、能力的概念

（一）什么是能力

能力是指人们成功地完成某种活动所必需的个性心理特征。能力和活动紧密联系：一方面，人的能力是在活动中逐步形成、发展和展现出来的；另一方面，从事某种活动以具备一定的能力为前提。完成某种活动的效率和质量是评价能力的重要标准。

与能力相关的概念还有技能和天赋。技能强调能力的后天部分，是指人们通过练习获得的动作方式和动作系统。按活动方式的不同，技能可分为操作技能和心智技能。而天赋更强调能力的先天部分，当一个人轻松地完成某项新任务时，我们认为他具有某种天赋。比如，当一个人初涉数学领域时，就能展现出超出同伴的数学能力，我们通常认为这个人具有数学天赋。不过，现代的调查和研究不断地质疑天赋的说法。例如，《刻意练习》一书的作者安德斯·艾利克森和罗伯特·普尔发现，通过后天的练习，人们在很多方面都可以达到所谓天才的程度，不但包括运动、音乐等方面，还包括记忆和科学研究等方面。这样的例子不胜枚举，比如，牛顿、爱迪生等科学家，邓亚萍、郎平等优秀的运动员，在一开始都不被看好，但是经过学习和努力，最终都取得了卓越的成就。如果你细心观察，也许会发现身边有不少这样的例子。对于大学生而言，关键在于不能以"我不具备某项能力"为由放弃对自身能力的培养和发展。很多能力（如沟通能力、解决问题能力等），可以通过后天的学习得到很好的发展。

（二）能力与胜任力

1973年，哈佛大学教授麦克利兰率先提出了"胜任力"这一概念。胜任力是指能够有效区分某一工作领域中卓越成就者与普通从业者的个人深层特质。这些特质涵盖知识、技能、自我认知、个性特征及动机等方面，它们不仅能够通过可靠方式进行测量或量化，而且能显著划分出优秀绩效与一般绩效之间的差异。麦克利兰把这种直接影响工作业绩的个人条件和行为特征称为"胜任力"。胜任力能在一定的工作情境中体现出来。研究发现，在不同职位、不同行业、不同文化环境中的胜任力模型是不同的，这就要求我们将胜任力概念置于"人—职位—组织"三者相匹配的框架中去理解。用人单位往往基于某一岗位的胜任力模型进行人才培养、选拔和激励。

从胜任力的定义来看，它包含了能力的内容，同时受到社会和文化的影响。即将进入职场的大学生加强对胜任力的认识，有助于其在具体的企业和岗位中有的放矢地培养和发挥自身的能力。同时，胜任力的概念是有局限性的，未来社会需要适应能力强的人才，自身能力的多元发展有助于拓展职业领域和创造职业生涯新高度。

二、能力的探索

在准备进入职场时，人们希望知道自己的能力能否胜任某个职业的要求。能力有不同的分类和衡量标准，下面重点从能力的组成方面来介绍。例如，写作能力，可以描述为"我有公文写作能力""我有快速地写出网络热点推文的能力"。前者强调了写作能力所在的领域或者内容;后者除了强调能力的领域,还给出了"快速地"完成某事的风格。美国职业规划专家辛迪·梵和理查德·鲍尔斯将技能分为3种类型:知识技能、自我管理技能和可迁移技能。知识技能是指那些需要通过教育或者培训才能获得的特殊的知识或能力,如中国古代史、生物学、计算机编程等;自我管理技能是一种个性品质,它们通常被用来描述和说明人具有的某些特征,如负责、果断和勤奋等;可迁移技能就是个人做事时的行动,可以从工作和生活的方方面面得到发展和体现,并可以迁移和运用到不同的场景中,如口头表达、分析数据和照顾他人等。

三、能力的发展与发挥

到底是什么让人们在某些方面表现卓越?有些人较早在某些领域里展现出高于同伴的能力,比如刚开始接触数学运算时就算得又快又准;有些人在某些方面毫不费力就能上手,比如做出好吃的饭菜;有些人在某些方面愿意投入和坚持,从而达到他人无法企及的高度,比如世界级的运动员。但是,要达到能力的高峰需要天赋吗?需要付出不懈的努力吗?

（一）从刻意练习的角度看能力发展

《刻意练习》一书的作者安德斯·艾利克森和罗伯特·普尔从如何练习入手,探索各个领域的卓越者是如何发展自身技能的。他们提出刻意练习对技能发展起到关键作用,指出刻意练习和一般练习存在区别的黄金标准:首先,需要一个已经得到合理发展的行业或领域,这使得该行业或领域有一定的绩效标准,存在人才竞争,保持人才的成长动机,并且积累了大量的人才发展方面的训练和提升方法等;其次,需要一位能够布置训练作业的导师,他可以为你提供宝贵的反馈,这是你无法从其他地方得到的。关于天赋的作用,他们明确提出:在特定领域或行业中,刻意练习才是决定个人最终成就的关键要素。即便基因对个人发展有所影响,这种影响也会随着时间的推移逐渐减弱。由此可见,人们完全能够通过持续练习提升自身能力,为职业生涯开拓出无限可能。

（二）从优势思维视角审视能力与评价

调查数据表明,针对"找出并弥补弱势是否为获取最佳表现的最优途径"这一问题,高达87%的受访者给出了"赞成"或"非常赞成"的回答。这清晰地反映出,人们对自身弱势的关注度远超对优势的挖掘与发挥。美国管理学家马库斯·白金汉指出,工作实则是人们施展自身优势的平台。个人优势并非简单的性格标签,而是那些能助力其维持"持久且趋近完美工作状态"的要素集合。当个体处于自身优势领域时,往往会展现出强烈的求知欲和卓越的创造力,并且对学习新事物满怀热忱。

在职场环境中,并不苛求每位团队成员都成为全能型人才,而是期望整个团队具备多面手特质——成员各自专精于特定领域,从而最大化释放自身优势,实现团队效能的最优配置。

理论的讲解与运用

一、工作技能的分类

工作技能是指个体经过后天的学习和练习培养而形成岗位所需的操作能力。工作技能包括以下三个基本类型：

（一）功能性技能

功能性技能是指个体做某种事情的能力。工作对象通常有三类，即人、事物和数据。在与人打交道时，我们可能用到提问、通知、建议、说服和管理等技能；在与事物打交道时，我们可能用到烹调、搬运、驾驶和操作等技能；在与数据打交道时，我们可能用到预算、编程、计算和测量等技能。在功能性技能中，既有简单的技能，也有复杂的技能。例如，在与人打交道的技能中，提问、通知是较为简单的技能，而说服、管理就属于较为复杂的技能。如果个体拥有较高水平的复杂技能，如管理技能，就意味着他还拥有其他很多技能，如谈话、暗示和监督等。个体的功能性技能越高，选择工作方式的自由度就越大。功能性技能最显著的特点就是可迁移性，即这种技能可以从非工作领域迁移到工作领域，因此又称为可迁移技能。

◀ 练习 4-2 ▶

功能性技能提升计划

请运用所学的知识，制订一份提升自己功能性技能的计划。

1. 在功能性技能方面，我需要提升的技能是：
_____

2. 我要_____才能提升我的技能。

请列出 5 个提升该技能的办法：
_____

我准备选择的做法：
_____

我的具体计划：
_____
_____

目前，我国高校设置的专业与相关的工作岗位群的对应性较强。大学生在选择专业时，会从自己的兴趣出发选择一个自己喜欢的专业。例如，某个大学生很喜欢饲养动物，就选择了兽医专业，并且希望获得专业知识，将来从事兽医工作。大学生仅仅具有功能性技能是不够的，必须把功能性技能（怎样饲养）与工作内容（养什么）结合起来。接下来，大学生就需要掌握专业知识性技能。

（二）专业知识性技能

专业知识性技能通常是指职业业务范围内的能力。专业知识性技能包括工作方式方法、对劳动生产工具和劳动材料的认识及其使用。与功能性技能不同的是，专业知识性技能是不可以迁移的，它们需要个体有意识地接受特殊的教育或培训才能获得。大学生可以通过学习专业知识来获得专业知识性技能。

◀ 练习 4-3 ▶

专业课程与专业知识性技能清单

请在表 4-1 中列出你在学校中学过或将要学习的专业课程，详细分析你在每门课程中所学到的专业知识性技能。

表 4-1　专业课程与专业知识性技能清单

序号	专业课程	获得的专业知识性技能
1		
2		
3		
4		
5		
6		
7		

就工作与专业的关系而言，大学生寻找的工作类型主要有专业对口型、专业相关型和专业无关型三种。专业对口型是指大学生从事与专业紧密相关的工作，这类大学生在技术类专业中约占 70%，并且以工科专业大学生居多；专业相关型是指大学生从事与专业有一定关系的工作，这类大学生在非技术类专业中约占 80%，以文、史、哲、经济、管理、语言专业的大学生居多；专业无关型是指大学生所从事的工作与所学专业几乎毫无联系，这类大学生在各类专业中均有，如技术类专业的学生从事非技术类工作，非技术类专业的学生从事技术类工作等。大多数用人单位对大学生的专业技能还是比较看重的，而招聘专业相关型和专业无关型岗位的用人单位，往往是通过个体的专业学习态度和学习能力来判断其价值观与潜能，所以前面讲到的功能性技能和下面将要介绍的适应性技能都非常重要。

（三）适应性技能

适应性技能又称自我管理技能，是指个体处理自己与他人、社会或环境之间关系的能力。适应性技能常被看作积极的、正面的人格特质，比如，我们做事要有远见、要讲究工作效率、要负责任,与人相处要温柔、热情、有礼貌等。这里的"远见""工作效率""负责任""温柔""热情""有礼貌"就是适应性技能。适应性技能能够帮助个体更好地适应周围的环境。

对于大学生来说,毕业文凭和职业资格证书只是应聘时的敲门砖,而功能性技能和适应性技能能让大学生最终获得工作机会,并且也是大学生未来职业持续发展的关键能力。因此,大学生在校期间不仅要重视专业知识性技能的学习和训练,而且要重视功能性技能和适应性技能的培养。功能性技能和适应性技能都具有可迁移性,因此获得这两种技能的途径主要有以下两种:

(1) 大学生在学习和生活中有意识地培养这两种技能。例如,大学生在与人交往时注重培养自己诚信、守时、富有爱心等适应性技能,训练自己的洞察、表达、交流等功能性技能;在学习过程中,大学生要养成勤奋、认真的适应性技能,锻炼自己的提问、记忆、探索等功能性技能;在日常生活和学习过程中,大学生要有秩序、有条理,从而提高自己在秩序和条理方面的适应性技能,训练自己的安排、提高等方面的功能性技能;大学生可以积极参加校内的社团活动及参观、访问、社会调查、公益活动等社会实践,培养自己积极的、友好的、独立的适应性技能,训练自己发现、收集、组织、解决问题等方面的功能性技能。

(2) 大学生可以通过人文类课程的学习进行强化训练。例如,口才与演讲课程既可以训练大学生阅读、演讲、讲述等功能性技能,也可以培养大学生富有表现力和想象力的适应性技能;艺术类课程既可以提高大学生的绘画、唱歌、欣赏等功能性技能,也可以培养大学生多才多艺、性格活泼等适应性技能。

◁ 练习 4-4 ▷

功能性技能、专业知识性技能和适应性技能的结合:模拟面试

如果大学生要描述自己的能力,则需要将功能性技能、专业知识性技能和适应性技能结合起来。请你选择一个比较熟悉的或向往的工作,如列车乘务员。假定你要参加一个列车乘务员岗位的面试,面试主考官限你 5 分钟内回答"你认为自己能胜任这一工作吗",请将你的回答写入表 4-2 中。

表 4-2　模拟面试回答表

你的回答:

二、从能力到求职

在招聘过程中,用人单位主要围绕能力来考察和选拔合适的人才。具体来说,在简历筛选和面试环节主要考察的是能力。但需要注意的是,这里所说的能力既是应聘者擅长的,也是这一岗位所需要的重要技能。一个人具有的能力是多方面的,应聘者不能将自己具备的所有能力都写在简历上,这样会导致用人单位看不到重点。正确的做法是让用人单位看到应聘者所具有的能力和岗位要求的能力之间存在较高的匹配度。

(一)了解应聘岗位的要求

我们已经知道仅仅认识到自己具有哪些能力是不够的,还需知道自己的能力可以在哪些职业中得到应用。了解应聘岗位要求的途径很多,包括直接的方式和间接的方式:直接的方式有实习、兼职等;间接的方式有参考学长学姐分享的经验、观看生涯人物访谈和分析职业网站的介绍等。

(二)了解用人单位重视的能力

虽然不同的职业有不同的能力要求,但是职业发展有很多共性,况且大部分职业并不要求特殊的知识技能,而是要求一些通用能力,也就是前文提到的可迁移技能和自我管理技能。大学生可以通过一些权威的调查报告来了解用人单位重视的能力,然后在求职时突出自己这方面的能力。

图 4-1 所示为用人单位希望员工提升的素质能力。

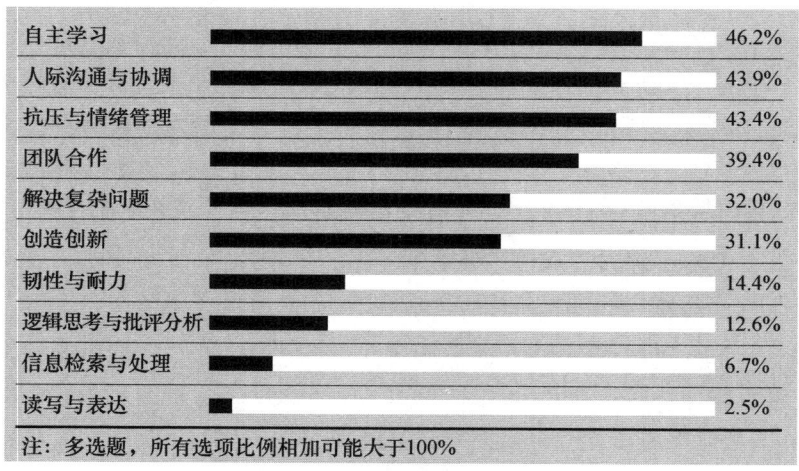

图 4-1　用人单位希望员工提升的素质能力

◀ 练习 4-5 ▶

了解职业对技能的要求

国家职业技能标准是实施职业资格证书制度的基础。在《国家职业技能标准汇编

(2020年版)》中,每个国家职业技能标准都包括了职业概况、基本要求、工作要求和权重表等方面的内容,对各个职业的活动范围、工作内容、技能要求、工作要求和知识水平作了明确规定。你在大学期间预备考取哪(几)个职业资格证书?请查阅《国家职业技能标准汇编(2020年版)》分册了解各职业(工种)对从业人员在技能方面的基本要求,完成表4-3。

表4-3 从业人员应具备的技能

序号	职业资格证书	技能要求
1		
2		
3		
4		

探索的方法与技能训练

在求职的过程中,无论是求职者还是用人单位都非常重视面试这一环节。通常,用人单位会通过面试环节来初步考察求职者的职业能力。求职者要想得到自己心仪的工作,就必须向用人单位证明自己的职业能力。因此,在求职之初,求职者就应该决定,在他所有的技能当中,最愿意施展的是哪几项技能,以及在哪里、在哪个领域施展这些技能。

大学生对技能的识别和分析是职业规划的核心。大学生接下来的任务就是分析自己的职业能力的构成,明确职业能力的优势与劣势。

◁ 练习4-6 ▷

运用STAR法撰写成就故事

请你至少写出五个令你感到有成就感的事件,具体方法及要求如下:

1. 选择成就故事的标准

成就故事可以选择在学习、生活、课外实践锻炼或者兼职中发生的事情。

成就故事与成就大小无关,可以是重要的事情、有价值的事情、最成功的事情、最有挑战的事情等。

一般来说,只要符合以下两条标准,就可以视为成就。

(1) 你喜欢做这件事情时的感受;

(2) 你为完成这件事情所带来的结果感到自豪。

2. 运用STAR法撰写

STAR是英文单词Situation(情境)、Task(任务)、Action(行动)和Result(结果)首写字母的组合。

因此，大家在撰写成就故事时，应当包含以下四个要素：

Situation：第一个要素是故事中的人物在当时面临的情境是什么样的。

Task：第二个要素是故事中的人物面临的任务或者要达到的目标是什么。

Action：第三个要素是故事中的人物采取了什么行动，他是如何一步步克服障碍，达成目标的。

Result：第四个要素是故事中的人物取得了什么样的结果或者效果。最好能够量化评估。

3．写完成就故事后，至少列出故事中的人物反复出现的十项技能。这些反复出现的技能就是你乐于施展的技能。

4．请和同学们一起分享成就故事。

成就故事参考样例如下：

第一个故事

2012年4月我的爸爸因车祸住院，我休学照顾爸爸7个月，7个月后爸爸去世。那一年，我15岁。

我永远忘不了那个夜晚，爸爸遭遇车祸的那晚8点，我和妈妈匆匆赶到医院。当妈妈看到爸爸躺在处置台上毫无意识的模样时，泪水瞬间夺眶而出。医生神情凝重地说出爸爸颅骨粉碎性骨折、颅内出血并伴有积液、手术风险极高的情况后，我陷入了无边的茫然与无助之中。

尽管手术后，爸爸的性命总算保住了，他却陷入昏迷，成了植物人。自那以后，我和妈妈放下了其他事务，全身心照顾爸爸。由于爸爸昏迷，医生为他插上了尿管、胃管，还在喉部进行气管切开操作以辅助呼吸。每天清晨6点，我要帮助爸爸排便；6点30分，为他按摩并翻身；7点，用吸引器清理痰液，并用雾化器帮助其化痰；7点30分，小心喂他进食；8点，医生查房。查房结束后，我仔细帮爸爸擦拭身体。此后，每隔半小时，我就帮他翻身、按摩；每隔1小时，必须进行一次吸痰。闲暇时，我会轻声和爸爸说话，给他打气，日子就这样一天天过去。

7个月一晃而过，那天还是来了——爸爸永远地离开了我们。虽然我和妈妈早有心理准备，但爸爸的离世，让我既悲痛，又仿佛瞬间成长。那一刻，我突然意识到自己成了家里的支柱，这个家必须由我来扛起。从那以后，我不再任性妄为，也不再纠结于吃穿玩乐。我不想让妈妈失望，不想让她为我操心受累，而是努力成为她的骄傲。

第二个故事

15岁那年，因要照顾住院的爸爸，我留了一级，重新从初一读起。在那之前，我整日无所事事，经常逃课、上网，和一群不务正业的朋友满大街游荡，做过许多令人失望的事情。直到经历了爸爸的离世，我才有所收敛。不过真正改变我人生的是初中孙老师。

开学当天，我习惯性地坐到最后一排，因为在那之前，最后一排向来是我们这些"问题学生"的专属座位。我清楚地记得，孙老师走进教室后目光直接落在我身上，她对我说:"我了解你的家庭情况,不要放弃,只有努力学习,将来才有出路。"当天选班干部时,按照惯例由老师直接任命,孙老师毫不犹豫地说:"范洪广,你比他们年长,你当班长。"我当时完全愣住了,从未想过我这样的人竟能当班干部。那一刻,我既惊喜又忐忑,暗下决心:既然孙老师如此信任我,我绝不能辜负她的期望。后来孙老师发现我近视,还主动给我调整了座位。

从此,我开始了班长生涯。虽然我所在的初中在当地名声不佳,起初我对改变现状毫无信心,但在孙老师的影响下,我学会了宽容待人,用行动影响他人。最终,我证明了自己。孙老师给予我充分信任,学校的各项任务、通知、班级活动和课堂纪律等,她大都交给我负责。而我从未让孙老师失望。

同学们也逐渐尊重我。最初,我们班纪律涣散,上课时认真听讲的屈指可数,多数人不是在吵闹,就是在睡觉,甚至有人打牌。后来,我主动与班里的"问题学生"挨个儿促膝长谈。渐渐地,他们的学习态度开始转变,课堂纪律明显改善,不再是班级的难题。

我深知,唯有以身作则,才能赢得他人的信任与尊重。因此,无论是生活、纪律还是学习,我都严格要求自己,努力成为大家的表率。在我的影响下,同学们逐渐在各个方面取得进步。

虽然我无法在学业上指导同学们(毕竟我们的学习基础相当),但我始终引导大家保持积极向上的心态。这是我的责任,也是我的使命。

最让我欣慰的是,不仅同班同学认可我这个班长,就连其他班级的同学遇到我也会喊我一声"班长"。至今,我仍与许多同学保持联系。他们常常感谢我当年的帮助,而我也永远感激孙老师给予我的成长机会。

第三个故事

我是一个农村出来的孩子,但此前在家里从来没有干过农活,更不知道干农活有多辛苦。直到我考上大学,选择了水利工程专业,才有了亲身体验的机会。

2019年,我和其他4名同学在学校的支持下承包了实验大棚,在专业教师的指导下,成功种植并收获了第一批彩椒。从扣大棚膜开始,到翻地、打垄、下管、扣地膜、下苗、掐苗、除草、吊绳,再到最后采收罢园,整理地膜、水管、大棚膜,整个过程虽然辛苦,但充满了劳动的快乐。

最初,我们需要在大棚两侧挖出两条半米深的垄沟,用于固定大棚膜。这项工作在3月份进行,那时土地尚未解冻,挖掘起来十分费力。紧接着是翻地。由于大棚空间有限,无法使用机械设备,只能靠人工一锹一锹地翻,往往一干就是几天。翻完地后,便开始打垄。打垄有严格的标准,每个垄的宽度和间距都必须符合要求。我们每人一把锄头,按量好的距离,一点点挖出规整的垄形。打完垄,接下来是下管,这是最轻松的环节——只需要把几百米的管材剪成两米长的段,整齐排放在垄台上,最后接上水管即可。在扣地膜之前,还需要把垄台修整得平整。在扣膜时,我们小心翼翼地把薄如蝉翼的黑色地膜铺在垄台上,再用土压实垄沟的边缘。随后是下苗,苗都是老师提前育好的。

我们按规定的株距在地膜上戳洞,挖坑栽苗,轻轻覆土固定。之后的管理就相对轻松了:每天清晨掀膜通风,浇一次水,傍晚盖膜保温,隔一段时间除草。等到作物开始结果前,还要吊绳固定,防止倒伏。暑假期间,我也留在学校,悉心照料这些作物。

9月份迎来采收期,我们称之为罢园。我们把成熟的果实全部采摘完毕,清理掉植株和杂草,再翻一次地,回收地膜和水管。最后,重新挖开大棚两侧的垄沟,收起大棚膜,这一季的彩椒种植工作才算圆满收官。

表4-4展示了按照STAR法梳理的三个成就故事。

表4-4 按照STAR法梳理的三个成就故事

故事	四个要素	可识别的技能
第一个故事	Situation:当时的情境是爸爸出车祸住院,昏迷不醒,我那年15岁; Task:全力照顾好爸爸,希望爸爸早日康复; Action:每天给爸爸吸痰、按摩及做好日常护理等; Result:照顾爸爸7个月,最终还是没能挽救回爸爸的生命,但这7个月的经历让我成长了,意识到自己身上的责任	专业知识性技能:病人护理常识、按摩手法、褥疮注意事项、病人饮食规范、排便注意事项、陪护人员基本守则等; 适应性技能:孝顺、认真、负责、稳重、细心、体贴、独立、自主、坚强、有恒心、勇敢、理性、有爱心、乐观、耐心、韧性等; 可迁移的技能:照顾、面对、沟通、调整、判断、学习等
第二个故事	Situation:当时的情境是留级到初一,班主任孙老师了解到我的情况后,鼓励我好好学习,并选我当班长; Task:管理好纪律特别差的班级; Action:首先以身作则,在生活、纪律、学习方面做同学们的榜样,引导同学们做积极、乐观向上的人; Result:班级纪律变好了,不但本班同学和我成了朋友,全校同学都很敬佩我	专业知识性技能:管理学、组织与集体运营的基本规则,心理学等基本知识; 适应性技能:正直、自信、开朗、可靠、成熟、有条理、善解人意、细心、耐心、包容、乐观、积极向上、负责任等; 可迁移的技能:指导、执行、沟通、管理、组织、说服、领导、协调等
第三个故事	Situation:当时的情境是我和其他4名同学承包了学校的大棚,打算种植彩椒; Task:经营好大棚,收获自己的彩椒; Action:跟着老师学习扣大棚膜、翻地、打垄、下管、扣地膜、下苗、掐苗、除草、吊绳,每天清晨浇一次水,傍晚盖膜保温。隔一段时间除草;暑假也不回家,留在学校照管这些作物; Result:成功收获自己种植的彩椒,做好了大棚的经营和管理工作	专业知识性技能:辨识种子和化肥、土地分类、大棚整体材料类型、农用机械用具使用、耕种常规操作与基本知识等; 适应性技能:坚持、任劳任怨、认真、负责、乐观、耐心、细心等; 可迁移的技能:学习、沟通、管理、分类、打扫、帮助、组织、协调等

教师点评:

通过这三个成就故事的撰写和分析,学生明确了自身乐于且善长施展的技能,一方面提高了其自信心,另一方面也让其明确下一步提升和努力的方向。

练习 4-7

请你认真想一想你喜欢下面哪种技能：① 与人交往的技能；② 与事物打交道的技能；③ 处理信息的技能。然后做一个调查，看看你的父母、其他亲属、同学和朋友是如何评价你的能力的。

你擅长做的事：_____

_____

父母对你的评价：_____

_____

其他亲属对你的评价：_____

_____

同学对你的评价：_____

_____

朋友对你的评价：_____

_____

_____

练习 4-8

我拥有的工作能力清单

请你依据本单元练习所提到的技能，和同学们一起分析你所拥有的技能，至少列出十项，按你喜欢的程度进行排序（如从最喜欢的工作能力到最不喜欢的工作能力），并填入表4-5中。在表述时，一定要注意将功能性技能、专业知识性技能和适应性技能结合在一起，如"我能够准确地识别植物""我能够快速打字"等。

表 4-5　工作能力清单

我拥有的工作能力清单：

1. _____
2. _____
3. _____
4. _____
5. _____
6. _____
7. _____
8. _____
9. _____
10. _____

‹练习 4-9›

自身素质能力评估

图 4-2 所示是企业在校园招聘中关注的应聘者的素质能力。

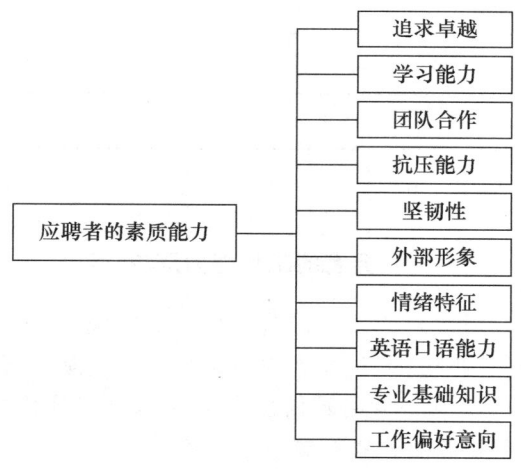

图 4-2　企业在校园招聘中关注的应聘者的素质能力

请你结合所学的专业,在图 4-3 中给自己的这十项素质能力分别评分。1 分代表最低,10 分代表最高。

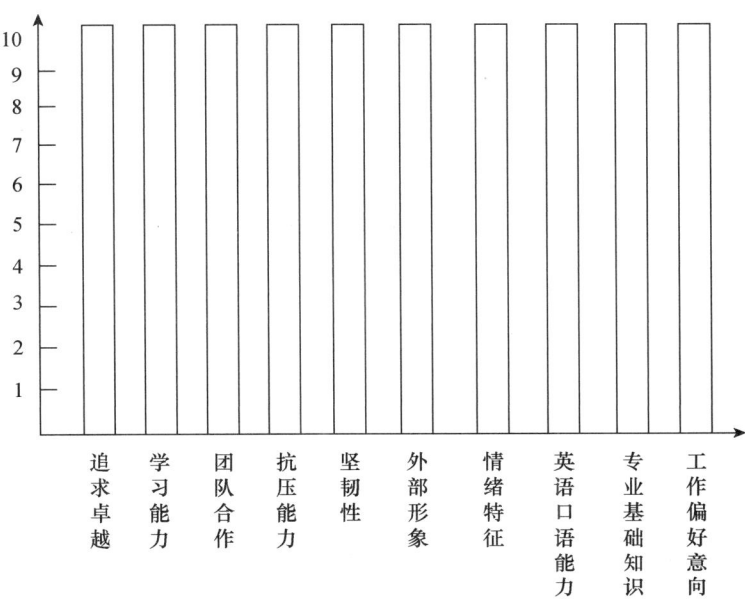

图 4-3　十项素质能力自评

为了确保所评的分数尽量与你自身的实际情况相符合,请你在给每个项目评分的过程中,寻找一些具体实例来支撑你所评的分数。

1. 现在看着每项素质能力的得分情况,你的感受是什么?

_____
_____
_____

2. 你满意自己的哪几项能力?不满意自己的哪几项能力?如果想要将这些不满意项目的得分提高,你打算怎么做?

_____
_____
_____
_____

调研得出的关键结论是:越来越多的用人单位通过对应聘者的综合素质考察来决定取舍,"不仅要高智商,而且要高情商"是对用人单位选用人才标准的高度概括。

◁ 练习 4-10 ▷

我的职业库

根据目前你所获得的关于你的工作能力的知识,查阅《中华人民共和国职业分类大典(2022 年版)》,并结合自己的专业所对应的职业(或岗位),列出一个你的备选职业清单(见表 4-6)。

表 4-6　备选职业清单

我的备选职业清单:

个体核心竞争力的锻造

一、什么是个体的核心竞争力

"核心竞争力"这个概念最早由美国经济学家 C. K. 普拉哈拉德和加里·哈默尔于 1990 年发表的《公司的核心竞争力》一文中提出。他们认为,就短期而言,公司产品的质量和性能决定了公司的竞争力;长期而言,起决定作用的是公司的核心竞争力。核心竞争力是指企业在经营过程中形成的不易被竞争对手效仿、能带来超额利润的独特能力。它是企业在生产经营、新产品研发、售后服务等过程中形成的具有独特优势的技术、文化和机制等。

核心竞争力最初是针对经济规律提出的观点,后来被引申到个体核心竞争力上。个体核心竞争力可以理解为不易被竞争对手模仿的独特而不可替代的优势。如果一个人利用自身拥有而他人没有的独特专长、个性品格、才能、知识和经验等,为社会及企业带来较大的价值,他就会赢得个体核心竞争力的优势。

在职场中,个体核心竞争力包括五个"力",即思维力、意志力、凝聚力、适应力和创造力。

（一）思维力

思维力是智力的核心内容，是整个智慧的核心，它参与和支配着一切智力活动，也是职场最重要的智力资本。思维力包括理解力、分析力、综合力、比较力、概括力、抽象力、推理力和判断力等。

（二）意志力

意志力是指一个人自觉地确定目的，并根据目的支配和调节自己的行动，克服各种困难，从而实现目的的品质。意志力能够推动人们自觉行动、锲而不舍、迎难而上。

（三）凝聚力

凝聚力是重要的人格魅力，它使职场人形成对自己的克制力、对合作者的亲和力、对组织的领导力和维系力。

（四）适应力

适应力是指对某种条件的适应程度。如果适应力强，就证明一个人能在不同环境中顺利地生活下去。它使职场人具有超前的预见性，能借助一切可以利用的资源，尽量用最优化的方式和最小的成本实现效益最大化。

（五）创造力

创造力是指一个人产生新思想、发现和创造新事物的能力。创造力是价值实现的直接驱动力和应用能力，是把知识、技能变为现实生产力的最核心能力。

◀ **练习 4-11** ▶

你的核心竞争力

五年之后你在做什么？你可以以五年为期，为自己制定一个长期的目标，并为之做出持久的努力，通过一点一滴的人生增量，完成个体核心竞争力的锻造。

_____

_____

_____

_____

二、个体核心竞争力的锻造途径和方式

（一）即刻行动，做时间管理的高手

时间对于每个人来说都是公平的，然而人与人之间的差距是通过时间拉开的。大学生一定要学会处理与时间的关系，这是锻造个体核心竞争力的前提。大学生要学会有效管理时间，把时间花在有利于实现目标、提高技能的事情上。

那么，大学生如何成为时间管理的高手呢？

第一,按照事情的轻重缓急排序。

时间管理中的二八原则给我们的启示是,一个人80％的成就来自20％的行为。我们每天要做的重要的事情大概会占所要做事情的20％,而剩下的80％的事情是次要的,那我们就要把大部分的精力投入那些真正能够给我们带来"最大收益"的事情上。大学生可以把每天要做的事情按照轻重缓急进行优先级排序,然后把大部分的时间投入到重要的事情上。

第二,制定每件事情的完成期限。

英国学者诺斯古德·帕金森说过:你有多少时间完成工作,工作就自动变成需要用那么多的时间。如果你有一整天的时间可以做某项工作,你就会花一整天的时间去做它;如果你有一个小时的时间做某项工作,你就会更有效地在一个小时内完成它。在做某件事情时,大学生可以设置一个截止日期,让自己在规定的时间内集中精力完成这件事情。比如,大学生平时在做某个科目的作业时,可以借助闹钟定时,将闹钟时间设置为30分钟或者1小时,在规定的时间内必须完成这项作业。

(二)不断学习能够精进个体的技能

我们正处在这样一个 VUCA 时代。VUCA 时代最大的特点是易变性(Volatility)、不确定性(Uncertainty)、复杂性(Complexity)和模糊性(Ambiguity)。这是一个最好的时代,因为科技更新,变化迅速。这也是一个最坏的时代,机器智能取代人工,行业变化莫测,信息瞬息万变,知识更新的速度非常快。在这种时代背景下,大学生在各个方面的知识储备越多,技能越强,核心竞争力就越强。首先,大学生要学好专业知识,为未来的工作做知识储备;其次,大学生可以利用空闲时间,根据自己的兴趣和爱好适当拓展知识面,学习有关互联网、法律、经济、心理学、人际交往及礼仪谈吐等方面的知识,打造一个更好的自己。

(三)技能是练出来的

应用型高等学校教育的目标是培养具有熟练技能的应用型人才,因此,大学生应不断提高自己的动手能力。大学生可以通过参加实训课或者各种职业技能大赛来提高自己的职业技能。此外,大学生还可以参加各种社会实践活动和社团活动等,提升解决问题的能力、与他人合作的能力、沟通能力及挫折承受能力等。这些能力是大学生将来在求职市场中把自己成功"推销"给用人单位的关键。

成功者的足迹

从"地下"走来的工程师——大国工匠张帅坤

2024年3月1日,在2023年"大国工匠年度人物"发布仪式上,来自中国铁建重工集团股份有限公司(以下简称"铁建重工")的张帅坤走上领奖台。

十余年来，张帅坤主持研制了百余台套盾构机，突破重重技术封锁。高铁修到百米海底，海底隧道盾构机"深江一号"成功穿越多条断裂地质带；16.64米超大直径盾构机"江海号"在北京市通州区地下30多米处深掘。从一名盾构机司机成长为大直径盾构机项目组长，再登上2023年"大国工匠年度人物"领奖台，张帅坤的"掘进之路"凭的是拳拳匠心。

2008年，张帅坤从郑州大学机械专业毕业后便进入盾构机施工行业，为了解盾构机结构和运行，张帅坤主动请缨——到"地下"去，当盾构机司机。

"我是北方农村家庭出身，自认为算是能吃苦的，但地下的工作环境却比想象中的还要恶劣。"张帅坤回忆，地下隧道空气不流通，施工现场温度最高可达40多摄氏度，盾构机司机需时刻紧盯仪器参数，每天工作时长达12小时……

"盾构机刀盘易黏结、渣土排不出等问题亟待改进，操作台应设计得更直观。"2010年，张帅坤来到铁建重工应聘盾构机工程设计师，在长达一小时的面试时间里，他讲述了自己操作盾构机时遇到的问题，并提出了初步的改良思路。

凭借丰富的实操经验，张帅坤顺利入职铁建重工掘进机研究设计院，开始研发具有完全自主知识产权的国产盾构机。

2010年10月8日，铁建重工第一台自主研制的盾构机"开路先锋19号"成功下线，以更低的价格完胜国外品牌，"洋盾构"在中国市场被迫降价30%。

"大直径盾构机的使用工况往往较为恶劣，水深石坚，刀具磨损快，作业人员需冒着生命危险去换刀。"张帅坤说。他还记得，2017年，团队受命参与常德沅江过江隧道盾构机的研制任务，面对以卵石及圆砾层为主的地质环境，刀具更换频繁；而每次更换一把刀具要耗时1天，风险极大。

如何最大程度地保障作业人员的安全呢？从工地到实验室，从白天到黑夜，张帅坤带领团队争分夺秒想办法。在300多次高水压试验后，"常压换刀技术"与常压刀盘惊艳亮相——更换1把刀具仅需2小时，打破了国外在常压换刀领域的技术垄断。

目前，张帅坤和团队已研制大直径盾构机近200台，国内市场占比达40%左右，他们研发的盾构机还出口意大利、印度、韩国等30多个国家和地区。

课后任务

请你完成表4-7中的内容。

表 4-7　乐于施展的技能

姓名　　　　　　　专业

项目	工作岗位及技能
你的专业对应的主要工作岗位	
你最擅长的专业知识性技能（至少列出五项）	
你最擅长的适应性技能（至少列出五项）	
你最擅长的可迁移的技能（至少列出五项）	
你最擅长并在职业活动中乐于施展的十项技能	
你会通过哪些方式提高自己的技能	

单元五
是什么驱动你的职业生涯

【课前小调查】

1. 你清楚自己真正要的东西是什么吗？（   ）
   A. 是   B. 不是
2. 你做决定时常常会犹豫不决吗？（   ）
   A. 经常这样   B. 偶尔这样   C. 从来没有
3. 你常常跟同学或家人描绘自己未来的生活和工作状态吗？（   ）
   A. 经常这样   B. 偶尔这样   C. 从来没有
4. 你心里更倾向的工作是什么？（   ）
   A. 与人打交道的工作   B. 与事物打交道的工作
   C. 与数据打交道的工作   D. 还没有想过
5. 你产生过厌学的情绪吗？（   ）
   A. 经常   B. 偶尔   C. 从来没有

【认知目标】

1. 能够认识到在职业生涯规划中澄清个体工作价值观的重要性，并愿意在今后的学习和工作中不断整合自己的能力、动机、态度和价值观；
2. 能够认识到工作适应是个体与外部环境不断妥协的过程，愿意培养自己健康合理的工作价值观，更好地实现自己生命的意义和价值。

【技能目标】

1. 能够借助工作价值观澄清等多种方法给自己所看重的工作价值观进行排序；
2. 能够在职业决策时有意识地把健康合理的工作价值观作为决定的标准。

【完成任务】

请你给自己所看重的五种工作价值观进行排序并描述。

单元五 是什么驱动你的职业生涯

HR 助力规划职业生涯

"是什么驱动我的职业生涯"这个问题触及了个体职业发展的核心动力,不仅决定了一个人在职场上的表现,也影响着其长期的职业满意度和成就感。

我们首先要探索内在动机,深入思考自己真正关心的是什么,这包括对工作的价值观、兴趣所在以及长远的目标。例如,有些人可能被创造性和解决问题的机会所吸引,而另一些人则可能重视工作与生活的平衡。了解这些深层次的需求,有助于选择一个既能激发热情又能提供满足感的职业路径。

除了内部动机外,也要考虑外部环境对职业选择的影响,包括家庭期望、社会舆论和经济状况等。虽然这些因素有时会限制我们的选择,但它们同样提供了宝贵的信息,帮助我们做出更加明智的决策。关键是要找到内外动机的平衡点。最后,不要忘记照顾好自己的身体和心理状态,健康的生活方式和积极的心态能够增强应对压力的能力,并提高工作效率。确保有足够的休息时间、锻炼习惯以及社交活动,这样可以更好地维持长久的职业动力。

我们的最终目标不仅是找到一份工作,而且是构建职业价值与人生意义的统一体。通过深入了解自己的内心需求,结合外部环境的影响,明确职业方向,同时保持学习的热情以及注重身心健康,这些都将助力我们在职业生涯中取得更大的成就。

问题的提出与重要性

脉脉数据研究院通过对北京、上海、广州、深圳等国内一线城市近万名职场人调查采访,发布了《职场人厌班情绪调查报告》(以下简称《报告》)。《报告》显示,职场人厌恶上班的现象严重,他们的典型特征是情绪不稳定、做事爱拖延、暴饮暴食和想辞职等。《报告》显示:有不到一成的职场人常年处于重度不开心的情绪中;有四成多的职场人表示,因为赚得少不想上班;三成多的职场人表示原因无他,纯粹不想上班。每个职场人在不同阶段应该思考:我的工作是不是我所擅长的?我是否适合目前的工作岗位?一旦产生厌恶上班的情绪该如何调整呢?

工作价值观是工作和生活的持久驱动力。大学生对自己工作价值观的探索,是职业生涯规划中自我探索环节的重要部分。一个人在一生中要做出无数个决定,小到今天穿什么衣服、午餐吃什么,大到做什么工作、与什么人共度今生等。个体的生长环境、生活阅历以及身心条件等各种因素都影响着他的决定,但最终帮助他做出决定的,是其价值观。价值观表达了个体最看重的东西是什么,个体只有在职业活动中找到自己的价值所在,工作和生活才会因为获得满足而变得充实而有意义。因此,当大学生在研究职业前景时,最终能让自己做出职业决策、确定自己的目标职业的就是其价值观。

一、价值观与工作价值观

(一)价值观

价值观是指关于价值的一定信念、倾向、主张和态度的系统观点。它起着行为取向、评价标准、评价原则和尺度的作用。每个人都有自己所追求的人生理想和人生目标,也都有自己所期望和需求的事物。价值观就像"一只看不见的手",引导人们在纷繁复杂的情境中做出选择,影响着人们对所面临的事情做出轻重缓急、是非对错的判断,决定着人们的每一个决策、对待每个人的态度以及处理每件事情的方式。

◁ 练习 5-1 ▷

了解自己的价值观

表 5-1 是常见的重要价值观,请你尽可能地列举你所看重的价值观。

表 5-1 常见的重要价值观

成就	共情	知识	自省	爱	勇气
忠诚	富裕	家庭	正直	地点	影响
友谊	值得信任	协作	创造力	名声	能力
社会	不寻常规	精进	自主性	平衡	美学
冒险	活跃	个人发展	精神生活	地位	认可
身体健康	幸福	帮助他人	权威	开心	公正
幽默	自尊	归属感	经济保障	挑战	秩序

价值观探索方法如下:

1. 根据这些价值观对你的重要性,将其分为 5 类:

始终重要:_____

时常重要:_____

有时重要:_____

很少重要:_____

毫不重要:_____

2. 审视"始终重要"的:

这些价值观在过去对你来说相当重要,现在依然毫无商量的余地吗?

你之所以选择它们,是因为其他人看重,还是你自己真正在乎?

在过去的工作中,哪个是真正能让你坚持这些价值观的?如果你认为某些价值观并不像最初所想的那样，请将它挪到"时常重要"中。

3．审视"毫不重要"的：

你绝对不会遵守这些价值观吗？

这些价值观说明你要避开哪些工作/人？

在过去的经历中，哪些人非常看重这些价值观？他们哪些方面是你喜欢的，哪些方面是你不喜欢的？

4．你会发现自己的价值观存在内在冲突，比如，在将"家庭"与"地位"同时归为核心价值时，往往难以找到既能获得高地位又能兼顾家庭的工作机会。因此，需要主动权衡并选择。

为了坚持追求，需先明确目标的本质，仅制订计划是不够的，重要的是理解核心价值观如何驱动决策，并舍弃不符合价值排序的人生选项，以避免精神内耗。事实上，我们在日常生活中的言行都体现价值观。例如，语言模式"我认为……""我重视……""我拒绝……"，若缺乏对价值观的觉知，便无法理解其如何塑造行为轨迹。

事实上，我们在日常生活和工作中的言语、行为和态度都在表达着我们的价值观。比如，在言语中的表现形式通常是"我认为……""我在乎……""我不喜欢……"等。如果我们不能清楚地意识到自己的价值观是什么，意识不到是价值观在影响着自己的决定，也就无法意识到价值观是如何影响我们的一言一行的。

价值观的形成是一个漫长的过程，是个体在成长过程中各种因素共同作用的结果。价值内化的过程是相当复杂的，而且经常受到特定关系人的影响，从青年后期至成年期，价值观开始真正成为个体人格的核心和个体行为的准则。因此，个体想要了解自己为什么成了这样一个人，想要知道自己将来可能过一种怎样的生活，需要花费一定的时间和精力，慢慢挖掘、分析和澄清自己的价值观。

价值观所包含的范围非常广泛，包括自然价值观、经济价值观、政治价值观、文化价值观、社会价值观、工作价值观和人生价值观等。具体来说，对名利、知识、财富、时间、伦理道德、权势、美貌、爱情、健康、生命等的重视程度如何，或是如何取舍与安排都属于价值观的内容。

（二）工作价值观

在职业生涯规划中，我们研究和探讨的价值观主要是工作价值观。工作价值观是指个体对工作所持有的信念、价值观念和期望。它包括个体对工作的意义、目标、责任、成就、工作环境的看法，以及对工作关系和组织文化的期望。

每个人的工作价值观都会因为个体的背景、经历、性格和兴趣等因素而有所不同。这些因素会影响个体对工作的重视和追求，以及对工作环境和人际关系的期望。

工作价值观主要包括工作价值、工作价值系统和工作价值取向三个部分。我们在职业中所看重的一个个"值得"的东西，就是工作价值；众多的工作价值之间又会产生各种各样的逻辑关系，就构成了工作价值系统；而在众多的工作价值中，我们认为哪些值得做，哪些不值得做，哪些是我们的首选等，就是工作价值取向。

工作价值观主要有以下四个特征。

第一，因人而异。我们每个人都有自己独特的工作价值观。

第二，相对稳定。工作价值观是随着个体认知能力的发展，在环境、教育等因素的影响下逐渐发展起来的，一旦形成就比较稳定。当然，工作价值观也会随着个体阅历的积累发生一些改变，但总体看来还是相对稳定的。

第三，阶段性。价值观由需要产生，根据马斯洛的需求层次理论，在职业生涯发展中，人们的工作价值观也会随着需要的变化而呈现出一定的阶段性。

第四，多元化。每个人有很多种工作价值观，人们常常在选择时感到痛苦，这是因为一些工作价值观之间产生了冲突。因此，人们对工作价值观的排序就显得非常重要。

二、为什么要在职业选择中考虑自己的工作价值观

通常来说，职业是人们赖以维持生计的最主要途径，也占去了人们一生中的大部分时光。美国心理学家埃里克·埃里克森将人的一生分为八个发展阶段，其中24—60岁是投入工作和亲密关系的阶段，这一阶段也正是个体满足自我实现需要的重要阶段，而满足自我实现需要的关键就在于，个体所从事的职业可以使自己的生命具有怎样的意义，以及个体能否得到自己最想在职业中得到的价值。

（一）工作价值观是价值观在职业生活中的体现和延续

工作价值观左右着每个人的职业生涯发展方向，它浸透在个体的职业个性当中，充满了情感和意志，支配着个体的职业行为、职业态度和职业信念等，为个体实施自己认为合理的职业行为提供正当的理由。同时，工作价值观决定了职业岗位对于自我的意义，是一种内心的衡量标准。因此，在职业生涯中，能够得到自己看重的工作价值的人更容易感到满足，包括身心、精神和物质等方面的满足。

（二）工作价值观与职业发展的匹配程度影响着个体职业道路的发展水平

如果个体所从事的职业岗位与自己的工作价值观不符合，就不能全身心并快乐地投入工作，也就无法发挥自身的最大潜能，在工作岗位上只是敷衍完成工作，难以取得长足进步，个体的职业生涯发展也就无从谈起。

（三）工作价值观影响着个体的职业生涯幸福感

将工作价值观作为人和工作之间进行匹配的基础是幸福生活的开始。工作只是手段，幸福才是目的。虽然不同的职业在薪酬、福利、工作环境、成长空间以及职业前景等方面存在差异，但更重要的是个体的工作价值观是否与职业匹配。不同的工作岗位在经济收入、社会地位、成就感和荣誉感等方面也存在差异。如果工作岗位不能给个体带来价值或意义，个体就不会感到满足，这种不满足也许更多地体现在心理上，而不是物质上。

（四）工作价值观随着个体职业生涯的发展而不断变化和发展

由于每个人的身心条件、年龄阅历、教育状况、家庭影响及兴趣爱好等方面的不同，个体对职业有着不同的主观评价。刚毕业的大学生与处于职业发展中期的中年人，在职业价值的认知上是不同的。大学生急需解决的是在工作单位中找到归属感，一个能够积累实践经验并获得一定薪酬回报的平台，以保证自己在经济上独立。中年人的工作能力已经得到他人的认可，但随着薪酬回报或职位的提升，中年人又不得不面对一个选择：安于现状或在原有基础上谋求更大的发展。这就需要中年人重估自己的职业抱负，即自己到底想要什么，看重的是什么？这个时候，薪酬和职业认同感也许不再是中年人追逐的目标。例如，如果有人想进一步从事高层管理工作，那么需要提升自己的管理决策技能；如果有人想在专业技能上进一步发展，那么专业知识的更新和技巧的娴熟就显得尤为重要。此外，还有些人会发现自己只想求安稳，一直以来大部分精力都投入工作，而忽视了生活，于是决定将重心转移到生活中。

理论的讲解与运用

一、人生需求层次理论

马斯洛提出了著名的需求层次理论，他认为，人的需要由低级层次向高级层次推进，即生理的需要→安全的需要→友爱和归属的需要→受尊敬的需要→自我实现的需要。

后来，马斯洛的学生补充了他的观点，增加了需要金字塔的层次数（即求知的需要、求美的需要和与自然融为一体的需要）。

每个人都希望在自己的人生中实现较高层次的需要，最终能够实现自我价值。人有实现高层次需要的美好愿望，但愿望并不是想实现就能实现的。人生较高层次的需要并不容易实现，对人的知识、素质和能力有要求。也就是说，如果人们想要实现较高层次的需要，就必须有丰富的知识、较高的素质和能力。

站在人生大舞台上，每个人都渴望实现自己的价值，追求职业上的成功。大学生上大学，不仅是为了学习知识，最终的目的是找到适合自己发展的职业而实现自我价值，获取职业生涯的成功，从而最终实现自己高层次的人生需要。从高校人才培养目标中也可以看出，高校办学是为了将大学生培养成人才，而不只是让大学生找到一个"铁饭碗"。当一个人能被社会公认为"人才"时，意味着他满足了高层次的人生需要，其职业生涯已经取得了成功。

二、职业锚理论

我们可以对职业锚做一个形象的比喻：当你驾着职业生涯之舟在人生的海洋中航行时，有一天早上，在明媚的阳光下，你突然发现一处风景秀丽的区域，于是决定停船下锚。在此处你大干一番事业，并从此过上幸福美好的生活。这个锚，就是你的职业锚，这个区域就是你的职业生涯最佳贡献区。

职业锚理论是关于从职业选择到长期职业定位的理论,由美国管理心理学家埃德加·沙因最早提出。职业锚又称职业系留点,是指个体在选择和发展自己的职业时所围绕的中心,是个体在进行职业选择时具有的不愿放弃的至关重要的东西或价值观,即个体经过持续不断地探索而确立的长期职业定位。

个体的职业锚有三个组成部分:① 自己认知到的才干和能力;② 自我动机和需要;③ 态度和价值观。职业锚通过个体的职业经验逐步稳定、内化下来,当个体再次面临职业选择时,就成为其最不能放弃的职业定位。

可见,个体对自己的职业锚的确认需要一个过程,只有通过多年的工作实践过程,整合自己的能力、动机和价值观,才能找到一种让自我获得满足和补偿的稳定的职业定位。个体的职业锚很难在进入职业领域前就通过测试的方式确定。因此,在大学阶段,虽然大学生不能通过测试的方式确认自己的职业锚,但是职业锚理论可以帮助并促进大学生进行自我分析和自我定位。特别是职业院校的学生,在学校期间可以通过职业体验和实习等活动认识自己的职业锚,指导自己进行职业生涯规划。

经过长期研究,沙因提出了下面的八种职业锚。他认为当个体从事的职业和自己的职业锚相匹配时,个体的能力就能得到发挥,就愿意为工作付出更大的努力。

1. 技术/职能型

技术/职能型的人非常看重自己在技术领域中的成就,乐于花费时间和精力在技术进步或职能方面的发展和成长上。他们喜欢面对来自专业领域的挑战,致力于不断提高自己的专业水平。但大多数人不喜欢全面的管理工作。

2. 管理型

管理型的人非常看重自己在管理领域的成就,渴望独自负责某个部分的工作,倾心于全面管理,乐于承担管理责任。他们具有较强的沟通能力和控制力,致力于追求更高的管理职位。

3. 创造型

创造型的人希望创建属于自己的公司或完全属于自己的产品(或服务),志向是开拓自己的事业。他们具有强烈的创造欲望,即使在他人的公司工作,也会在学习和评估中寻找成熟的机会以便自己创业。

4. 自主/独立型

自主/独立型的人非常看重自由的工作方式和生活方式,喜欢随心所欲地安排自己的生活和工作。他们不愿受组织的限制,不关注升迁机会,一心追求能施展个体能力的职业环境。

5. 安全/稳定型

安全/稳定型的人非常看重职业活动中的安全与稳定,追求让他们感到放松的稳定的工作环境。他们成功的标准是一种稳定、安全、整合良好的家庭和工作环境。

6. 生活型

生活型的人非常看重自己的生活质量,希望将生活的各个方面整合为一个和谐的整体。他们希望获得一个能满足个体、家庭和职业需要的工作环境。

7. 服务型

服务型的人非常看重个体所认可的核心价值,追求的是对他人有益的活动。例如,能帮助他人、保护他人的安全等。他们会一直追寻服务他人和社会的工作机会。

8. 挑战型

挑战型的人非常看重对自己有挑战性的工作,喜欢解决难题和战胜强硬的对手。他们把新奇、变化和困难当作自己的终极目标,越是不容易解决的事情,越是强大的对手,越能激发他们的斗志。

◁ **练习 5-2** ▷

确定你的职业锚

请你根据以下问题梳理自己的各种经历,看看自己想过一种什么样的生活,确定自己的职业锚。

1. 你在中学和大学时,主要在哪些知识的学习上投入了巨大的精力?尤其是你的课外时间,主要用于学习哪些知识?

_____

_____

2. 如果付给你 10 万元年薪,你愿意选择做什么工作?

_____

_____

3. 你开始工作时的长期目标是什么?

_____

_____

4. 你最喜欢(或最不喜欢)哪些知识、学习方式和工作方式?你觉得怎么做才能更好地体现你的价值?

_____

_____

探索的方法与技能训练

研究工作价值观可以让大学生正视自己在进行职业生涯规划时所关心的问题,可以帮助大学生找到下面这几个问题的答案:我是谁?我适合做什么工作?我的生命有什么意义?在工作中,大学生经常需要在面对一些机遇时做出选择,左右大学生选择的最根本的标准就是工作价值观：是选择舒适的工作环境，还是薪酬较高的回报？是迎接机遇的挑战，还是保持现状以求安稳？大学生只有清楚自己看重什么，才会在工作选择中着重注意这些问题。大学生只有选择符合自己工作价值观的职业，才能在职业行为中避免心理冲突，产生积极体验。

一个了解自己工作价值观的人，在做职业决策的过程中，会选择与自己的工作价值观相匹配的职业，在职业性质和内容方面、在劳动难度和强度方面都能够使自己得到满足，自然会提高自己的职业满意度。相反，如果一个人不了解自己的工作价值观，从事与自己的工作价值观相悖的职业，就不容易在职业生活中感到满足，甚至影响到日常生活，会被消极阴郁的情绪笼罩，长此以往，幸福感也会受到严重影响。

在实际生活中，大学生会遇到很多可以同时满足个体不同价值观、动机和才能的工作组合，不知如何取舍，也不知道自己最适合的组合是什么。因此，大学生需要认清自己的工作价值观并对其排序。

◀ 练习 5-3 ▶

你更倾向于哪种工作？

如图 5-1 所示，你可以将自己的一天 24 小时比作一块馅饼，一天之内你可以尝试不同的工作，并由你决定从事某种工作所用的时间。

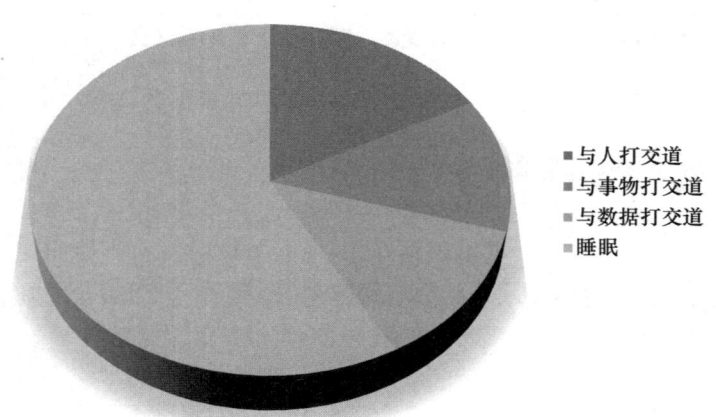

图 5-1 生活馅饼法示例

比如，除去其他时间（如 14 小时）之外，与人打交道用 4 小时，与事物打交道用 3 小时，与数据打交道用 3 小时。这样，可以通过分析看出你更加看重什么，倾向于哪种类型的工作。请你试着画出自己的生活馅饼，看一看，你心里更倾向于哪种工作，更看重什么样的工作价值。

你的生活馅饼：

　　有的人期望从工作中获取一些利益，比如金钱、地位等；也有的人希望能够通过自己的工作给他人提供帮助，比如给他人带来艺术的享受；还有的人希望在工作过程中能够完全按照自己的想法来做事情；等等。舒伯编制了工作价值观量表，主要目的是评估驱动一个人工作的目标和价值。工作价值观量表列出了以下15种工作价值观：

　　（1）利他主义：工作者工作的价值在于，为社会做出贡献。比如，志愿者、护士、心理咨询师和教师等。

　　（2）对美的追求：在这个群体中，工作者的工作价值在于，致力于使这个世界更加美好，增加艺术的气氛。比如，音乐家、画家和设计师等。

　　（3）创造发明：工作者的工作价值在于，能发明新事物、设计新产品或者发展新观念。比如，科学家和研究员等。

　　（4）智力激发：工作者的工作价值在于，能够提供独立思考、学习与分析事理的机会，更加具有挑战性。比如，大学教授喜欢钻研专业、提高学术水平等。

　　（5）独立自主：工作者的工作价值在于，能够有充分自由的空间，个体可以自己的方式或者步调来工作。

　　（6）成就满足：工作者的工作价值在于，能看到自己工作的具体成果，并因此获得精神上的满足。

　　（7）声望地位：工作者的工作价值在于，能够提高自己的身份或名望，受到他人的推崇或尊重。比如，公务员和警察等。

　　（8）管理权力：工作者的工作价值在于，在工作中能有一定的支配权力，或者有机会成为团队的领导者，可以分配工作且管理下属。

　　（9）经济报酬：工作者的工作价值在于，通过工作获得优厚的报酬，有能力购置他所梦想的东西。

　　（10）安全稳定：工作者的工作价值在于，工作相对稳定，失业的风险较小，即使在经济不景气的时候也有工作。

　　（11）工作环境：工作者的工作价值在于，在舒适宜人的环境里工作。环境或工作的物质条件对某些工作者来说是很重要的,他们对相应的工作条件比对工作本身更加感兴趣。

(12) 社会交际:工作者的工作价值在于,在工作中更加在意能与自己喜欢的人接触并共事。

(13) 上司关系:工作者的工作价值在于,希望在一个公平并且能与之融洽相处的管理者手下工作。

(14) 多样变化:工作者的工作价值在于,富于变化,能让人尝试做不同内容的事情。比如,销售人员会和不同的客户打交道。

(15) 生活方式:工作者的工作价值在于,能选择自己的生活方式,并实现自己的理想。

如何清楚自己真正看重的价值是什么呢?美国学者路易斯·拉思斯提出了有效的价值澄清策略,我们可以尝试对拉思斯提出的自由选择等七个标准及延伸的问题逐一进行思考与体验。如果就某件事,你能够对接下来的所有问题给出肯定的回答,就可以确定这种价值对你很重要,你确实认为它有价值;如果你对其中一些问题的回答是否定的,那么你需要思考一下自己看重的、想要得到的到底是什么。例如,很多大学生觉得健康很重要,但实际的生活方式是不健康的,那么这个"健康"就不是真正的价值取向。

1. 自由选择:我是否对这些价值感到骄傲(或珍视、爱护)?

这时,个体主要考虑的是:我是不是自主地选择了这些价值,也就是说,有没有其他任何人或其他任何事情把这些价值强加给我?个体一定要根据自己的感觉来选择,不要管他人会怎么说,也不要管他人会怎么选择。个体可以问一下自己:在一些举棋不定的事情上,我最终做出了什么样的选择?为什么这样选择?在以往的经历中,我感觉最充实、最快乐的情形是什么时候?

2. 从多种可能的选择中进行选择:我是否在考虑了其他价值之后才选择了这种价值?

当个体挑选出一组价值后,就需要分析这些价值是否适合自己的工作价值观:哪些价值是一眼就挑选出来的?我选择这些价值的依据是什么?在挑选哪些价值时考虑的时间较久?难以抉择的阻力是什么?

3. 经过深思熟虑后的选择:如果我现在这样做,会引起什么样的结果?

经过深思熟虑、多维度的分析,个体可以深度考量自己的工作价值观取向,按重要性把这些选择进行排序;也可以观察这些价值在自己的学习、工作和生活中是如何体现的;还可以观察这些价值在他人身上是如何体现的;等等。个体可以试着与他人讨论、分享自己对这些价值观的理解,从而界定自己是否愿意依此价值观的指引行动。

4. 珍视与珍爱:我是否对这些价值感到骄傲?

在对这些价值的内涵与作用深思熟虑的基础上,个体需要察觉这些价值带给内心的感受与意义,以找到行动的力量:我喜欢这些价值给我带来的内心世界的感受吗?哪些价值对我有着特殊的意义?这些价值的表达,给我的朋友带来什么样的感受?他们的反应对我的意义是什么?

5. 确认选择:我是否愿意公开维护这些价值?也就是说,是否愿意在他人面前公开地为这些价值辩护?

这时,个体主要考虑的是:我会愿意向谁分享自己的价值?我敢对我的朋友公开自己的所作所为吗?

6. 依据选择行动：我是否已经按照这些价值在行动？

实践是主观见之于客观的活动，是检验真理的唯一标准。此时，个体主要考虑的是：我是否按照这些价值行动？我按照这些价值行动的力度有多大？到目前为止，我做得怎么样？

7. 反复行动：我是否依照这些价值前后一贯地行动？

这时，个体主要考虑的是：我依据这些价值行动多久？我是否经常按照这些价值行动？我是否值得为这些价值付出时间、金钱和精力？我会坚持多久？接下来，我有什么计划来做这些事情？

◆ 练习 5-4 ◆

工作价值观的澄清与确认

请你从上述所列举的15种工作价值观中选择你心仪的职业，尝试逐一思考与体验拉思斯的七个标准及延伸的问题，之后选出五种你认为最重要的工作价值观并写下来。写好后，将这些工作价值观排序，把你认为最重要的排在第一位，以此类推。当你的生活发生了一些变故时，你可能失去其中的某些职业价值观。请认真考虑哪一种是你最先可以舍弃的，在旁边画叉，以此类推。你可以在小组中结合问题进行深入的讨论。

1. 思考与讨论

你选出的五种你认为最重要的工作价值观依次是：_____、_____、_____、_____、_____。

2. 请在小组内分享、讨论自己对这些价值观的理解

（1）哪些价值是你一眼就挑选出来的？你选择这组价值观的依据是什么？你在选择价值观时，哪些价值观考虑的时间较久？难以抉择的阻力是什么？

_____

_____

（2）请说一说这些价值观在你的学习、工作和生活中是如何体现的。

_____

_____

（3）你所选择的工作价值观是外在的还是内在的？这些工作价值观会给你的工作和生活带来什么样的结果？会给你认为重要的人带来什么样的影响？

_____

_____

（4）只有一贯坚持的价值才是真正的价值。为了坚持这些价值，你有什么计划吗？你肯为这些价值付出时间和精力吗？你会坚持多久？

_____

_____

成功者的足迹

女农民刘彩华的创业之路

刘彩华是黑龙江省哈尔滨市双城区周家镇东跃村的农民,通过科技种田获得"全国十大农民女状元""全国种粮售粮大户""全国三八红旗手标兵"等诸多荣誉称号。

1986年,刘彩华以几分之差未能进入大学校门,但她很快从困惑与迷惘中走了出来,开始探索农业发展新路子。经过认真分析,她认为思想观念陈旧,不注重应用农业新技术、新成果是农业问题的关键所在。于是,刘彩华开始频繁地到东北农业大学、黑龙江省农业科学院推广中心,请教老师和专家,学习农业科学技术,探索致富之路。村里人看她很注重钻研,就选派她参加"黑龙江省星火计划人才培训",由黑龙江省农业科学院园艺分院的专家和东北农业大学的教授当面授课,学习果树栽培技术。

1988年,刘彩华的事业开始起步。她筹建了一个240平方米的塑料大棚,当年培育出一级葡萄成苗6000株,去掉成本获利4000元。

1998年,刘彩华第一次与东北农业大学大豆研究所合作,为他们繁育200亩"东农298"大豆良种。

2000年7月,美国的安妮博士到东北农业大学讲学时听说了刘彩华的情况,便与她联系。这次见面让刘彩华深深地感到自己与"现代农民"还有着很大的差距。于是她暗下决心,一定要成为一名有文化、有知识、有抱负的中国农民。

2003年12月,黑龙江省决定实施"村村大学生计划(培养)"。从电视新闻中看到这条消息后,刘彩华立即报名参加了考试。2004年3月,刘彩华被黑龙江农业经济职业学院绿色食品生产与管理专业录取,在她36岁的时候,怀着激动的心情进入了梦寐以求的大学校园。

通过两年的刻苦学习,刘彩华系统地掌握了作物、蔬菜、果树和食用菌的种植栽培技术,学到了植物生理学、遗传学和植物保护等专业知识,懂得了生态环境、农业产业化与建设可持续农业的密切关系,了解了农业气象要素对农作物产量和品质形成的重要性。2004年的备春耕生产是在5月初进行的,刘彩华带着两个月内所学的作物栽培技术回到了家乡。刘彩华用两亩地作为玉米高产试验田,她告诉乡亲们:玉米实现高产受多种因素影响,品种是一方面,科学技术管理是另一方面。此外,底肥不足或所施肥料不合理,也会直接影响玉米的生长发育和产量形成。两亩试验田的玉米脱粒后,每亩增产100斤,虽然产量不是很高,但这是刘彩华学习作物栽培的成绩单,更是她学科技、用科技的起点。

2009年,刘彩华牵头成立了良农谷物种植专业合作社,不但种植绿色玉米、有机水稻,繁育大豆种子、鲜食黏玉米等粮食作物,还向露地蔬菜和棚室蔬菜进军。

2011年,刘彩华的专业合作社种植了5000亩玉米、有机水稻和绿色蔬菜,总产值超过千万元,辐射带动2000多户农民致富。

刘彩华从一名高考落榜的农村女孩到带领一方农民致富的合作社领军人物,这个案例就真实地发生在我们身边。从刘彩华高考落榜的那一刻起,她的人生方向就被科技兴农、造福农村和农民的信念支撑着。正是有了这样的信念,刘彩华不怕在田间一蹲就是几天几夜,不怕一次次的育种失败,不怕奔波在一家家农户间的辛苦,才有了今天的硕果累累。可见,工作价值观在职业生涯道路上起着助推器的作用。

(作者根据网络资料整理)

由于各种主客观条件的限制,人们在工作价值观方面容易陷入诸多认知误区,进而对其择业行为产生显著影响。比如,追求体面,过分强调职业的社会地位;图实惠,盲目追求高薪酬的职业;寻"热土",片面强调地区优势;图轻松,缺乏事业心;等等。由此可见,工作价值观通过人们的行为、态度、信念和兴趣等对职业选择产生各种影响。大学生只有树立正确的工作价值观,才能指引自己走上成功和发展之路。

课后任务

1. 如表 5-2 所示,请你从自己的专业出发,列出与专业相关的职业或岗位,看看哪些与你所看重的工作价值观相匹配,并写出选择的原因。

表 5-2　备选职业与工作价值观的匹配

序号	你看重的工作价值观	选择原因	职业或岗位
1			
2			
3			
4			
5			
6			

续表

序号	你看重的工作价值观	选择原因	职业或岗位
7			
8			
9			
10			

2. 请你根据自身情况，完成表5-3。

表5-3　你的工作价值观与你渴望获得的工作

姓名　　　　　　　专业　　　　　　　时间

项目	工作价值观与渴望获得的工作
你的专业对应的主要工作岗位	
对你来说最重要的五个工作价值观及你的理解	1. _____ 2. _____ 3. _____ 4. _____ 5. _____
与你的价值观相匹配的备选职业	
为了修炼自己的工作价值观，你应该做到	

单元六
走进丰富多彩的工作世界

【课前小调查】

1. 你在大学毕业后，会选择到什么地方工作呢？（   ）
   A. 留在学校所在的城市　　　B. 回家乡　　　　　　C. 一、二线城市
   D. 沿海经济发达地区　　　　E. 东北三省　　　　　F. 西部地区
   G. 其他
2. 大学期间你做过社会兼职工作吗？（   ）
   A. 做过　　　　　　　　　　B. 没做过
3. 大学毕业生会对未来的工作与发展怀有各种各样的憧憬。在选择企业时，你是否看重该企业的企业文化？（   ）
   A. 是　　　　　　　　　　　B. 不是　　　　　　　C. 不确定
4. 你更喜欢哪种形式的工作？（   ）
   A. 全职　　　　　　　　　　B. 兼职　　　　　　　C. 自由职业
   D. 自主创业　　　　　　　　E. 其他
5. 你对工作世界了解吗？（   ）
   A. 比较了解　　　　　　　　B. 有一定的了解　　　C. 不太了解

【认知目标】

1. 认识到探索工作世界在职业选择过程中的重要性，愿意在职业选择时全面了解工作世界的信息；
2. 认识到在职业选择时，外部环境既给求职者提供机会，又使求职者受到各种条件的限制，需要以积极的心态面对工作世界。

【技能目标】

1. 掌握霍兰德职业分类、工作世界地图、罗伊的职业分类及我国职业分类的主要观点，并能运用上述理论指导自己进行职业探索；
2. 掌握职业信息管理的技能，建立自己的备选职业库。

【完成任务】

建立自己的备选职业库。

单元六 走进丰富多彩的工作世界

HR 助力规划职业生涯

> 工作世界像一片海洋，职业种类繁多的行业与职业，大学生不要局限于某一特定领域或职位，而要尽可能多地接触多元化的工作类型。大学生可以通过参观企业、参加职业博览会、在线研究等方式了解不同行业的运作模式和发展前景，这有助于拓宽视野，发现潜在的匹配度较高的机会。实践是检验真理的唯一标准，大学生在校期间通过实习、兼职或者志愿者活动获取实际工作经验非常重要。这些经历不仅能加深大学生对行业的理解，还能为其建立专业人脉，丰富简历内容。更重要的是，它们提供了测试职业适配性的契机。
>
> 在当代就业市场，用人单位愈发看重求职者的综合能力，特别是跨学科知识体系的构建。为此，建议大学生在扎实学习专业课程的同时，密切关注相关领域的前沿动态，主动拓展知识边界，构建多维度的知识架构，以此提升个人在职场中的核心竞争力，为未来职业转型筑牢根基。此外，保持旺盛的好奇心与探索精神同样重要，大学生应持续追踪行业发展趋势与技术革新方向，主动挖掘潜在机遇，从而为自身职业生涯注入源源不断的发展动力。
>
> 大学生通过广泛探索不同领域、积累丰富的实践经验、培养跨领域综合能力，能够构建起坚实的职业发展基础，为未来长远发展筑牢根基。

问题的提出与重要性

如果把人类比作自由游弋的鱼儿，那工作世界就是水域，为人类提供了活动的空间、发展的条件和成功的机遇。大学生在选择工作时，除了考虑自己的兴趣、能力、价值观和性格之外，也要进行外部工作世界的探索，对即将从事的职业相关因素进行理论分析和实际调研，做到"知己知彼，百战不殆"。大学生只有了解工作世界的信息，才能清楚相关职业发展的前景和职业环境，认识企业文化，明确岗位的基本工作要求，深刻理解所选职业的特点，帮助自己更加理性地选择职业。可以说，工作世界是一个人实现其职业理想的外部平台。如何能够更好地利用工作世界这个外部平台帮助自己实现理想，是大学生职业生涯中非常关键的一步。

一、什么是工作世界

了解丰富多彩的工作世界是大学生职业生涯规划中的关键部分，是大学生进行正确而合理的职业选择的基础。

工作世界是由地域、组织、行业、职业和岗位构成的一个"生态系统"，是一个人实现自己的职业理想的外部条件。大学生可以从宏观和微观两个层面了解工作世界。宏观层面是指国家当前整体就业环境，包括就业形势和就业趋势、国家有关的就业方针和政策、劳动力市场情况、家庭经济状况、目标行业的现状及发展前景、所选职业的发展过程和目前的社会地位以及社会发展趋势对此职业的影响等。微观层面是指具体的职业（或岗位）的基本工作要求、工作内容、工作性质、工作条件、工作报酬、工作所在地域及企业的规模等。

如果大学生要更好地了解工作世界，就需要区分下面两组概念：职业、行业和产业；工作、职位和岗位。

（一）职业、行业和产业

职业是指以社会分工为纽带的社会形式和社会关系的体现。

行业一般是指按生产同类产品或具有相同工艺过程或提供同类劳动服务划分的经济活动类别，如饮食行业、服装行业和机械行业等。

在我国，行业一般分为农林牧副渔、医药卫生、建筑建材、冶金矿产、石油化工、水利水电、交通运输、信息产业、机械机电、轻工食品服装纺织、安全防护、环保绿化、旅游休闲、办公文教、电子电工、玩具礼品、家居用品、物资、文化体育及办公用品等。

产业一般是指具有某类共同特性的企业和组织的集合。它是社会生产力和社会分工不断发展的产物。行业划分的着眼点是生产力的技术特点，产业划分的着眼点是生产力布局的宏观领域。产业一般划分为三大类：第一产业、第二产业和第三产业。第一产业是指农、林、牧、渔业（不含农、林、牧、渔专业及辅助性活动）。第二产业是指采矿业（不含开采辅助活动）、制造业（不含金属制品、机械和设备修理业）、电力、热力、燃气及水生产和供应业，建筑业。第三产业即服务业，是指除第一产业、第二产业以外的其他行业。第三产业包括：批发和零售业，交通运输、仓储和邮政业，住宿和餐饮业，信息传输、软件和信息技术服务业，金融业，房地产业，租赁和商务服务业，科学研究和技术服务业，水利、环境和公共设施管理业，居民服务、修理和其他服务业，教育，卫生和社会工作，文化、体育和娱乐业，公共管理、社会保障和社会组织，国际组织，以及农、林、牧、渔专业及辅助性活动，采矿业中的开采专业及辅助性活动，制造业中的金属制品、机械和设备修理业。

职业、行业和产业三者之间既有区别又有密切的联系，在狭义的范围内可以互相代替。下面以渔民、建筑师、机械专家和教师为例，说明职业、行业和产业的区别。从职业的角度来看，渔民、建筑师、机械专家和教师是四种不同的职业。从行业的角度来看，渔民属于渔业，建筑师属于建筑业，机械专家属于制造业，教师属于教育业。从产业的角度来看，渔民属于渔业，而渔业属于第一产业；建筑师属于建筑业，机械专家属于制造业，而建筑业和制造业都属于第二产业；教师属于教育业，而教育业属于服务业，即第三产业。

（二）工作、职位和岗位

工作、职位和岗位是在职业发展和组织中常用的概念，它们有着一定的区别和联系。

工作是指实现组织特定目标的一个或一组职责或岗位，由一个个具体活动构成的相对独立体。工作根据组织的目标与流程而设置，涵盖了个体在各种场景下的劳动活动，无论是全职还是兼职、临时还是长期。

职位是指在一个特定的组织中,一个特定的个体所担任的一个或一系列任务和职责。它是组织内部用来区分不同工作内容和职责的一种方式。不同职位之间可能存在相互依赖性。

岗位是指在一个特定的组织中,在特定的时间内由一个特定的人所担负的一个或数个任务,它是对工作在职位上的具体分工和要求的描述。它涉及具体的工作责任、工作任务、工作技能和薪酬待遇等。一个组织中可以有多个岗位,一个或若干个岗位的共性体现就是职位。例如,钻孔操作员的职位可能由钻孔操作员、层压操作员、丝印操作员等岗位组成。

二、我国宏观的工作环境

(一)我国劳动力市场现状

劳动力市场是在国家宏观调控下,由市场来配置劳动力资源和调节劳动力供求关系的运行机制。劳动力市场的概念具有广义和狭义之分。广义的劳动力市场是指以市场机制为基础性方式,对劳动力资源进行配置和调节的一种经济关系,具体包括劳动契约、劳动就业、工资分配、社会保障、劳动立法、职业培训、职业咨询、职业安全卫生以及特殊群体劳动者的保护等内容。狭义的劳动力市场是指在劳动力管理和就业领域中,按照市场规律,自觉运用市场机制调节劳动力供求关系,对劳动力的流动进行合理引导,从而实现对劳动力的合理配置的机构,如职业介绍所、人才交流中心和各种劳动服务公司等。随着经济体制改革的逐步深入,我国的劳动力市场体系已基本发育成形,并呈现出良性运转的态势。当前世界面临百年未遇的大变局,全球经济比以往任何时候都更加依赖中国。在这样的外部环境背景下,我国劳动力市场呈现出以下特征:

1. 就业形势总体保持稳定

中国社会科学院社会学研究所发布的《社会蓝皮书:2025年中国社会形势分析与预测》指出,2024年,中国经济发展实现稳中有增,社会领域发展稳中向好,就业形势总体稳定,城乡居民收入和消费继续增长,各项社会事业继续向前发展,生态文明建设事业取得新的成效。中国社会现代化作为中国式现代化的重要组成部分取得新的进展。2025年,中国将继续推进全面深化改革,积极应对人口负增长和老龄化双重加速的趋势,致力化解就业压力和青年就业困难,加快改革完善收入分配体制机制,确保城乡居民收入增长,更加有效地缩小收入分配差距,加速推动中等收入群体的壮大成长,不断改革、创新并完善社会治理,促进社会安全形势持续好转。《2021中国劳动力市场发展报告》(以下简称《发展报告》)对近年来中国劳动力市场变革的新趋势和新特征进行了较为详细的分析,认为劳动力市场变革是实现新发展阶段高质量发展的重要驱动力。新发展阶段的发展主题要求就业把扩容提质作为主线;做实做强做优实体经济要求劳动力市场主动做好结构性调整;实施扩大内需战略和实现共同富裕目标需要改善劳动者收入水平和收入分配格局;数字经济和"三新"模式快速发展提升了新就业形态的重要性;国民经济循环畅通需要提升劳动力要素配置效率;绿色发展将创造大量绿色就业机会。《发展报告》对劳动力市场变革提出了新的要求,认为其体现如下八大特征:第一,就业结构调整将加速;第二,就业质量呈现分化性整体提升;第三,新就业形态将成为新常态;第四,绿色就业将成为一道亮丽风景线;第五,劳动力市场空间格局将重塑;第六,城乡劳动力市场将更加一体化发展;第七,劳动力市场政策将深度调整;第八,就业优先政策将全面强化。《发展报告》认为,为致力于应对劳动力市场变革,可以从以下方面来进行政策选择:第一,坚持以人民为中心夯实就业之基;第二,把发展作为解决就业问题的基础和关键;第三,进一步强化就业优先政策;第四,继续推动就业结构升级优化;第五,持续推动"大众创业、万众创新";第六,完善新就业形态劳动权益保护政策体系;第七,进一步强化劳动力市场融合政策;第八,大力推动以"素质红利"替代"人口红利";第九,积极稳妥推进延迟退休政策。

2. 人工智能快速发展,高校毕业生就业的结构性矛盾突出

高质量充分就业不仅涵盖实现充分就业,也包括提升就业质量。当前,高校毕业生就业的瓶颈在于供需错位:一方面,高校毕业生规模屡创新高,部分毕业生很难找到心仪的工作岗位;另一方面,一些用人单位的重点岗位又处于缺人、求贤若渴的状态。高校毕业生人才供给和劳动力市场需求之间的数量错位、专业错配、学历错配、能力错配等"结构性矛盾"依然存在。

人工智能的发展冲击传统就业观念和模式,带来岗位适配难题。人工智能的广泛应用使就业市场呈现两极分化趋势,高技能、高创造力岗位需求增加,低技能、重复性工作岗位大量减少。在这种形势下,高校毕业生就业能力不足与市场需求的矛盾进一步凸显。例如,人工智能、新能源、半导体等行业人才需求强劲,但高校人才培养数量缺口较大。许多高校在培养学生创新创造和社交实践等核心能力方面存在不足,与企业对人才的需求脱节,导致学历与能力脱节的现象。

3. 农民工失业风险增加

农民工是随着我国城市化进程快速发展而涌现的一支新型劳动大军,为城市建设做出了巨大贡献。一般来说,农民工的文化水平和技能水平不高,主要集中在制造业、建筑业、餐饮业以及服务业等第三产业。我国工业化发展速度越来越快,即将进入智能工业时代,而最大的特点就是用机器替代人力。越来越多的企业生产线实现了全自动化,一些低端、机械化操作的岗位被全面取代,而大量没有技术的农民工将会被淘汰出局。许多农民工并不具备良好的学习能力,而随着年龄的增长、记忆力减弱、学习能力下降,农民工的弱势越来越明显,农民工非自愿性失业风险变得越来越大。

4. 人才高地初步形成

人才高地是指有才识学问和德才兼备的人高度聚集的地区。人才高地的基础是城市规模和人口规模。一般来说,一个城市的规模越大、经济发展越快、人口集中度越高,人才高地就越可能在这个城市中率先出现。人才高地以人才数量多、技术门类全、总体素质高为基本特征。人才高地会为依托和生存的城市赋予新的发展活力和内涵,使城市不断扩大,社会生产力在新的起点上进一步向前发展,并达到新的发展高度。在全面开放的新格局下,我国正在形成三大人才高地,即高校林立、协同发展的京津冀地区;区域协作、金融领先的长三角地区;全球引智、科技当先的粤港澳大湾区。

5. 劳务输出输入更加频繁

我国是劳务输出大国,自2000年以来,劳务输出人员的数量总体呈现增长态势。劳

务输入方面,持证来我国的就业人员总体有所增加,他们具有来源地多元化、目的地多样化的特点,在我国的就业意愿也呈现越来越强的趋势。

（二）我国大学生的就业政策

高校毕业生就业事关广大学生本人及家庭的切身利益,事关社会主义现代化建设以及社会的和谐稳定。党的二十大对教育、科技、人才和就业工作进行了系统部署,明确指出,人才是第一资源,实施就业优先战略,强化就业优先政策,健全就业促进机制,促进高质量充分就业。近年来,教育部、人力资源和社会保障部出台一系列政策,部署高校毕业生就业创业工作。2025届高校毕业生规模预计为1222万人,同比增加43万人。从就业市场来看,毕业生面临阶段性压力；但从人力资源储备来看,注入的是高质量发展新动能。2024年11月,教育部、人力资源和社会保障部联合召开2025届全国普通高校毕业生就业创业工作视频会议,要求各地各高校要准确把握高校毕业生就业工作在教育强国建设中的使命和定位,准确把握经济社会发展对人才数量、专业结构提出的更高要求,准确把握当前做好高校毕业生就业工作的形势和条件,树立新时代大教育观、大就业观,跳出教育看就业、立足全局看就业、着眼长远看就业,推动思想观念、工作重点、组织方式、评价机制转变,聚焦关键环节和重点任务,全力促进2025届高校毕业生高质量充分就业。

（三）我国高等职业教育发展概况

职业教育分为中等职业教育和高等职业教育。中等职业教育由高级中等教育层次的中等职业学校(含技工学校)实施。高等职业教育由专科、本科及以上教育层次的高等职业学校和普通高等学校实施。高等职业教育包括高等职业专科教育、高等职业本科教育和研究生层次职业教育,具有高等教育和职业教育的双重属性,肩负着为经济社会建设与发展培养人才的使命。

1994年,全国教育工作会议明确提出："通过现有的职业大学、部分高等专科学校和独立设置的成人高校改革办学模式,调整培养目标来发展高等职业教育。仍不满足时,经批准利用少数具备条件的重点中等专业学校改制或举办高职班等方式作为补充。"这确立了高等职业教育在我国高等教育中的重要地位。1996年,《中华人民共和国职业教育法》颁布,从法律上确立了高职教育的地位和作用。1999年,《中共中央、国务院关于深化教育改革全面推进素质教育的决定》明确提出："高等职业教育是高等教育的重要组成部分。要大力发展高等职业教育,培养一大批具有必要的理论知识和较强实践能力,生产、建设、管理、服务第一线和农村急需的专门人才。"高等职业教育成为高校扩招的主力军,招生规模连年增长。2005年,国务院召开第六次全国职业教育工作会议,提出了建设百所示范性高职院校,高等职业教育迎来了重要的战略机遇期。"十五"期间,我国高等教育规模得到迅速扩大。

"十一五""十二五"期间,教育部、财政部分两轮实施了"国家示范性高等职业院校建设计划"和"'国家示范性高等职业院校建设计划'骨干高职院校建设项目",通过"示范(骨干)校"的建设,高等职业教育整体发展水平得到大幅提升,在办学体制机制创新、人才培养模式改革、增强社会服务能力、优质教育资源跨区域共享等方面取得了显著成效,人才培养质量整体提高,社会美誉度和吸引力显著增强,高等职业教育进入新的发展阶段。

2015年,教育部在发布的《关于深化职业教育教学改革全面提高人才培养质量的若干意见》中提出高等职业教育要"坚持走内涵式发展道路……加强思想道德、人文素养教育和技术技能培养,全面提高人才培养质量。"2015年,教育部在发布的《高等职业教育创新发展行动计划(2015—2018年)》中提出建设200所左右的优质高等职业院校。2019年,国务院在发布的《关于印发国家职业教育改革实施方案》中指出:"把发展高等职业教育作为优化高等教育结构和培养大国工匠、能工巧匠的重要方式,使城乡新增劳动力更多接受高等教育。"

综上可以看到:国家对高等职业教育政策不断调整和完善,高等职业教育在整个国民教育体系中的地位获得提升。大国工匠是"中国智造"的关键所在,培养素质优良的"工匠型"技能人才和"复合型"高端人才,构建适应经济社会发展的现代高等职业教育体系,是新时代中国特色社会主义教育事业不可或缺的部分。

三、微观的工作世界

(一)新职业层出不穷,对大学生的素质要求也越来越高,终身学习、培训和再教育成为常态化学习方式

职业的变化和发展主要受社会变革、管理变革、技术变革、经济变革、产业及行业演变等因素的影响。新职业是指经济社会发展中已经存在一定规模的劳动者,具有相对成熟的职业技能,在《中华人民共和国职业分类大典》中暂未收录的职业。在未来的职业发展中,职业的知识含量增大、职业要求不断更新、永久性职业减少、新职业会越来越多地出现在服务部门,特别是与健康、通信和计算机相关的行业。大学生应关注职业变迁及发展趋势,以便更好地适应变革中的社会职业环境。

2024年人力资源和社会保障部发布了19种新兴职业,具体包括生物工程技术人员、口腔卫生技师、网络安全等级保护测评师、云网智能运维师、生成式人工智能系统应用员、工业互联网运维员、智能网联汽车测试员、有色金属现货交易员、用户增长运营师、会展搭建师、文创产品策划运营师、储能电站运维管理员、电能质量管理员、版权经纪人、网络主播、滑雪巡救员、氢基直接还原炼铁工、智能制造系统运维员、智能网联汽车装调运维员。此外,在数字经济时代,生活服务业在新兴消费需求下催生一批"新奇特"职业,比如试吃员、酒店试睡员、职业游戏玩家、人工智能研究员和职业差评师等。这些职业具有工作时间自由、收入高、灵活度大等特点,往往成为大学生择业的新宠。

如果一个人没有接受过足够的教育,那么他选择工作的范围会比较狭窄。世界范围内新技术革命的深入发展和信息产业的迅猛崛起,导致职业发生了深刻变革,职业分工越来越精细,职业活动的内容也不断更新变化,现代科学技术运用到职业领域的周期也越来越短。这些变化使得职业的专业性越来越强,对劳动者的素质要求越来越高。职业生涯是一个连续不断的发展过程,因此,大学生必须树立终身学习的观念,只有不间断地学习、及时更新相关知识以及提高从业素质,才能保证和促进自身的持续发展。

（二）多种工作形式可供大学生选择

《练习 6-1》

拓展工作形式的思考

请同学们用头脑风暴的方法回答：当今社会有哪些工作形式是你可以选择的？这些选择带给你的思考是什么？

_____

_____

_____

随着社会的发展，工作的形式也越来越多。

1. 全职工作

全职工作是最常见的工作形式，全职工作者在企业中担任固定岗位，享有稳定的薪资待遇和福利。全职工作者通常需要遵守企业的规章制度，完成企业分配的任务，并参与企业的各项活动。这种工作形式适合追求稳定工作和长期职业发展的人。

2. 兼职工作

兼职工作是一种灵活的工作形式，兼职工作者可以在有限的时间内为企业提供服务。兼职工作的时间安排较为灵活，兼职工作者可以根据自己的需求和时间安排选择合适的工作。这种工作形式适合希望在工作和生活之间寻找平衡的人。

3. 临时工作

临时工作是指在一段时间内，以完成某项工作为目的的工作，通常与企业的某个项目或者短期需求相关。临时工作者在企业项目结束或需求解决后不再继续为企业工作。临时工作不仅可以帮助工作者积累经验、拓展职业生涯，也可以满足企业的短期用工需求。

4. 远程工作

随着网络技术的发展，远程工作逐渐成为一种流行的工作形式。远程工作者可以在家或其他地点通过网络完成工作任务，减少通勤时间和成本。远程工作不仅适合自律和自主管理的人，也有助于企业降低办公成本和拓展人才来源。

5. 自由工作

自由工作者不受固定雇主的约束，可以为多个客户提供服务。他们通常在能力和专长方面有很强的竞争力，可以通过接受不同的项目来增加收入和积累工作经验。自由职业适合具有创业精神和善于拓展人脉的人。

6. 创业

创业是指创业者创立自己的公司或组织，并负责公司的运营和管理。创业者需要具备强烈的事业心和责任感，以及一定的商业头脑和领导才能。创业适合有创新思维和愿意承担风险的人。

7. 咨询顾问工作

咨询顾问者在特定行业或领域拥有丰富的经验和知识，为企业提供策略、管理和技术等方面的专业建议。咨询顾问者可以为多个客户提供服务，有时会长期与某个客户合作。这种工作形式适合在某个领域具有丰富经验和专业知识的人。

8. 合同工作

合同工作是一种基于合同约定为企业提供服务的工作形式。合同工作者在合同期限内完成公司指定的任务，合同到期后可以续约或寻找其他机会。合同工作可以为企业提供灵活的用工方式。

9. 实习工作

实习生通常是在学校就读期间寻求职业发展机会的学生，他们在企业实习，以获得实际工作经验和专业技能。实习生可以通过实习获得与所学专业相关的工作经验，有助于学生更好地了解职场环境和未来职业发展方向。

(三) 工作变动成为常事

随着社会的发展和用工制度的改革，个体工作变动已经司空见惯，个体适时地变换工作单位或工作内容可以适应环境的需要。有调查显示，营销、保险、房地产和广告等行业跳槽现象非常普遍，其中，广告行业的跳槽人数大约为10%，房地产行业的跳槽人数大约为10%～20%；营销和保险行业最高，每年的跳槽人数达到30%。在岗位类别方面，初级职位的流动率高于中高级职位的流动率，有两年以上工作经验的工作者流动率高于刚毕业的大学生。

四、为什么要了解工作世界

◁ **练习 6-2** ▷

拓展职业的思考

请同学们用头脑风暴法尽可能多地列举与手机相关的职业。

_____

_____

_____

从练习 6-2 中，我们可以知道：一件物品的制造涉及许多人和职业。比如，从管理到制造，从研发到市场。这说明有很多专业和技能是可以变通的。因此，同一个专业毕业的学生可以从事多种职业。比如，汽车维修专业毕业的学生，不仅可以从事汽车检测与维修、汽车保险、汽车驾驶和汽车营销等职业，也可从事与汽车相关行业的经营与管理等职业。因此，大学生在探索工作世界时，应尽可能多地了解和自己专业相关的职业。

大学生在进行职业定位时,首先要回答的问题是:我将来要从事什么职业?例如,一名财务管理专业的学生在完成自我探索时,确认自己的职业兴趣是常规型的;在完成职业性格探索时,又了解到自己的性格是偏向内倾的,虽不太乐于交际,但做事踏实,所以他认为将来可以从事自己喜欢并适合的会计工作。之后,这名大学生简单地以为自己的职业生涯规划工作已经结束,不用再探索了。但他忽略了一点,会计在不同行业、不同组织内,其工作内容和工作待遇会有所差异;同时,不同规模和文化的组织,对从业人员的性格和能力等方面的要求也是不同的。每一个职业(或工作)本身所包含的信息主要有:工作地点、升迁状况、薪酬、福利、进修机会、工作时间和休假规定等在内的雇佣状况。此外,还有从事这个工作所需的必备条件,如教育程度、资格证书等。以上这些信息在同一个职业但在不同的组织岗位名称也可能不同,例如,有的工作在室外,有的工作在室内,有的工作地点变化性强等。同一职业(如审计员),不同规模的企业对工作人员基本工作能力的要求也不同。因此,大学生在进行职业定位时还要考虑两个问题,即"我将来要到哪个城市"以及"我将来的发展路线如何"。要回答这两个问题,大学生需要对职业进行了解和评估。

(一)促进大学生进行正确的职业生涯决策

一些大学生在规划自己的职业生涯过程中,缺乏对职业和自我的合理认知,无法做出明确的职业决策,甚至出现焦虑和挫折感,不敢正视现实和面对未来。这些都是职业决策困难的典型表现。如果大学生能够了解自我特质,并收集、研究工作世界的信息,就会做出合适的职业决策。

◁ 练习6-3 ▷

写出你眼中的工作世界

在纸上写出自己眼中的工作世界。注意:此处不强调写得如何,只要能表达出自己对工作世界的想法即可。

_____

_____

_____

_____

每个人眼中的工作世界都不尽相同,有的人可能认为工作世界中存在激烈的竞争,有的人可能认为工作世界中有令人茫然失措和失望的一面,有的人可能认为工作世界是令人向往、积极乐观的。人们眼中的工作世界之所以有这么大的差别,和他们能否全面地了解工作世界有很大的关系。只了解和看到负面信息的大学生常常会陷入悲观,于是做出错误的职业生涯决策。如果大学生能够清晰、全面地了解工作世界,就能够把握企业用人要求及工作发展的普遍路径和规律,明确与目标职业的差距,确定求职方向和发展目标,制定出正确的求职策略和合理的职业生涯决策,从而在激烈的求职竞争中找到属于自己的工作。

（二）进一步认识和了解自己

在探索工作世界的过程中,大学生常常会陷入两难的境地。比如,大学生经常会为留在大城市还是中小城市而难以抉择。留在大城市可能只会找到一份不稳定、也不理想的工作,但是未来的学习和发展机会可能很多,个体成长进步快;留在中小城市可能会找到一份待遇不错、稳定的工作,压力小,但是自己将来的发展前景非常有限,缺乏挑战性。世间的事没有完美的,外部条件总是给我们设立众多的限制,看上去似乎很难让我们做出决定,但正是在这种两难的选择当中,我们才知道什么对自己是真正重要的,从而调整自己的行动,走出一条属于自己的职业生涯发展道路。

（三）培养和提升大学生的职业能力

很多大学生在进行工作世界探索时,不是主动搜集相关信息,而是寄希望于学校、职业辅导教师或者亲朋好友,期望从他们那里得到答案。但结果常常令人失望,因为每个人受知识和经验的局限性,不可能掌握所有工作世界的信息,所以工作世界的探索更多地需要大学生自己来完成。在探索工作世界的过程中,大学生可以培养和提升自己的很多职业能力。比如,大学生想了解职业信息,可以咨询相关专业人士,这个过程可以提高大学生的人际沟通能力和表达能力;大学生在整理职业信息时,可以提高资料和信息的搜集整理能力;大学生在全面了解工作世界的信息之后,要做出职业生涯决策,可以提高大学生职业生涯决策能力。

（四）帮助大学生规划未来职业发展

大学生掌握全面的工作世界信息可以帮助他们展望未来的职业发展。比如,大学生通过搜集工作世界的相关信息,可以了解未来所要从事行业的发展状况和趋势,企业的现状、发展前景、组织结构及管理体制等方面的内容;评估自己的发展路径及提升空间;大致了解未来的职业发展道路、会遇到的一些情况;等等。当然,大学生也可以评估风险所在,并为此做好心理准备。

在工作世界中,每个学生都能找到与自己的特长相匹配的那份工作。找工作是一个过程,对于有些人来说,可能是一个漫长而艰辛的过程,因此需要做好心理准备。但是无论如何,大学生都要学会调整好心态,而不要轻言放弃。另外,虽然各种工作都有局限性,但是工作和生活都是丰富多彩的,大学生可以通过兼职或参加其他活动来平衡自己的生活。在工作世界中,大学生要学会应对不断变化的工作市场和经济形势,要做好应对变化的准备,即要做好自己的职业生涯规划。大学生要根据实际情况,适当调整职业目标和决策。

理论的讲解与运用

一、职业分类理论

各个国家通过职业分类,将社会上数以万计的现行工作类型划分成类系有别、规范统一、井然有序的层次或类别。因此,大学生要获得关于工作世界的主要信息,就要了解职业分类方面的知识。

职业分类是指采用一定的标准和方法,依据一定的分类原则,对从业人员所从事的各种专门化的社会职业进行全面系统的划分与归类。职业分类的目的就是将社会上的工作类型划分出层次或类别。职业分类的发展也是职业自身发展的需要。

职业分类涉及社会生活的各个领域,是国家经济发展的一项基础性工作,是一个国家形成产业结构概念和进行产业结构、组织、政策研究的基础。职业分类的特点有:① 职业分类客观地反映国家经济、社会、科技等领域的发展和结构变化,为国民经济信息统计和人口普查规范化提供依据;② 职业分类是劳动力科学化、规范化、现代化管理的基础;③ 职业分类为职业教育、培训和就业服务提供条件;④ 职业分类是完善国家职业资格证书制度的重要基础性工作。

求职者与用人单位在就业市场进行"双向选择",实际上就是求职者选择职业和用人单位选择求职者的过程。因此,对于在校的大学生来说,了解职业的种类和分类的依据,以及不同职业对从业人员素质的不同要求,对大学生未来的求职做出正确的择业决策及合理规划自己的职业生涯是非常必要的。

职业分类的方法有很多,标准各异,一般是按照从业人员从事社会劳动的内容、手段、环境、劳动方法、劳动消耗量等方面进行划分的。例如,依据职业的劳动性质,可以分成脑力劳动职业和体力劳动职业;依据职业对专门知识和技术所需要的程度,可以分成专门职业、非专门职业;等等。

由于霍兰德职业分类已在单元二中详细讲述,故此处只介绍其他三种职业分类方法。

(一)工作世界地图

工作世界地图(World-of-Work Map)是全世界应用最广泛的职业分类系统,它是由美国大学考试中心(American College Test,ACT)提出的。

ACT 根据数据-观念和人群-事物两个维度和四个向度区分出四个主要分类象限。此外,工作世界地图还将分类系统与霍兰德的职业兴趣理论有机联系起来。

数据是指对文字、数字和符号等资料进行搜集、整理与归档之后,使之有助于进一步分析和统整。

观念是指想法的启发、观念的传播、思考的运作、创意的发挥、真理的探究等认知过程。

人群是指与其他人进行接触与沟通,包括了解、服务、协助、说服、组织、管理和督导等。

事物是指独立于人类意识或观念而存在的客观实体,包括物品、材料、机械、工具、设备及产品等具体物质形态。

ACT 将职业的具体群体位置标在图上,从而得到工作世界地图,如图 6-1 所示。该图共分 12 个区域,一共有 23 个职业簇。

图 6-1 中依然采用 R、I、A、S、E、C 来说明每个职业区域与霍兰德职业兴趣类型的关系。由于职业分类图并没有经过本土化研究,大学生在使用工作世界地图时要注意结合我国的社会实际。

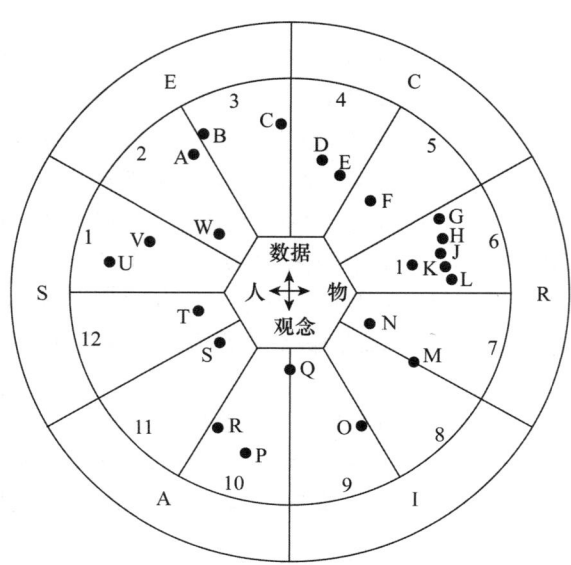

图 6-1　工作世界地图

图 6-1 中的字母含义如表 6-1 所示。

表 6-1　ACT 职业簇

A. 市场与销售	B. 管理与规划
C. 记录与沟通	D. 金融交易
E. 储存与分配	F. 商业机器/电脑操作
G. 交通工具的操作和修理	H. 建筑与维护
I. 农业与自然资源	J. 手艺与相关服务
K. 家庭/商业电器维修	L. 工业电器的操作与维修
M. 工程学与相关技术	N. 医药学与技术
O. 自然科学与数学	P. 社会科学
Q. 应用艺术（视觉）	R. 创造/表演艺术
S. 应用艺术（写作与演讲）	T. 综合性健康护理
U. 教育与相关服务	V. 社会与政府服务
W. 个体/消费者服务机构	

从工作世界地图中可以看出：

（1）社会服务类工作要求从业人员具备 S 型的职业兴趣与能力；

（2）管理和销售类工作要求从业人员具备 E 型的职业兴趣与能力；

（3）企业经营类工作要求从业人员具备 C 型的职业兴趣与能力；

（4）技术类工作要求从业人员具备 R 型的职业兴趣与能力；

（5）科学技术类工作要求从业人员具备 I 型的职业兴趣与能力；

（6）艺术类工作要求从业人员具备 A 型的职业兴趣与能力。

（二）《中华人民共和国职业分类大典》

1995 年，原劳动和社会保障部、原国家质量监督检验检疫总局、国家统计局牵头启动国家职业分类大典的编制工作，并于 1999 年颁布了我国第一部国家职业分类大典——《中华人民共和国职业分类大典》，填补了我国职业分类工作的空白，标志着适应我国国情的国家职业分类体系基本建立。随着经济社会发展、科学技术进步和产业结构调整，社会职业构成和内涵发生较大变化，2010 年年底启动国家职业分类大典的第一次修订工作，历时 5 年，颁布《中华人民共和国职业分类大典（2015 年版）》。为了适应当前职业领域的新变化，更好满足优化人力资源开发管理、促进就业创业、推动国民经济结构调整和产业转型升级等需要，2021 年 4 月启动国家职业分类大典的第二次修订工作，并于 2022 年颁布《中华人民共和国职业分类大典（2022 年版）》（以下简称《职业分类大典（2022 年版）》）。

《职业分类大典（2022 年版）》将职业分类为 8 个大类、79 个中类、449 个小类，共计 1639 个职业和 2967 个工种。本次修订紧跟时代步伐，聚焦新经济、新技术、新产业和新业态，关注数字经济与绿色经济催生的数字职业与绿色职业发展，特别是"双碳"战略背景下的能源类职业变迁、信息技术快速发展下的智能制造类职业更新、现代服务领域的职业细化与重组，全景式展示了我国经济社会职业发展动态和趋势。

《职业分类大典（2022 年版）》运用科学的职业分类理论和方法，写实性描述了各职业（工种）的具体内容，充分反映了当前我国经济社会和科技发展带来的实际业态新变化及其未来发展趋势。它主要由分类体系表、正文和索引等部分构成。

分类体系表按照大类、中类、小类、细类（职业）进行列表。

正文部分按照 8 个大类依次编目，列出大类定义及所含中类，再依次列出中类定义及所含小类，最后列出小类定义及所含职业，并对职业进行详细描述，包括职业定义和主要工作内容等，同时列出本职业包括的工种。

索引包括职业名称的笔画和职业名称的汉语拼音索引两种查询方式。

大学生可以参考《职业分类大典（2022 年版）》理解就业岗位需要，开展自己的职业生涯规划等。

◁ 练习 6-4 ▷

利用《职业分类大典（2022 年版）》检索职业

《职业分类大典（2022 年版）》有三种检索方式，一是根据职业分类体系进行查询，获得大类、中类、小类、细类（职业）编码和名称（如表 6-2 所示）；二是根据职业名称笔画查询职业名称及相关内容；三是根据职业名称的汉语拼音查询职业名称及相关内容。请你查阅《职业分类大典（2022 年版）》，填写职业前景所属的大类、中类、小类和细类（职业）。

表 6-2　职业分类体系

序号	可能介入的职业	所属大类	所属中类	所属小类	所属细类（职业）
1					
2					
3					
4					
5					

（三）罗伊的职业分类

安妮·罗伊是美国的一位临床心理学家，她依据临床心理学经验及对各类杰出人物有关适应创造、智力等特质的研究结果，综合了精神分析学、美国心理学家加德纳·墨菲的人格理论与马斯洛的需求层次理论，构建了人格发展理论。罗伊在《职业心理学》一书中提出了一种职业群分类法。虽然罗伊的职业分类在我国还未本土化，但其对大学生进行职业生涯规划很有指导意义。

罗伊认为从业人员儿时的养育经历与职业选择有很大关系，她从需求是否被满足或受挫折的角度概括了亲子关系，并分析了三种基本的亲子关系：依赖型、回避型和接纳型。

第一种亲子关系是依赖型。依赖程度从父母对孩子过度保护到过度要求。对孩子过度保护和过度要求的父母都吝于表现出他们的爱和赞许。由于达不到父母的期望，孩子的心理需求往往得不到满足。被过度保护的孩子学会迎合他人的愿望以求得赞赏，渐渐变得依赖他人。过度要求的父母则对孩子期望过高，孩子若达不到他们的标准，就不会获得认可。在父母的严格要求下，被过度要求长大的孩子会变成完美主义者。他们会因为表现得不够完美而焦虑，因而在进行职业选择时会较为困难。

第二种亲子关系是回避型。回避程度从父母对孩子忽视到拒绝。尽管父母不是有意忽视孩子，但孩子的生理、心理需要都被父母忽视。并非所有的拒绝都是物质上的忽视，也有情感上的，罗伊用情感拒绝来表示回避。

第三种亲子关系是接纳型。父母也许出于偶然，也许是在爱的基础上接纳孩子，孩子的生理、心理需要都能够得到满足。父母以一种不关心也不参与的态度或者以积极的方式鼓励孩子独立与自信。

根据罗伊的职业分类理论，从业人员所选择的工作反映了其儿时的家庭氛围。如果从业人员的家庭氛围是温暖、友爱、接纳或过度保护的，则他可能选择服务、商业、组织、文化、艺术和娱乐类等经常与人打交道的工作；如果从业人员的家庭氛围是冷漠、忽视、拒绝或过度要求的，则他可能选择技术、户外和科学等不经常与人打交道的工作。如图6-2所示，罗伊的职业分类模型中有八种职业类型。

（1）服务。这些职业主要与服务和照顾他人的品位、需要和安康有关。

（2）商业。这些职业主要与商品销售、投资咨询、房地产经纪及相关服务领域有关。

（3）组织。这些职业主要与企业和政府的组织有效运作有关。

（4）文化。这些职业主要与文化遗产的传承和传播有关。

(5) 艺术和娱乐。这些职业主要与创造性艺术和娱乐中的特殊技能的使用有关。

(6) 技术。这些职业主要与商品、水电气的生产、维护和运输有关。

(7) 户外。这些职业主要与耕种、保护、收割庄稼、水产品、矿藏、林产品、其他自然资源和畜牧有关。

(8) 科学。这些职业主要与科学理论及其在特殊情况下的应用有关。

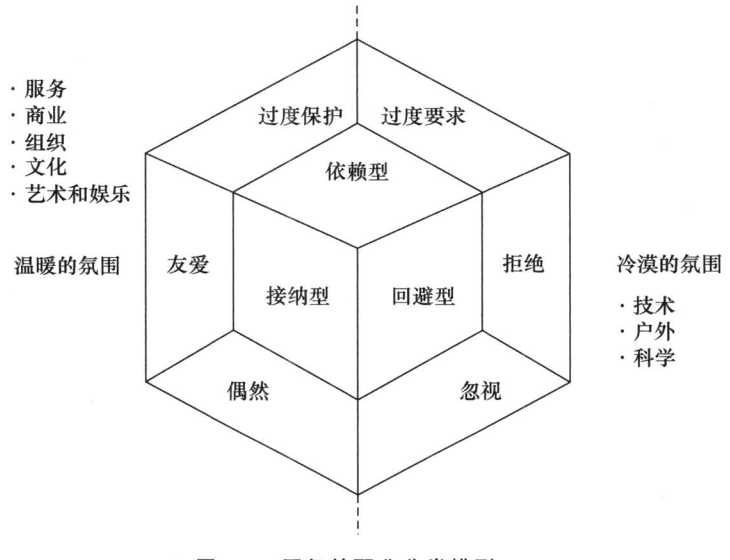

图 6-2　罗伊的职业分类模型

练习 6-5

按照罗伊的职业分类理论思考

请你回想你所成长的家庭氛围是温暖的,还是冷漠的,你如何描述你的父母？他们对你是关注还是忽视？是接纳还是拒绝？根据罗伊的职业分类理论,试分析自己可能适合的职业类型。

_____
_____
_____

之后,罗伊根据职业所要求的责任和能力,又为职业加了一个分类：工作水平。罗伊界定了下面的六个工作水平。

水平1——专业和管理。这个水平如改革家、发明家、高级管理者和行政人员。这些人制定政策和规则,让其他人遵守,他们在重要的事情上独立承担责任。

水平2——专业和管理。这个水平与水平1的主要区别是一个程度的问题,需要一定的独立性。但是水平2所承担的责任要比水平1低一些。如工程师、兽医、教师和运动员等。

水平3——半专业和小企业。这个水平有下面几个特征:① 对他人承担责任少;② 执行他人所制定的政策或仅仅为自己做出决定;③ 需要高、中程度的教育,外加技术学校或同等学历。如推销员和批发商等。

水平4——技术性。技术性职业教育要求从业人员有学徒经历或者其他特殊的培训或经验。如技师和拍卖师等。

水平5——半技术性。半技术性的职业要求从业人员具有某种培训和经验,但是技术要求明显低于水平4中的职业。此外,它所允许的独立性和主动性也比较小。如服务员和出租车司机等。

水平6——非技术性。这些职业不需要特别的训练或较高的教育经历,也不需要多少能力,只要具有听从指令、做简单重复工作的能力即可。如体力劳动者。

◁ 练习6-6 ▷

你的职业基因树

请你拿一张A4纸,先在上面画一棵大树,每一根树枝代表一个家庭成员及生活中对自己重要的人,将这些成员过去和现在的职业填上,从中找寻共同的特点。然后思考他们对自己的职业期望是什么。过去生活中哪个成员对自己的影响最大?你觉得他们的哪些工作特质为他们带来了职业上的成功?哪些工作特质使得他们对工作非常满意?

_____

_____

_____

_____

◁ 练习6-7 ▷

你的工作水平

根据罗伊的职业分类理论,请你为自己的职业前景标明工作水平。

_____

_____

_____

_____

二、需要大学生了解的工作信息内容

职业生涯规划中有一个重要的步骤就是了解外部的工作环境,大学生可以通过收集自己感兴趣的职业信息来了解外部的工作世界,而这也是职业生涯规划的核心部分。

（一）了解用人单位的种类

在我国,用人单位按性质可以分为企业单位、事业单位、政府机关和社会团体等。

1. 企业单位

企业是以营利为目的的独立核算的法人或非法人单位。企业与职工签订劳动合同。企业按所有制划分,主要有国有企业、集体所有制企业、混合所有制企业、私营企业、中外合资企业和外商独资企业等。

2. 事业单位

事业单位一般是指以增进社会福利,满足社会文化、教育、科学和卫生等方面的需要,提供各种社会服务为直接目的的社会组织。事业单位与职工签订聘用合同,登记在编制部门。

3. 政府机关

政府机关是国家和地方各级政府行政管理的总称,在政府部门中工作的人员,除去少部分专业技术人员（如医生和计算机操作人员）和工勤人员（如清洁工、司机和炊事员）外,主要是国家公务员。

4. 社会团体

社会团体是社会上各种群众组织的总称,包括工会、团委、妇联、青联、学联、科协、各类学会和各行业协会等。社会团体的就业岗位,要求从业人员具有一定的文化水平、政策水平、专业知识和较强的工作能力。

（二）了解用人单位对人才素质的要求

用人单位对人才素质的要求主要有以下三点。

1. 认同企业文化

企业文化是企业生存和发展的精神支柱。员工只有认同企业文化,才能够快速适应企业的环境,才能与企业共同成长,才能在工作中实现个体的最大价值。一般情况下,企业在招聘时,会重点考察大学生的求职心态、自我职业定位是否与企业文化相一致等。

2. 对企业忠诚,有敬业精神

员工对企业忠诚,主要表现为认同企业文化,坚守对企业的负责态度,认真工作、不离不弃、踏踏实实地做事。

敬业精神是人们对自己所选择的职业的高度认同和热爱,它是一种职业素质,是全心全意、尽职尽责、奉献精神的代名词。敬业精神体现在责任感、主人翁意识、为做好工作而主动学习、注重细节以及先付出后回报等方面。企业会把这种高素质、忠诚负责、敬业的员工视为最宝贵的财富。

3. 符合岗位胜任力的要求

胜任力是由哈佛大学教授戴维·麦克利兰于1973年首先提出的，是指能将某一工作中的成就者与普通者区分开来的个体深层次的特质，包括动机、个性特质、自我形象、价值观、某领域的知识和行为技能等。胜任力中的"力"是指个体能够做什么，企业依据岗位要求绘制岗位胜任力模型，制定岗位胜任力标准，据此进行人才的聘用。

有的机构基于大数据做了关于岗位胜任力的相关研究，研究发现各企业普遍适用的岗位胜任力包括自我成长、人际交往和决策执行三个维度。自我成长维度是指用人单位希望从业人员具有较强的成就动机、积极主动的工作态度以及较强的分析能力，善于学习新事物，能够较好地适应环境的变化和压力；人际交往维度是指用人单位希望从业人员乐于与人沟通、乐于表达、善于与他人合作，在团队中的利益面前能做到适当的妥协；决策执行维度是指用人单位希望从业人员能够认真负责，分清工作任务的轻重缓急，并且能够安排得井井有条，考虑问题要细致周全，并能够高效执行。三个维度下的岗位胜任力如表6-3所示。

表6-3 三个维度下的岗位胜任力

维度划分	自我成长	人际交往	决策执行
岗位胜任力	卓越性、坚韧性、主动性、适应转变、思辨学习能力、抗压能力	沟通能力、团队合作、影响说服力	认真负责、严谨细致、规划安排、高效执行

大学生了解企业岗位胜任力既是提高大学生就业率的有力手段，又是制定大学生职业生涯规划的依据。大学生可以以此目标为导向，学好专业技能，积极参加社会实践活动，锻炼实践能力，为未来职业发展做好准备。

（三）了解职业的内容

一般来说，大学生可以从以下几个方面了解职业的内容。

1. 工作性质

工作性质是指一个工作的属性和特点，涉及工作的内容、环境、职责和要求等方面。

2. 所要求的个体教育及培训

所要求的个体教育及培训包括个体准备进入该职业所需要的知识、进入该职业所需要的教育经历及工作经验等。

3. 所要求的个体资历及技能

所要求的个体资历及技能包括个体进入该职业所需要的技能、教育经历及技能证书等。

4. 薪酬收入及福利

薪酬收入及福利包括该职业的平均工资、最高工资水平、医疗保险和退休金等。

5. 工作条件及时间长度

工作条件及时间长度包括物质条件、工作环境、工作的地理位置、工作时间的长短和加班情况等。

6. 该职业中从业人员的典型人格特征

该职业中从业人员的典型人格特征包括该职业在职业环境中大多数人的人格特征、年龄范围和男女比例等。

7. 就业和发展前景

就业和发展前景包括就业趋势、晋升空间、晋升平均时间、该职业的稳定性和发展前景等。

8. 个体从该职业中获得的满意度

个体从该职业中获得的满意度是指该职业体现的价值（收入水平、安全感、成就感、独立性、创造性、休闲时间和社会地位等）是否符合自身的价值观。

9. 工作组织的类型

工作组织的类型是指工作单位的性质，如企业单位、事业单位或政府机关等。

10. 对于个体的利弊

对于个体的利弊，即该职业的有利条件和不利条件，如个体最喜欢该职业的原因，对于不喜欢的地方如何克服和避免等。

探索的方法与技能训练

工作世界的信息是个体就职择业的基础和起点，关系到求职择业最终能否实现。在求职过程中，个体搜集的信息越及时、越全面、质量越高，求职的主动性和把握性就越强。因此，大学毕业生在开始求职之旅时，首要环节就是关注工作世界的信息，并且逐步培养自己搜集、整理加工、储存以及运用信息的能力，为成功求职做好充分的准备。下面介绍几种探索工作世界信息的方法。

一、形成自己预期的职业库

很多大学生不知道如何进行工作世界的探索，其中一个很重要的原因就是工作世界的信息浩如烟海，根本不知道从哪里入手，更谈不上如何搜集。如果工作世界的信息有一个探索范围，则会容易得多。

大学生可以从自己所学的专业入手，再结合自己的兴趣，列出与自己专业相对应或相关的职业，帮助自己初步形成一个探索的范围。此外，大学生心中有自己的理想职业，可以通过头脑风暴的形式把它们列出来。这样就获得了一份职业清单，看看这些职业的共同点是什么，这样做可以启发大学生更多地探索适合自己的职业。之后，大学生可以结合自己的能力和价值观再次从职业清单中进行筛选，最终就得到个体预期的职业库。

◀ 预期职业库实例 ▶

有一名模具设计与制造专业的学生，他的专业成绩优异，在班级担任学习委员，在校学生会任管理部部长一职。临近毕业，他却难以决定具体选择什么工作。教师与该学生沟通，并对他进行职业测评。测评显示，他的兴趣探索的结果是管理型与现实型占主导。管理型的人适合从事需要胆略、冒风险和承担责任的活动，即管理、决策方面的工作。而现实型的人比较适合从事有明确、具体分工的，并有一定程序要求的技术型、技能型工作。性格探索的结果显示该学生的性格是ESFJ，这种性格特点是乐于助人，能够积极给予他人关注和关怀，机智、富有同情心、注重秩序，适合友好、稳定和讲求规范的工作环境。能力探索的结果显示该学生的管理能力、动手操作能力和交际能力较强。工作价值观探索的结果显示该学生重视创造和服务；希望用自己的能力去创建属于自己的公司、产品或者服务，而且愿意冒风险，并克服障碍；相信自己，并有很高的动力去证明自己的创造力，工作中要求有一定的权力和自由，可以不断去创造；希望工作能够创造价值，能够帮助他人，改善人们的生活或者解决安全问题，使生活更美好。

从该学生的职业探索结果我们可以看到，他学的是模具设计与制造专业，这个专业注重培养学生的实践操作能力；从能力角度分析，他的管理能力、动手能力特别强；从他的兴趣角度分析，他比较喜欢管理和领导他人，同时也喜欢动手操作；从他的性格角度分析，他乐于助人，愿意给予他人帮助和关怀；从职业价值观角度分析，他注重创造和服务大众。

由上面的分析，初步确定适合这名学生的职业首先应该具有与人打交道、能够领导和帮助他人的特点；其次，还要有技术性、创造性等特点。由此，这名学生可以列出或搜索一些符合这些特点的职业，如企业技术管理人员等。

（作者根据网络资料整理）

≪练习6-8≫

建立你的预期职业库

请你结合所学专业和自身特质建立自己的预期职业库(如表6-4所示)。

表6-4 预期职业库

我的专业：		
与我的专业对应或相关的职业：		
	自我描述	匹配职业
我的职业兴趣		
我的性格偏好		
我的职业技能		

单元六 走进丰富多彩的工作世界

续表

	自我描述	匹配职业
我的工作价值观		

我的预期职业库(想继续探索的职业清单)：

二、用职业分类的方法帮助自己探索工作世界

从复杂的工作世界中挑出有价值的信息，这是一项艰巨的工作。即使大学生形成了自己的职业库，但到底有哪些工作可能和职业库得出的职业特点相符合，也是困扰大学生的一个问题。如果大学生能按照一定的规则将职业进行分类，就可以轻松地找到和这些特点相关的工作。

◀练习6-9▶

对预期职业库中的职业进行分类

请你运用工作世界地图或《职业分类大典(2022年版)》的分类方法为自己在练习6-8中建立的预期职业库中的职业进行分类。

_____
_____
_____

三、职业生涯人物访谈

职业生涯人物访谈是职业生涯规划中经常运用的一种重要方法，大学生通过与一定数量的职场人士(通常是自己感兴趣的职业从业人员)会谈而获取关于一个行业、职业和单位信息。通过访谈，大学生能够验证搜集到的静态资料信息的准确性，了解从业人员

的工作经验,也能够获得求职方面有价值的建议。实际上,职业生涯人物访谈是一次间接、快速的职业工作感受,大学生可按如下流程操作：

（一）明确访谈的目标职业

大学生进行职业生涯人物访谈的目的,一是利用这种途径检验以前通过其他方式所获取的职业信息是否正确和及时,二是可以全方位地了解从业人员在自己所探索的职业中真实的工作感受,而这些信息是在其他职业信息文献里很难找到的。因而大学生在访谈前应该对自己有一个比较全面的认识和了解,依据自我探索的结果并结合个人实际,确定访谈的目标职业。

（二）寻找合适的访谈对象

职业生涯人物访谈的对象一般是从事相关职业的资深人员或至少工作三年以上的从业人员。为了防止访谈中的主观影响,大学生应该至少访谈两个人,例如,既可以访谈成绩卓然者,也可以访谈默默无闻者。

（三）了解访谈对象的背景资料并设计访谈问题

大学生在访谈前搜集访谈对象所在行业和组织的背景资料,依据查阅结果,将找不到答案的问题作为访谈的主要内容,设计访谈问题。

（四）预约并实施采访

预约方式可以选择电话、微信、QQ、电子邮件等,其中,电话预约的方式最好。大学生在预约访谈对象时首先介绍自己,同时阐明访谈目的,交代访谈时长（一般为 30 分钟）,确定访谈时间和地点。访谈方式可以是面谈、电话采访、微信或 QQ 等。

在访谈时,大学生应明确访谈的目的是收集供职业生涯决策的信息,而不是利用职业生涯人物来找工作,以免让对方为难。

建议大学生在正式的访谈前,至少做两件事情：一是为自己准备一个简短的自我介绍,在访谈过程中,访谈对象可能问大学生的职业兴趣和目标,精彩的自我亮相对于访谈的顺利进行非常有帮助；二是对需要提出的问题做一些准备,这样有助于访谈深入地进行,取得较高的效率。

访谈结束后,大学生可以依据访谈对象给予的建议亲自体验,并将践行结果以感谢信的形式反馈给访谈对象,表达自己的感恩之情,这样能够有效保持大学生与访谈对象之间的情感。

◁ 练习 6-10 ▷

职业生涯人物访谈

请同学们利用课余时间,采访两三位职业目标人物,根据下列职业目标人物生涯访谈提纲,制作职业目标人物生涯访谈记录（如表 6-5 所示）。

您是如何找到这份工作的？

您的工作岗位主要负责什么？

这份工作需要具备什么样的知识、技能和经验？

对于您的工作岗位来讲，您认为什么样的个人品质或能力是最重要的？

您通过什么渠道提升自己？您参加过哪些培训和继续教育？

您的职业晋升路线是怎样的？

您是如何看待这份工作的发展前景的？

您对目前的工作是否满意？

对于您的这份工作，您最喜欢的是什么？最不喜欢的是什么？

您觉得比较有成就感的是什么？

这份工作的薪资结构是如何设定的？

单位为新入职员工提供哪些培训？

如果要在这个职业中取得成就，您觉得最重要的是什么？

如果我进入这个领域，您会给我哪些建议？

表 6-5　职业目标人物生涯访谈记录

访谈对象基本情况

姓名：_____　性别：_____　毕业学校：_____

所学专业：_____　工作单位：_____

联系方式：_____

访谈人基本情况

姓名：_____　班级：_____　访谈时间：_____

访谈内容：

访谈收获：

四、利用工作世界信息表进行分析

对于大学生来说,选择了自己喜欢的专业,也比较认可自己将来可能工作的专业领域,但是职业或具体的工作岗位又有很多选择。比如,一名旅游英语专业的学生,将来的工作可能是在大城市做导游,也可能在小城市当一名幼儿园的英语教师,还可能自己创业。因此,大学生还面临着一个必须解决的问题——将来要到哪里施展自己的技能呢?不同职业、不同工作岗位的工作性质不同,对劳动者技能的要求也不同。大学生进行职业生涯规划的一个目的就是获得一份适合自己的工作。那么,适合自己的工作是什么样的?应该是自己有能力做好,又比较喜欢,同时能从工作中获得满足感的工作。大学生要获得适合自己的工作,就需要全方位地了解职业。

◀ 练习 6-11 ▶

工作信息调查

请你结合练习 6-8 中建立的预期职业库,以及练习 6-10 中的职业生涯人物访谈收获,完成表 6-6。

表 6-6 工作信息调查分析表

序号	项目	具体信息
1	工作性质	
2	所要求的个体教育及培训	
3	所要求的个体资历及技能	
4	薪酬收入及福利	
5	工作条件及时间长度	
6	工作组织的类型	
7	该职业中从业人员的典型人格特征	
8	就业和发展前景	

续表

序号	项目	具体信息
9	从该职业中获得的个体满意度	
10	该职业的发展路线	
11	该职业对自己的生活方式的影响	
12	对于个人的利弊	
13	信息来源	

◀ 练习 6-12 ▶

调查目标企业

请你对目标企业进行调查，并填写表 6-7。

表 6-7 目标企业调查

调查项目	主要信息
企业文化	
企业性质	
企业规模	
经营范围	
经营地址	
组织机构	
入职标准	
领导者特征	

五、职业体验

职业体验,即大学生在用人单位参加的社会实践和实习活动。职业体验可以让大学生尽早接触社会,开阔自己的视野,学以致用,更有利于大学生了解工作单位的文化、工作情况和工作要求。职业体验具有全面性、准确性的特点。大学生应充分利用寒暑假和业余时间开展社会实践和实习活动,适当做兼职,并通过社会实践与实习活动,充分展示自己的优势,提升自己的薄弱环节。同时,大学生应了解就业形势、行业发展情况、职业发展机会、用人单位的职位需求信息以及内部管理等信息,为自己的职业选择及择业竞争奠定良好的基础。

◀ 练习 6-13 ▶

进行职业体验

请你利用业余时间完成职业体验,并以报告的形式提交(如表 6-8 所示)。

表 6-8 职业体验总结报告

姓名:	性别:	所在学校:
所学专业:		实践单位:
实践时间:		单位电话:
实践内容:		
实践总结和收获:		
实践单位评语:		

六、搜集职业信息的方法和途径

大学生可以通过多种途径来获取工作世界的信息,需要比较和甄别各种来源的信息。每个信息渠道各有特点,在搜集信息的过程中,大学生要结合自己的实际情况,尽量选择适合自己的渠道。当然,大学生在获得大量的职业信息后,需要对信息进行处理,处理这些信息的主要工作是去伪存真。大学生要遵循"适合自己的才是最好的"原则,结合自己的兴趣、爱好和能力等条件对信息进行筛选。

(一)社会关系网络

各种社会关系是一个非常有效的获得职业信息的渠道。大学生可以通过家庭成员、亲友、师长和校友等关系,建立一个广泛的就业信息社会关系网络。通过社会关系网络搜集到的就业信息一般都比较可靠和及时,针对性强,价值也相对比较高。

(二)传统媒体

报纸、广播、电视和杂志等传统媒体是搜集就业信息的传统渠道,一般都会定期或不定期发布招聘信息。大学生通过这些传统媒体,可以很容易掌握就业政策、行业现状、职业前景、用人单位性质和所需人才条件等大量职业信息。大学生最好是对感兴趣的、符合自身需求的招聘信息进行仔细研究和翻阅。这种探索方法的缺点是信息内容有限,无法深入了解用人单位的背景及相关信息。

(三)学校就业指导中心

学校的就业指导中心是联系毕业生与用人单位的桥梁与纽带。学校的就业指导中心是大学生获取用人单位信息的主要渠道,提供的信息无论是数量还是质量,都有明显的优势。学校的就业指导中心与各部委和省市的毕业生就业主管部门及用人单位有着密切的联系,在那里汇集了大量的就业政策与形势、就业法规信息、行业信息、招聘活动信息及社会需求信息等。

(四)网络

网络是我们工作和生活中不可缺少的部分,各类招聘信息在网络中极易查找,许多大中城市中的部分用人单位已基本实现网上招聘。通过网络,大学生不仅可以了解国家出台的相应政策、统计数据和供求信息,还可以了解一些公司的服务宗旨和组织文化等。网络查询最大的优势在于,即使求职者身在异地也能获得大量工作信息及就业机会。当然,网络中也充斥着各种虚假的、过时的垃圾信息,大学生需要鉴别。大学生可以登录国家大学生就业服务平台(https://www.ncss.cn)查询信息。

(五)各地的人才市场

人才市场是专门为人才流动提供服务的一个常设机构,一般由当地人力资源和社会保障局主管。人才市场的主要任务是搜集和发布人才需求信息,为用人单位和个体提供查询服务。人才市场属于横向搜集资源的渠道,所搜集的职业信息量较大。而且,人才市场与各大型企事业单位及其他用人单位常年保持着密切的联系,可为高校和大学生提供查询服务,大学生可以通过人才市场来了解职业和目标岗位。当大学生到人才市场查询相关职业信息时,要选择那些信誉度高、专业性较强的机构,它们提供的信息比较准确可靠且有参考价值。

（六）供需见面会

各地毕业生就业主管部门和高校单独（或联合）举办的毕业生供需见面会，在较短的时间内汇集了众多的用人单位和大量的需求信息，有一定的针对性和很强的时效性。大学生参加供需见面会，可以直接与用人单位进行交流，获取丰富而全面的职业及人才需求信息，同时还可以锻炼自己的口才与胆识，积累一定的求职经验。

七、职业环境分析的技巧

（一）对社会环境的分析

社会环境分析是指对所处的社会政治环境、经济环境、法治环境、科技环境和文化环境等宏观因素的分析。

（1）分析的主要内容有：国家的社会政策，特别是大学生就业政策是怎样的？社会的变迁对人才提出了哪些更高的要求？人们的社会价值观到底发生了哪些变化？教育条件、教育水平和社会文化设施如何？国家的经济增长率情况如何？经济建设的重点是否转移？国家的经济发展战略如何？经济结构是否发生了转变？劳动力供求状况如何？产业结构和产业政策如何？市场潜力如何？国家的政治环境在哪些方面有利于大学生择业？

总体来说，我们现在处在一个非常好的宏观环境中，社会安定、政治稳定、经济发展迅速，并与全球一体化接轨；法治建设工作不断完善，文化繁荣自由；尖端技术、高新技术突飞猛进。在这个大前提下，我们特别需要注意的是职业环境的变化。

（2）分析的主要方法有：① 通过网络了解；② 通过访谈职业生涯人物了解情况。

（二）对行业环境的分析

行业环境分析包括对目前所从事的行业和将来想从事的目标行业的环境分析。

（1）分析的主要内容有：即将踏入的行业发展现状如何？国际、国内发生的重大事件是否影响该行业的发展？目前，该行业发展的优势和劣势是什么？该行业的发展趋势如何？该行业的社会地位如何？从事该行业需要什么素质和资格证书？

（2）分析的主要方法有：① 到企业一线去了解；② 通过网络了解；③ 通过企业招聘信息分析；④ 通过行业杂志和报纸了解。

◀ 行业环境分析实例 ▶

在我国，现代畜牧业是一个朝阳产业，正在加快集约化、标准化和专业化的步伐，畜牧业已成为发展农村经济、建设小康社会和构建社会主义新农村的重要内容。现代畜牧业的研究对象涵盖畜禽生产、动物检疫检验、兽药生产与营销、饲料生产与营销、畜产品精加工、企业经营管理、对外贸易等产业链的多个领域，尤其面向都市的"宠物经济"以及关注健康、关注食品安全的畜产品质量管理等专业很受欢迎。

(作者根据网络资料整理)

（三）对企业环境的分析

企业环境一般包括单位类型、企业文化、发展前景、发展阶段、产品服务、员工素质和工作氛围等。首先，大学生要确定自己适合什么样的企业文化和环境，从而找到真正适合自己要求的企业。

(1) 分析的主要内容有：即将选择的企业类型是什么？企业的文化理念是什么？即将选择的企业的工作氛围如何？发展前景如何？企业处于哪个发展阶段？企业的发展实力如何？社会地位和声望如何？企业的领导和员工素质如何？企业是否有战略眼光和相应的措施？企业的制度，如管理制度、用人制度、培训制度等如何？

(2) 分析的主要方法有：① 到企业参观和调研；② 到企业实习和兼职体验；③ 到招聘现场观察。

◁ 练习6-14 ▷

测试：了解自己适合哪个发展阶段的企业

【选项】
1. 我希望进入一家薪酬一般但稳定性高的企业。
2. 我希望进入一家能重用年轻人的企业。
3. 我希望进入一家以实力决定待遇的企业。
4. 我希望进入一家能让我充分学习的企业。
5. 我希望进入一家环境稳定、从事新项目开发工作的企业。
6. 我希望进入一家自己喜欢而且待遇又高的企业。

【参考答案】

选择"1"的人，适合进入成熟期的企业。

选择"2"的人，这个愿望恐怕很难在企业中实现，但可以尝试开发期或成长前期的企业。

选择"3"的人，适合进入成长前期的企业。

选择"4"的人，适合进入开发期或成长前期的企业，这样有机会学到所有工作的实务。

选择"5"的人，可以考虑成熟期企业的策划部门或开发部门。

选择"6"的人，可以考虑自行创业。

（四）对岗位环境的分析

岗位环境分析，是指对岗位在社会大环境中的发展状况、技术含量、社会地位和岗位需求等进行的分析。

(1) 分析的主要内容有：岗位名称、岗位属性、岗位所要求的基本能力结构（包括学历、资历、经验、品质、个性等多方面因素）、岗位的薪酬标准以及晋升路线等。

(2) 分析的主要方法有：① 到企业参观和调研；② 到企业实习和兼职体验；③ 到招聘现场观察；④ 通过访谈职业生涯人物了解情况。

◀ 岗位环境分析实例 ▶

(1) 分析的工作岗位是销售（饲料）。

(2) 工作内容

① 及时了解企业内部情况，如报价、产品变动等；

② 帮助企业内部及时收集销售情况，如客户资料、客户投诉等，为企业决策提供重要信息。

(3) 工作要求

① 热爱营销行业，喜欢从事营销工作；

② 能承受一定的工作压力；

③ 对饲料行业有一定的了解，口齿伶俐，善于表达。

(4) 发展前景：农、牧、副、渔业生产的迅猛发展是我国改革开放的巨大成就，在国民经济中占有重要地位。与此同时，各种动物疫病的发生也成为一个不容忽视的问题。近年来，农业农村部不断要求各部门重视养殖业的发展，这也间接地说明畜牧兽医就业前景是无限广阔的。

（作者根据网络资料整理）

（五）对地域（城市）环境的分析

(1) 分析的主要内容有：即将前往的城市具有优势和发展前景的行业是什么？即将从事的行业市场需求如何？城市发展的经济实力如何？城市的文化氛围、医疗条件如何？城市生活满意度如何？

(2) 分析的主要方法：① 去城市亲自调查；② 通过访谈职业生涯人物了解情况。

成功者的足迹

获得更多的职业知识

在你决定投身某一项职业之前，请先花几个星期的时间，对这项工作做一番全盘的认识和了解。如果你想快速达到这一目的，可以拜访那些在这个行业干过一二十年甚至更久的人。与他们进行会谈能对你的未来产生深远的影响，对此我有深刻的体会。

与杰克(某律所资深律师)相遇后,我的职业生涯面临重新选择,我曾就职业问题请教过他,这些对我的人生选择起了至关重要的作用。事实上,如果没有杰克的教诲,实在难以想象我的人生将变成什么样子。

时下,许多年轻人常常通过表面现象来判断一种职业的好坏。当他们看到某个职业很风光、看到从事这个职业的人收入水平比自己的更高时,自己的价值取向就开始动摇了——当人们无法真实了解自己的内在需求时,外在的东西就会注入其中。

解决问题最合理的方法是更广泛地搜集信息,更深入地了解职业内部规律,更切实地了解职业对个体能力素质的种种要求。

有些人在选择第一份职业时,显得过于草率,他们甚至根本没有了解这份职业所包含的内容。他们不是从职业的角度,而是从旁观者、消费者的角度来理解的。他们对职业的理解往往停留在想象中,想象职业带来的浪漫和刺激,想象工作过程中那种激情。

就像你买一件衣服之前要试穿一样,在选择一份工作之前,一定要从内部完整地了解这份职业,再决定自己的取舍。因此,当你找到自己感兴趣的职业并且在心理上接受了它之后,应该向你所能接触到的并且正在从事这份职业的人提一些问题:

——现在的职位需要承担什么样的责任和义务?

——每天的工作内容大概是什么样的?

——这份工作要求个体做怎样的配合(如一周的工作时间、压力、工作的复杂性和人际关系等)?

——您的工作变化性大吗?例如,与昨天、上个星期或上个月相比较,您做了哪些不同的事情?

——您的同事都是一些什么样的人?

——这个领域的成功人士必须具备什么样的专业知识?普通员工需要什么样的专业素养?

——根据您注意到的,这个行业的佼佼者都具备了什么样的人格特质?

——这份工作需要具备什么样的技术、能力以及资格(如教育程度、专业训练、经验、证书或执照等)?

——刚进入这个领域的新人的底薪是多少?

——工作的未来发展趋势如何?可能有怎样的变化?

——当经济形势低迷时,用人单位是不是仍然需要像您这种具有专业经验的人才?

也许你得到的是一些不利的消息,例如人们会告诉你:要从事这份工作,你必须有一个硕士学位和十年以上的相关工作经验。但是,你不要被这些说法迷惑,而是应该寻找一些例外的情况,了解是否有获得硕士学位,却没有十年以上工作经验的人也成功地进入了这一职业。

我认识一位年轻人，他渴望成为一名建筑师。他在做出最后决定之前，花了几个星期的时间拜访自己所在城市的建筑师，并且给一些著名的建筑师写信，向他们询问以下问题：

——如果生命能重新开始，您愿意再做一名建筑师吗？
——在认真评估我之后，您是否依然认为我具备成为一名优秀建筑师的素质？
——建筑师这一行业是否已经人满为患？
——在我学习了四年的建筑学课程后，找工作是否困难？
——如果我的能力属于中等，工作的前五年，我可以赚到多少钱？
——当一名建筑师的好处和坏处是什么？
——如果我是您的儿子，您愿意继续鼓励我做一名建筑师吗？

也许你不像这个年轻人一样勇敢，过于害羞以致不敢单独去见那些"大人物"，那么我建议你找一个同龄人一同前往，增强自己的信心；或者可以请求你的家人和你一同前往。我们应该树立这样的信念：你向他人请教，从某种意义上是给予他荣誉。许多成年人都喜欢向年轻人提出忠告，相信你所请教的人也会很乐意接受你的拜访。

如果你写信给五位建筑师，他们因为太忙而无暇见你（这种情形一般不多见），那么你就再找五位建筑师拜访。总会有人愿意见你，给你一些建议，这些建议或许可以使你免除种种忧虑。

请记住，你是在做出自己生命中最重要且影响最深远的一项决定。因此，在你采取行动之前，多花点时间探求事实真相。

如果你不这样做，在余下的生命中，你可能后悔不已。

（作者根据网络资料整理）

课后任务

1. 请你基于自己的兴趣、性格、价值观和技能等方面，列出你想要继续探索的职业清单（不少于五个），并将你通过职业生涯人物访谈等方法了解到的相关职业信息填入表 6-9 中。

表 6-9　备选职业清单

项目序号	目标岗位	所需教育与培训	工作任务与职责	所要求的技能	发展前景	薪酬收入及福利	特殊要求
1							

续表

项目序号	目标岗位	所需教育与培训	工作任务与职责	所要求的技能	发展前景	薪酬收入及福利	特殊要求
2							
3							
4							
5							
6							
7							
8							
9							
10							

2．请完成如表 6-10 所示的行业分析报告。

行业是职业的背景，职业的发展与行业的前景息息相关。请围绕下述问题进行调研，完成行业分析报告。

（1）你关注的行业现在有什么样的国家政策？将来可能会有什么政策？该行业的现状与发展前景如何？

（2）你关注的行业现在需要什么样的人才？将来需要什么样的人才？需要多少人才？市场上的人才供给情况如何？有哪些具体的用人要求？

（3）你关注的行业中有哪些标杆企业？这些企业的产品或服务有什么动向？企业的文化和择才标准是什么？

（4）你关注的行业目前的薪酬状况如何？

表 6-10　行业分析报告

姓名　　　　　　　　专业　　　　　　　　　　时间

项目	分析
行业现状与发展趋势	

续表

项目	分析
国家政策影响	
行业人才需求与要求	
典型企业动向	
行业薪酬	

单元七
如何做出你的职业决策

【课前小调查】

1. 在做出重大决策前,你是否会搜集较多的信息?(　　)
   A. 会　　　　　B. 不会　　　　　C. 不确定
2. 在生活中遇到重大事件时,你是否常常在做出决策后又后悔?(　　)
   A. 会　　　　　B. 不会　　　　　C. 不确定
3. 每个人都有自己的决策风格。下面哪句或哪几句比较符合你在重大事件上通常采用的决策方式?(　　)。
   A. 经常拿不定主意　　　　　　　　B. 先决定下来,以后再考虑后果
   C. 凭感觉,感觉对就好　　　　　　D. 常常会拖延
   E. 该怎么样就怎么样,不用考虑太多　F. 大家都这样,我就跟着吧
   G. 一想到要做决定,我就害怕　　　H. 深思熟虑后再做决定
4. "我所选择的职业应该让我的家人、亲友感到满意。"你是否认同这句话?(　　)。
   A. 认同　　　　B. 不认同　　　　C. 不确定
5. 你是否清晰地认识到自身和环境中存在的有利于职业发展的优势?(　　)。
   A. 是　　　　　B. 不是　　　　　C. 不确定

【认知目标】

1. 认识到职业生涯决策在职业生涯规划中的重要性,辨认自己在重大问题上的决策风格及存在的问题,并愿意以开放的心态不断调整自己对自我和外部世界的认识;
2. 认识到为了获得未来良好的职业发展,自己必须独立做出职业生涯决策,并愿意对自己所做的决策负责。

【技能目标】

1. 掌握职业生涯决策的方法、步骤以及技能要点,能运用生涯决策平衡单和SWOT分析法进行科学的职业决策;
2. 能运用职业生涯决策理论反思自己的职业生涯决策过程,并反复调整;
3. 在实际的工作和生活中,要养成良好的科学决策行为习惯。

【完成任务】

完成附录——大学生个人职业发展档案。

HR助力规划职业生涯

大学生在规划未来职业生涯时,必然会面临一个重要问题——如何做出契合自身发展的职业选择。这一抉择过程不仅左右着个体职业发展的走向,更与个体长期的幸福感、成就感紧密关联,直接影响其人生价值的实现。

首先,大学生可以借助霍兰德职业兴趣代码,深度洞察个人兴趣与性格,将其与自身技能及秉持的价值观相结合,科学确立职业方向。其次,大学生可以设定具备明确性和可操作性的职业发展目标:短期以斩获某领域入门级经验或技能资质认证为要;长期着眼于规划成为行业权威专家或管理精英的成长路线,使各阶段目标与整体职业规划在逻辑上紧密契合。再次,大学生可以基于详尽分析,罗列出切实可行的职业选择,从职业前景、工作与生活的协调性、地域契合度、深造机会等核心层面,对各选项进行优劣势评估。最后,大学生可以运用决策矩阵对不同方案展开有序对比,从而做出效用最大化的职业选择。

职业选择是一个贯穿职业生涯始终的持续进程。大学生可借助自我评估明晰自身优劣势,通过目标设定锚定职业方向,凭借市场调研洞悉行业态势,经过利弊权衡筛选合适路径,进而做出明智决策。此外,大学生主动寻求外界资源助力、扎实积累实践经验、灵活调整以适应变化,以及有条不紊地做好求职准备工作,都将极大地提高其在职业选择中的成功概率。

问题的提出与重要性

一、职业生涯决策的含义

职业生涯决策简称"职业决策"。美国心理学家杰弗里·H.格林豪斯等人认为职业决策是个体一生中必然要面临的重要决策,是指个体对自己将要从事的职业做出选择,即按照劳动力市场上的需要,对现存的职业进行比较后选择最适合自己的劳动能力与就职条件,使个体的劳动能力与劳动岗位相匹配。《大辞海》将职业决策定义为,人们根据自身特点和社会需要作出职业方向选择的过程。内容包括:个人价值的探讨和澄清;关于自我和环境资料的使用;谋划和决定(即决策)过程的研究。

职业决策是确定并实现职业目标和职业方向的过程。如果想了解职业决策,就要充分理解它所包含的三层含义。

(一)职业决策的重要性

职业决策是人生的重大决策之一,它聚焦于个体依据自身个性特质,对工作岗位类别进行筛选与确定。对于大学生而言,职业决策是其从"学生"身份向"职业人"转变的核心环节,标志着人生价值实现的起点。通过精准的职业决策,大学生能够为未来的职业生涯奠定坚实的基础,从而开启通往职业成功与个人成长的大门。

（二）职业决策的优化统一过程

职业决策并非孤立的个体行为,而是个体因素与职业因素相互融合、优化统一的过程。不同个体拥有独特的职业目标,而各类工作岗位也对劳动者有着不同的选拔标准。在进行职业决策时,大学生需要全面考量自身性格、兴趣、气质、技能及价值观等个体信息,同时兼顾生活、教育、休闲等多方面因素。在此基础上,大学生还要借助职业生涯规划的知识与技能,对个体因素和职业因素进行深度整合与优化,从而做出明智且有效的职业决策,实现个体与职业的完美契合。

（三）职业决策的妥协与调适过程

理想与现实之间往往存在差距,职业决策也不例外。每个人心中都怀揣着职业理想,但在实际选择过程中,大学生必须在职业理想与客观现实之间寻求平衡,做出必要的妥协。这不仅是对"我与职业"关系的科学分析与合理调适,更是对自身职业选择的高度认同。通过这一过程,大学生能够为未来的职业发展构建广阔平台,使个人职业规划与现实环境相适应,稳步迈向职业成功之路。

二、职业决策的重要意义

选择一种职业就等于选择了一种生活。职业活动中任务的性质、合作伙伴的群体特质以及职业给我们带来的社会地位等,都会对我们的生活产生深刻的影响。这种影响不仅体现在职业活动中,还体现在我们的日常生活中。对于众多职场人士而言,同事关系往往构成其社交网络的核心组成部分。职业决策的重大意义有以下几个方面。

（一）助力个体理性选择职业与岗位

在现实生活中,许多人在深入了解自身个性因素和掌握大量职业信息后,仍面临职业决策的困惑。良好的职业决策能够帮助个体理性地选择职业和工作岗位,从而提高职业满意度和竞争力,增加职业发展机会,减少职业压力和焦虑,最终实现个体的职业目标。个体在做出职业决策时,需要综合考虑自己的兴趣和能力、市场需求等因素,同时善于收集信息、咨询专业人士,并根据个体经验和发展机会不断调整和优化职业路径。

（二）实现个体与职业的双向优化配置

在制定职业决策的过程中,人职匹配是关键。根据霍兰德职业兴趣理论,人职匹配的理想状态是将人作为一种资源进行最优化配置。对于个体而言,找到最适合自己的职业发展道路,可以充分发挥个体潜能,实现自我价值。对于社会来说,每种职业都有最适合的人来从事,这不仅有利于社会分工的精细化发展,还能促进社会各领域的整体进步。

（三）帮助个体把握职业机遇

机遇往往稍纵即逝,一旦错过可能留下终身遗憾。良好的职业决策能够使个体更清晰地了解自己和职业市场,从而敏锐地捕捉职业发展机遇,并积极采取行动,实现职业发展和个体成长。个体要想做出良好的职业决策,需要通过多种方法和技巧来平衡风险和机会。例如,明确自己的目标和需求,分析利弊并考虑风险,寻找并利用机会,与他人交流并寻求建议,不断学习和提升自己,等等。这些方法和技巧能够帮助个体更好地做出职场决策,实现职业目标。

（四）促进个体的全面发展

良好的职业决策对个体的全面发展至关重要。它不仅可以促进个体的职业发展和个体成长,还能不断拓展个体的技能和知识,增强自信心和自尊心,培养社会责任感和参与意识,完善和发展人格,实现全面成长,等等。

三、不同的职业决策风格

◀ 练习 7-1 ▶

回顾你的高考志愿填报过程

通过回答以下五个问题,回顾你填报志愿的整个过程:

1. 你在填报志愿的时候,比较过哪些学校？考察了哪些专业？

2. 你在衡量比较学校和专业的过程中,都收集了哪些信息？

3. 你考虑了哪些因素,才填报了现在就读的专业？

4. 高考志愿是你自己做的决策,还是他人帮你甚至替你做的决策？你是否咨询过相关专业人士？

5. 在填报志愿期间,你的心情如何？是否为此感到焦虑？

没错,填报志愿相当于一次职业决策。

在回顾高考志愿填报决策的活动中,我们发现每个人在面对职业决策的时候,受个体的过往经验、知识、能力、性格和气质等多重因素的影响,都有自身独特的行为方式,这种独特的行为方式同样会表现在决策习惯中,这就是决策风格。

美国职业生涯专家苏珊娜·斯科特和雷金纳德·布鲁斯认为,职业决策风格是个体在后天的学习经验中逐渐形成的,他们将决策风格划分为以下五种。

（一）理智型

理智型决策风格强调周全探求和对选择的逻辑性评估。理智型决策者往往具备深思熟虑、善于分析和逻辑严密的特征,会评估决策的长期效用并以事实为基础做出决策。具备这类特征的决策者,在职业选择中往往会全面收集各类信息,在全面分析和比较各种机会之后,进行理智的思考和冷静的分析判断。相对来说,理智型决策风格是比较受到推崇的决策风格,但决策者也会出现因为害怕承担决策的后果而不能整合自己和他人观点的困扰。

（二）直觉型

直觉型决策风格以依赖直觉和感觉为特征，决策者比较关注内心的感受。直觉型决策者往往以自我判断为导向，在信息有限时能够快速做出决策，当发现错误时能迅速改变决策。由于决策者以个体直觉而不是以理性分析为基础，故这类决策发生错误的可能性较大。直觉型决策者容易造成决策的不确定性，使周围的人丧失对他们的信心。

（三）依赖型

依赖型决策风格以寻求他人的指导和建议为特征。依赖型决策者往往不能承担自己做决策的责任，允许他人参与决策并共同分享决策成果，会受到他人的正面评价，但也可能因为简单地模仿他人的行为导致负面的反应。依赖型决策者在选择职业时，往往无法单独做出决策，倾向于听取家人或朋友的建议，从而做出选择。

（四）回避型

回避型决策风格以试图回避做出决策为特征。回避型决策风格表现为拖延、不果断，决策者往往因为害怕做出错误决策而采取这样的反应。回避型决策者在选择职业时，往往是能拖就拖，拖到最后迫不得已再做出决定，这样往往容易导致机会的丧失。

（五）自发型

自发型决策风格以渴望即刻、尽快完成决策为特征。自发型决策者往往不能容忍决策的不确定性以及由此带来的焦虑情绪，是一种具有强烈即时性，并对快速做出决策的过程有高效率的决策风格。自发型决策者在选择职业时，常常会基于一时的冲动，在缺乏深思熟虑的情况下迅速做出选择，通常会给人果断或过于冲动的感觉。

综上所述，大学生在选择职业时需要意识到自身的决策风格及其可能带来的影响，增强自主规划意识和动机，从而最大程度地提高决策的质量和效率。

◀ 练习 7-2 ▶

你属于哪种职业决策类型？

请你判断下列表述是否与你相符。

1. 我会仔细检查我的信息来源，以确保在决策之前了解正确的事实。
2. 我会用一种逻辑化、系统化的方式来做出决策。
3. 我会根据我的直觉做出决策。
4. 我相信直觉会告诉我该做什么选择。
5. 如果没有与他人商议，我很少做出重要的决策。
6. 在做出重要决策时，我会采纳他人的建议。
7. 除非有很大的压力，否则我尽量不做出重要决策。
8. 我通常在最后一刻才做出重要决策。
9. 我经常做出冲动的决策。
10. 我经常受某一时刻的刺激而做出决策。

结果说明：与第1、2题相符者为理智型，与第3、4题相符者为直觉型，与第5、6题相符者为依赖型，与第7、8题相符者为回避型，与第9、10题相符者为自发型。你和哪种类型的题目匹配度最高？该列出符合的序号，序号对应的类型即你最倾向的类型(可以是两种及以上类型)。

（作者根据网络资料整理）

四、影响职业决策的因素

在进行职业选择的过程中，决策者除了要认真根据决策原则进行决策，还要正确对待影响职业决策的因素。决策者在决策过程中的心理状态是十分复杂的，有很多因素会影响他做出决策。所以决策者在进行职业选择时，要综合考虑以下几个方面的因素。

（一）个体因素的影响

1. 健康状况

健康是最具影响力的因素，几乎所有的用人单位对求职者的健康都有明确的要求。求职者的健康状况直接影响其职业选择和职业发展。

2. 个性特征与兴趣爱好

不同的气质类型和性格特征的人适合不同类型的职业。认识自己是成就自己的前提，只有具有从事某一职业所要求的性格特征的人，才能较好地适应这一职业。例如，医生需要具备认真、细致的性格特征；科研工作者需要有坚定、持之以恒的性格特征；等等。

人一旦对某份职业产生了浓厚的兴趣，就会热爱自己所从事的职业，对所从事的职业非常执着，并能充分发挥个体的聪明才智，坚定地追求自己的职业生涯发展目标。

3. 性别

虽然社会提倡男女平等，但性别因素在职业发展中起着十分重要的作用。在进行职业生涯发展决策时，人们要发挥自己的性别优势，从而选择适合自己的职业。例如，护理行业女生居多，建筑施工行业男生居多，等等。

4. 年龄

职业决策是一个发展的过程。在这个过程中，人作为一种生物，有自己独特的生命特征，对职业的看法和态度、对尝试机会的勇气、对胜任任务的能力和经验，在不同的年龄阶段有不同的表现。因此，不同年龄决策者对职业的选择和成功的概率也有所不同。

5. 所受的教育

一个人所受的教育程度和水平直接影响其职业的选择方向、成功的概率以及将来的职业发展。各种教育内容的相互交叉和渗透，可以促进个体整体素质的提高。因此，决策者应当认识到自己成长的环境与所受的教育对个性形成的影响，并通过主观努力，改变自身的不利因素，全面提高自身素质，为求职择业创造更加有利的条件。

（二）家庭环境因素的影响

家庭对个体的职业决策有很大的影响,影响方式主要体现在以下几个方面：

(1) 家庭的教育方式影响个体认识世界的观念；

(2) 家庭成员是个体最早观察和模仿的对象,这会使个体受到家人职业技能的熏陶；

(3) 家庭成员的价值观、态度、行为和人际关系等对个体的职业决策起到直接或间接的深刻影响。

（三）朋友、同龄群体因素的影响

个体价值观和处事原则的形成在很大程度上受到周围朋友、同龄群体的影响,而这会导致个体在工作价值观、工作态度和行为特点等方面的偏好发生一定的改变,从而影响自己的职业生涯。

≪ 练习 7-3 ≫

我该如何决策？

> 我叫小欣,来自农村。我的父母都是农民,初中文化水平,我还有一个上初中的弟弟。我考上大学的时候,家里欠下了债务,负担很重。为了减轻父母的负担,我特意向学院申请了勤工助学岗位。我现在即将毕业,本想继续求学,可是家里实在没条件帮助我了,半工半读也难以维持,只能选择参加工作。我的专业是旅游管理,听说导游收入不错,我现在的求职方向是导游。

请你结合前面所学的理论,帮小欣分析可能影响她进行职业决策的因素,让她摆脱困扰,以良好平和的心态进行职业决策。

_____

_____

_____

_____

（四）社会环境因素对职业决策的影响

在职业决策的过程中,社会环境因素扮演着至关重要的角色。这些因素不仅塑造了行业的宏观格局,还直接影响着个体的职业选择和发展路径。下面将深入探讨社会环境因素中的几个关键要素,以及它们如何影响大学生的职业决策。

1. 政策导向：行业的风向标

国家政策在很大程度上引导着各行业的发展方向。不同时期的就业政策反映了社会在该时期的特定需求,为人才资源的配置提供了明确的准则,同时也是大学生就业时必须遵循的基本规范。因此,大学生应积极利用各种信息渠道,如政府官方网站、行业报告、专业论坛等,密切关注各行业的发展态势,尤其是国家重点扶持和发展的行业。通过积累必要的政策信息和行业动态,大学生可以搭建起自己的信息导向平台,为职业决策提供有力的政策支持和行业洞察。

2. 社会需求:职业发展的动力源泉

社会需求是推动行业持续发展的根本动力,也是大学生在择业时必须重点考虑的因素。了解社会对各类职业的需求状况,是把握职业的市场前景和社会价值的重中之重。在选择职业时,大学生应深入研究目标行业的社会功能及发展趋势。这不仅有助于选择具有发展潜力的职业,还能确保职业选择符合规范要求,从而在职业发展中获得更多机会。

3. 城市环境:职业与生活的双重影响

城市的生活环境和文化氛围对行业的发展以及从业人员的职业生涯有着深远的影响。一个城市的文化底蕴、人文素质、市政建设等要素,不仅直接关系到人们生活的舒适度,还会影响企业的运营和发展。例如,不同城市的企业文化氛围各异,这会在人事管理、财务制度、员工培训与发展、薪酬待遇以及岗位轮换等方面形成独特的风格。因此,大学生在进行职业选择时必须综合考虑城市环境因素。他们需要结合自己的职业意向和生活要求,深入了解意向城市的经济状况、文化特色、教育资源、医疗水平、交通便利性等多方面的情况,从而做出更加全面和明智的抉择。

4. 机遇:职业决策中的意外之喜

机遇在职业决策中同样不可忽视。根据"职业发展机会评估模型",机遇的把握需要建立在对行业趋势的深度认知基础上。大学生应通过职业信息分析系统持续监测行业动态,参与标准化的职业社交活动,拓展专业人脉资源,系统提升职业胜任力。

理论的讲解与运用

本模块主要介绍描述性和规范性的职业决策理论。其中,描述性的职业决策理论包括职业决策历程和积极不确定的职业决策等;规范性的职业决策理论包括 PIC 模型、职业决策分析模式和认知信息加工等。下面主要介绍积极不确定的职业决策、职业决策分析模式和认知信息加工。

一、积极不确定的职业决策

盖拉特认为,个体应以积极乐观的态度面对职业决策中的不确定性。这种态度并非盲目乐观,而是基于对不确定性的深刻认知,依然怀揣对未来的坚定信心,同时保有直面挑战的无畏勇气。通过积极的心态,个体可以更好地应对信息不完整、情绪干扰、判断困难以及成功概率不明等情况,从而做出更加合理和适应性强的职业决策。盖拉特将职业决策过程细分为五个关键步骤,这为个体提供了一个清晰的操作指南。

(一)意识与目标设定

个体首先需要意识到职业决策的重要性,并明确决策的目的或目标。这一步骤要求个体对自己的职业期望、价值观和长远目标有清晰的认识,从而为后续的信息收集和方案评估奠定基础。

（二）信息收集与方案调查

在明确了目标之后，个体应广泛收集与目标相关的信息，并调查所有可能的方案。这包括对不同职业领域的市场需求、发展前景、工作内容、薪资待遇等多方面信息的收集，以及对各种潜在职业路径的探索。

（三）预测与概率估计

基于收集到的信息，个体需要进行预测，估计可能的选择结果以及结果出现的概率。这一步骤要求个体运用逻辑思维和数据分析能力，对各种职业选择的潜在后果进行评估，以便更好地权衡利弊。

（四）价值评估

个体应根据自己的价值体系，评价各种选择结果是否满足自己的需求。价值体系是个体在长期生活和学习过程中形成的。

（五）决策制定

最后，个体根据可能的结果及其价值评估结果，按照科学决策标准做出职业决策。这一步骤要求个体综合考虑前面四个步骤的分析结果，权衡各种因素，做出最终的职业选择。

盖拉特进一步将职业决策分为终极性职业决策和调查性职业决策两种类型。

1. 终极性职业决策

终极性职业决策与个体的目标或目的高度一致或紧密相关，是个体在充分考虑各种因素后做出的最终选择。例如，个体经过深思熟虑后决定成为一名医生，这就是一个终极性职业决策。

2. 调查性职业决策

与终极性职业决策不同，调查性职业决策还需要进一步的考察和验证。个体在做出这种决策时，可能对某些关键信息还不够确定，或者还需要更多的实践经验来验证自己的选择是否正确。例如，选择参加一个与目标职业相关的实习项目，以进一步了解该职业的实际工作内容和环境，就是一个调查性职业决策。最终，个体将通过不断探索和实践，逐渐将调查性职业决策转化为终极性职业决策。

盖拉特强调，职业决策是一个动态的过程，涉及信息的收集、过程的调整和再调整，以及行动的决定。在这个过程中，信息固然重要，但个体应对信息持审慎判断的态度，这样才能促使自己不断思考和探索，避免盲目跟从错误或片面的信息。

同时，个体需要改变对目标的态度，让目标保持动态调整的状态，而不是固定不变。这意味着个体要根据内外部环境的变化，随时对目标进行调整和再调整。这种灵活性可以使个体在面对新的信息、新的经验和新的价值观念时，能够及时调整自己的职业规划，从而更好地适应不断变化的职业环境。

盖拉特认为，职业决策应保持适度的弹性，这种弹性既是对过去与现在的反思，也具有适应变化和创造变化的双重作用。个体的独特性和完整性决定了他们在做出职业决策时不会简单地套用固定公式，因此结果往往具有一定的多样性。未来在职业上成功的人必须具备面对未来不确定事物的积极心态，思考如何驾驭信息，如何主宰自己的命运。

在实际应用中,这意味着个体在职业决策时,不仅要考虑当前的市场需求和个人兴趣,还要关注未来的发展趋势和潜在变化。例如,随着科技的快速发展,许多传统职业正在发生变化,新的职业领域不断涌现。个体需要具备敏锐的洞察力和适应能力,及时调整自己的职业规划,以应对未来的挑战和机遇。

二、职业决策分析模式

美国学者M.卡茨的职业决策分析模式包括决策者使用的三种系统:信息系统、价值系统和预测系统。卡茨特别强调决策者的职业价值观,他认为职业价值观是职业选择中知觉、需要及目标的综合。

卡茨认为职业决策主要包括以下几个重要环节:

(一)选择目标

选择目标是职业决策的开始,在整个职业决策过程中起着定向作用。选择目标是个体的职业期望,是个体对某项职业的追求和向往。职业决策的目的在于,个体选择一个最有利于自己的方案。

(二)收集和分析信息

正确的职业决策必须以全面而可靠的信息为依据,否则职业决策就是无本之木,无源之水。

(三)决策分析

决策分析是职业决策的核心,卡茨认为它包括以下三个阶段:

(1)预测系统阶段。在预测系统阶段,个体要列出方案并进行方案的可能性评价,同时也要认识到不成功或失败的风险。

(2)价值分析系统阶段。在价值分析系统阶段,个体要分析可能的方案是否与自己的职业目标或需要相符,进而形成对各种方案的选择倾向。

(3)确定标准阶段。在确定标准阶段,个体要客观分析各种职业的差异,正确评价社会因素,努力把符合社会需要的价值标准内化为自己的价值标准,指导自己的职业决策。

(四)实施决策

在实施决策阶段会出现两种职业决策结果:终极性职业决策和调查性职业决策。

值得说明的是,职业决策的各个阶段不是截然分开的,而是一个相互交叉、相互渗透、相互重叠地反复展开的有机联系整体。

职业决策分析模式包括以下几个步骤:

第一步:列出可供决策的若干个职业方案。

第二步:针对每个职业方案的回报进行优、良、中、差的评价,包括价值满足程度、兴趣一致程度、技能的施展空间等。

第三步:对每个职业的成功机会进行优、良、中、差的衡量,包括工作能力、必要的准备和职业规划。

第四步：将每个职业在"回报"和"机会"两个维度的结果呈现在"决策方块"上。

第五步：挑选出回报和机会乘积最大的职业方案，即具有最大期望价值的职业方案。

例如，如图 7-1 所示，某大学生经过个体需求分析和工作分析后，将可能获得的三种职业用 X、Y、Z 表示。其中，X 表示小学辅导教师，Y 表示导游，Z 表示酒店前台。

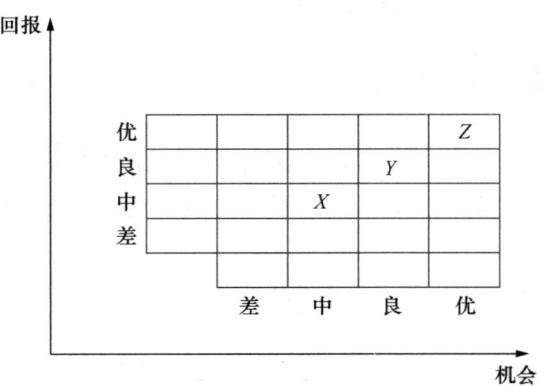

图 7-1　卡茨职业决策分析模式

卡茨职业决策分析模式强调职业价值观在职业决策过程中的影响，并将价值观数量化，进行精细的推算，故具有一定的实用性。

◁ **练习 7-4** ▷

卡茨职业决策分析模式的应用

你可以将职业的回报从三个方面综合衡量：价值满足程度、兴趣一致程度和技能施展空间。职业成功的机会可以从三个方面综合衡量：能力、准备和展望。

请你按照这种模式整理自己的职业探索，并与具体的职业挂钩，将结果标在图 7-2 中。

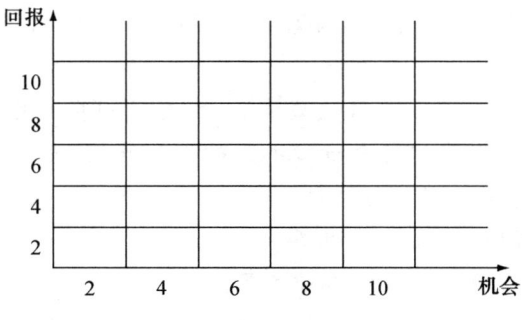

图 7-2　职业决策坐标图

三、认知信息加工

20世纪90年代初期,加里·彼得森、詹姆斯·桑普森和罗伯特·里尔登在合编的 *Career Development and Services：A Cognitive Approach* 一书中提出了职业决策的认知信息加工理论。该理论利用认知信息加工心理学关于问题解决的原理来改善职业生涯规划技能。该理论包含以下假设：

(1) 职业决策源于认知过程和情感过程的交互作用。
(2) 进行职业决策是一种问题解决活动。
(3) 职业生涯问题解决者的能力取决于他的知识和思维方式的有效性。
(4) 职业决策要求具有良好的记忆。
(5) 职业决策要求有动机。
(6) 持续进行的职业生涯发展是人们毕生学习和成长的一部分。
(7) 职业生涯在很大程度上取决于思维的内容和方式。
(8) 职业生涯的质量取决于人们对职业决策和职业生涯问题的了解程度。

认知信息加工理论关注的是如何进行职业决策。该理论认为个体的信息加工包括三个部分：知识领域、决策技巧领域和执行加工领域，它们按照信息加工的特性构成一个认知信息加工金字塔。

认知信息加工理论认为，知识领域相当于计算机的数据文件，可以进行存储。决策技巧领域相当于计算机的程序软件，可以对所存储的信息进行加工处理。执行加工领域相当于计算机的工作控制功能，可以操纵计算机按照指令执行程序。

认知信息加工理论可以应用到职业决策中，用认知信息加工金字塔模型来说明个体在职业决策中的信息加工过程，它们的关系如图7-3所示。

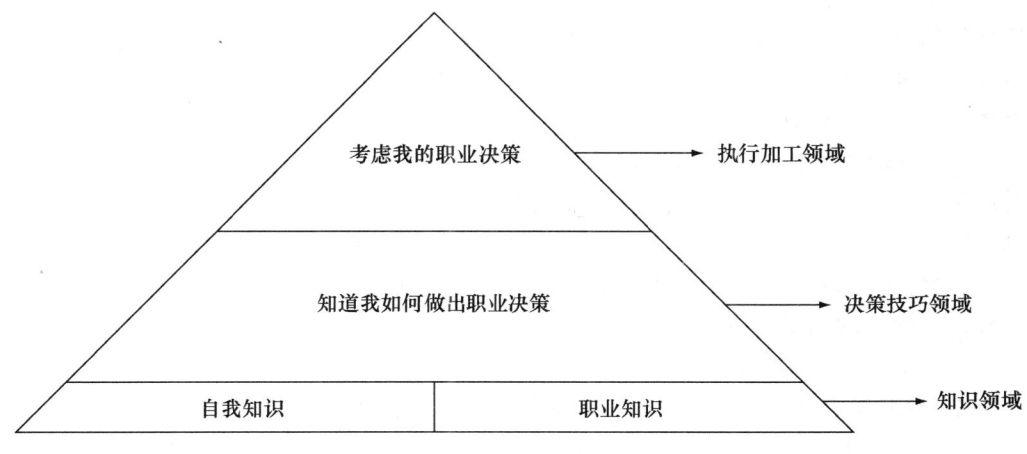

图7-3 认知信息加工金字塔模型

1. 知识领域

在认知信息加工理论中,知识领域位于金字塔的底部,包括自我知识和职业知识。

2. 决策技巧领域

在认知信息加工理论中,决策技巧领域位于金字塔的中部,包括沟通(Communication)、分析(Analysis)、综合(Synthesis)、评估(Value)、执行(Execution),缩写为CASVE。CASVE循环模型如图7-4所示。

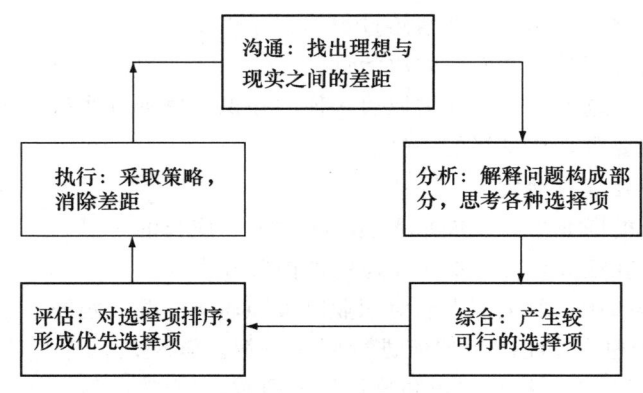

图7-4　CASVE循环模型

（1）沟通。在沟通环节,个体发现问题并提醒自己"我需要做出职业选择",启动一个CASVE循环。沟通包括内部和外部的信息交流,这种内部和外部信息交流的重要性在于,让个体意识到自己需要解决哪些问题,意识到理想和现实之间存在的巨大差距。通过内部的信息交流,个体可以发现自身的身心状态。例如,大学生在毕业找工作时,情绪上会出现焦虑、抑郁和受挫等反应,躯体上会出现疲倦、头疼和消化不良等反应。通过与外部的信息交流,个体能发现外界对自身产生影响的信息。例如,同班同学开始准备简历就是一种外部信息,个体也需要准备找工作；又如,在求职过程中,父母、老师和朋友给个体提供的各种建议。

（2）分析。分析是指个体通过思考、观察和研究,获得关于自我兴趣、能力、价值观和人格等方面的认知,了解自己平时做出重要决策的方式,更加具体地提出问题。例如,个体可以自问："我喜欢做什么？""我最擅长做什么？""我在职业活动中最看重的东西是什么？""我将来会在一个什么样的环境工作"等等。在分析阶段,个体主要运用自我探索和工作世界探索的知识和方法。

（3）综合。综合是根据分析阶段所得出的信息,先扩大选择范围,然后再逐步缩小选择范围,最终确定3～5个最可能的选择项。具体操作是：

① 在分析阶段,个体对自我的各方面都有了很多了解,每一方面都对应着很多职业,把这些职业列出来,就会得到一个范围很广的职业选择列表；选取其中有交集的选项,就会得到一个范围缩小的职业选择列表。

② 个体把最可能从事的职业选项限定到3～5个。

③ 个体可以自问:"假如我有 3~5 个选择,是否可以解决问题,消除现实和理想之间的差距?"如果可以,就进入评估阶段,选出最适合的选项;如果还是不能解决问题,就需要重新回到分析阶段,了解更多的信息。

(4) 评估。对于综合阶段得出的 3~5 个职业进行具体的评价,评估获得该职业的可能性以及这个选择对自身及他人的影响,从而对选择项进行排序。比如,个体可以自问:"对我而言,什么是最好的?""对我生活中的重要他人而言,什么是最好的?""大体上,对我所处的环境而言,什么是最好的?"此外,个体还可以通过职业决策平衡单和 SWOT 分析等方法进行评估。

(5) 执行。执行是 CASVE 循环模型的最后一个步骤,前面的步骤只是确定了最适合的职业,个体还没有成功决策,需要在执行阶段将所有想法付诸实践。例如,开始具体的求职过程;为再一次回到沟通阶段提供线索,以确定沟通阶段所存在的职业问题是否得到很好的解决。在执行阶段,个体需要制订计划,进行实践尝试和具体行动。如果问题没有解决,个体可以再次回到沟通阶段重新开始一次 CASVE 循环,直到职业生涯问题被解决为止。

3. 执行加工领域

在认知信息加工理论中,执行加工领域位于金字塔的顶端,这一领域也称为元认知。它是个体控制和监督信息加工过程及决策制定的关键技能,涉及对认知过程与结果的自我意识和管理。

执行加工领域主要包含三个核心组成部分:自我对话、自我觉察和自我监控。我们将深入探讨这三个组成部分及其在职业决策中的重要作用。

(1) 自我对话——内心的声音与行为的引导。自我对话是指个体在内心对自己的言语表达,这种内在的交流对个体的行为和决策有着深远的影响。自我对话可以分为积极和消极两种类型:

① 积极的自我对话具有两大显著优点。首先,它能够产生积极的期待,使个体对即将开始的行动充满信心,并愿意投入更多的努力;其次,积极的自我对话能够强化个体的积极行为,帮助个体在面对挑战时保持坚韧和乐观。例如,当面临一项艰巨的任务时,积极的自我对话如"我有能力完成这项任务,我将全力以赴"能够激发个体的潜能,提高其成功完成任务的可能性。

② 消极的自我对话可能导致职业发展偏离预期。消极的自我对话会削弱个体的自信心,引发焦虑和恐惧,从而影响决策的质量和行动的执行。例如,频繁的消极自我对话如"我做不到,这次肯定又会失败"会降低个体的行动力,阻碍其职业发展。

(2) 自我觉察——对自身行为与动机的深刻理解。自我觉察是指个体对自己当前行为和行为动机的清晰认识。这种觉察能力使个体成为更有效的问题解决者,能够明确自己的身心状态,并识别出积极或消极的自我对话。通过自我觉察,个体可以更好地理解自己的情绪、想法和行为模式,从而为自我监控和调整提供基础。例如,当个体意识到自己在面对压力时,常常会产生消极的自我对话,此时可以通过自我觉察识别这种模式,并采取措施进行调整。

(3) 自我监控——对决策过程的调控与优化。自我监控是个体对自己和正在做的事情的进展状况进行思考和调控的能力。它使个体能够监督自己完成决策过程的方式,控制分配给每个阶段的时间,并及时调整策略。具体来说,自我监控包括以下几个方面:

① 监督决策过程。个体能够跟踪自己在决策过程中的每一步,确保决策的逻辑性和合理性。例如,在职业选择过程中,个体可以通过自我监控确保自己充分考虑了所有相关因素,如兴趣、能力、市场需求等。

② 时间管理。个体能够合理分配时间,确保每个决策阶段都有足够的时间进行深入思考和信息收集。例如,在职业规划中,个体可为市场调研、技能提升、实习经历等不同阶段设定合理的时间框架。

③ 策略调整。根据自我监控的结果,个体可以及时调整决策策略。如果发现某个阶段的决策方法不够有效,可以及时更换策略,以提高决策质量。例如,在信息收集阶段发现信息来源不够可靠时,可调整信息收集的渠道和方法。

4. 执行加工领域的综合应用

自我对话、自我觉察和自我监控这三项技能的训练,对于个体在CASVE循环决策过程中的监控和调整至关重要。通过这三项技能的综合应用,个体可以更有效地进行职业规划和决策,确保决策过程更加合理和高效。

(1)监控决策过程。在CASVE循环中,个体可以通过自我监控确保每个阶段的决策都经过深思熟虑。例如,在沟通阶段,通过自我监控确保自己对职业目标和需求有清晰的认识;在分析阶段,通过自我监控确保信息的准确性和全面性。

(2)调整决策策略。如果在某个阶段发现决策存在问题,可通过自我觉察和自我监控及时调整策略。例如,在综合阶段,若发现不同信息之间的矛盾,可通过自我监控调整信息整合的方法,确保决策的合理性。

(3)强化积极行为。通过积极的自我对话,个体可增强自信心和行动力,确保在执行阶段能够有效地实施决策。例如,通过积极的自我对话鼓励自己克服困难,坚持完成职业规划中的每个步骤。

探索的方法与技能训练

在学习了职业决策的理论、模型及应用之后,相信大学生对职业决策有了更多的理性认识。大学生已经初步了解了自己,了解了工作世界,这些可能很耗费时间和精力,但对于科学决策,这些是至关重要的。如果要做出科学的决策,大学生还需要掌握职业决策的具体方法和技术。

一、职业决策的准备

在你进行职业决策之前,先根据职业决策必备条件,填写个人目前的详细状况,作为职业决策的依据,如表7-1所示。

单元七　如何做出你的职业决策

表 7-1　大学生职业决策准备清单

必备条件	要素	规则	个人目前的详细状况
目标和策略	目标	要有明确的一级、二级、三级目标层次	
		所求岗位、个人发展、工作环境和薪酬等定性、定量要求	
	策略	要有实现目标的原则、时间要求和方法	
途径和方法	求职途径	至少拥有三种求职途径，必备的求职技巧	
	实施方法	至少拥有三种以上的方法	
个人条件	人格和能力	满足用人单位的人格和能力要求	
	经验与学历	满足用人单位的经验与学历要求	
	社会实践	是否有兼职经历	
自己和家人的动力	主要社会关系	家人对自己的期望与帮助	
专业人士的指导	职业咨询与测评	进行相关的职业测评，听取专业人士的建议	
了解人才市场	行业与岗位状况	了解本地和异地就业、掌握岗位信息	
职业生涯规划的理念	职业生涯规划	具体的职业目标以及实现这一目标必须经历的步骤	

◀练习 7-5▶

你的职业决策准备清单

请根据表 7-1，将你的信息填写完整，列出你的职业决策准备清单。

你的职业决策准备清单：

二、职业决策的方法

无论是个体的信息资料还是职业的信息资料,如果不经过正确的、有效的处理,只能是一堆毫无意义的数据。个体只有对这些信息资料进行准确、全面的解读,才有可能做出正确的职业决策。

常用的职业决策方法有以下三种:

(一)职业决策平衡单

当面对重大决策时,我们要有多种选择。当备选方案有两个以上时,职业决策平衡单可以帮助个体尽可能具体地从各个角度评价和分析各个方案,并对预期结果的可接受性进行检验,然后做出自己的职业决策。

个体运用职业决策平衡单进行职业决策的具体操作步骤如下:

第一步,针对某一个可供选择的职业发展方案,整理自己所有的重要想法,从对自己、对其他重要的人、对社会这三个不同的角度,分析选择职业发展方案后会带来什么样的得失,这些得失是否可以接受,接受的原因是什么,等等。

第二步,将其他可供选择的方案一一按照上述步骤进行思考和分析。

第三步,列出两三个可考虑的职业发展方案。

第四步,从个体物质方面的得失、他人物质方面的得失、个体精神方面的得失及他人精神方面的得失四个角度列出选择职业时应该考虑的要素,如表7-2所示。

表7-2 选择职业时应该考虑的要素

个体物质方面的得失	他人物质方面的得失	个体精神方面的得失	他人精神方面的得失
➢ 收入 ➢ 工作的困难 ➢ 升迁的机会 ➢ 工作环境的安全 ➢ 生活变化 ➢ 休闲时间 ➢ 对健康的影响 ➢ 就业机会 ➢ 其他	➢ 家庭经济 ➢ 与家人相处的时间 ➢ 其他	➢ 生活方式的改变 ➢ 成就感 ➢ 自我实现的程度 ➢ 兴趣的满足度 ➢ 挑战性 ➢ 社会声望的提高 ➢ 其他	➢ 父母 ➢ 师长 ➢ 配偶 ➢ 其他

第五步,各项考虑因素进行加权计分。个体在各个考虑因素的得失之间,会因身处于不同情境而有不同的考量。因此,在详细列出各项考虑因素之后,需要再进行加权计分。个体根据每个职业选择中各项考虑因素的得失程度,从-5到+5进行赋分。

第六步,依分数累计,得出每个职业选择的总分,即把得失程度的分数乘以权重等级。

第七步,根据最后得分排列职业选择的优先级,做出合理的选择。

需注意的是,为了便于在各个职业发展方案之间进行比较,在进行上述评价时,可以对每个项目加权计分。另外,在考虑得失时,个体不应仅从物质得失的角度考虑,还应从精神得失的角度考虑(见表7-3)。

表7-3 职业决策平衡单

考虑因素		方案与得失					
		选择方案一		选择方案二		选择方案三	
		得(+)	失(−)	得(+)	失(−)	得(+)	失(−)
个体物质与精神得失	个体成就感						
	适合自己的兴趣						
	符合自己的性格偏好						
	社会地位						
	经济报酬						
	未来的发展性						
	工作压力						
	其他						
他人物质与精神得失	能够给家人带来声望						
	便于与朋友相处						
	有更多的时间照顾父母						
	家人的态度						
	其他						
合计							
得失差数							

◀练习 7-6 ▶

你的职业决策平衡单

结合实际,分析一下你有哪些职业选择的机会,试运用职业决策平衡单为自己做出职业选择。

_____

_____

_____

（二）SWOT 分析法

SWOT[分别代表企业的优势（Strength）、劣势（Weakness）、机会（Opportunity）和威胁（Threat）]分析法，是指通过对企业外部环境及内部条件进行系统评价，进而分析企业的优势、劣势、面临的机会和威胁的一种方法。

SWOT 分析法在职业规划中亦可以用于检查个体的技能、能力、职业、喜好和职业机会的工具。大学生可以利用这种方法科学地规划职业生涯，找出对自己有利的、值得发扬的优势和机会以及对自己不利的、要避开的劣势和威胁，然后发现存在的问题，找出解决办法，并明确以后的发展方向。个体职业目标定向中的 SWOT 矩阵如表 7-4 所示。

表 7-4 个体职业目标定向中的 SWOT 矩阵

内部因素	优势	➢ 教育背景； ➢ 丰富的专业知识和技能； ➢ 特定的可转移技巧（如沟通、团队合作、领导能力等）； ➢ 个体特质（如职业道德、自我约束、承受工作和压力的能力、创造性、乐观等）； ➢ 广泛的个体关系网络； ➢ 在专业组织中的影响力
	劣势	➢ 缺乏工作经验； ➢ 缺乏目标，并且对自我的认识和工作的认识都不足； ➢ 缺乏专业知识； ➢ 较差的领导能力、人际交往能力、沟通能力； ➢ 较差的寻找工作的能力； ➢ 负面的人格特征（如职业道德败坏、缺乏自律、缺少工作动机等）
外部因素	机会	➢ 就业机会增加； ➢ 再教育的机会增加； ➢ 专业领域急需人才； ➢ 由于提高自我认识及设置更多具体的工作目标带来的机会； ➢ 专业晋升的机会； ➢ 专业发展带来的机会； ➢ 职业道路选择带来的独特机会； ➢ 地理位置的优势； ➢ 强大的关系网络
	威胁	➢ 就业机会减少； ➢ 由同专业的大学毕业生带来的竞争； ➢ 拥有丰富技能、经验和专业知识的竞争者； ➢ 拥有较好的寻找工作技巧的竞争者； ➢ 名校毕业的竞争者； ➢ 缺少培训、再学习造成的职业发展障碍； ➢ 工作晋升机会十分有限或者竞争激烈； ➢ 专业领域发展有限

SWOT 提供了四种可供选择的战略：

（1）SO战略是最理想的战略，既抓住了外部机会，又利用了自身内部的优势。面对自身的劣势，要努力克服，面对外部的威胁要泰然处之，以便将精力集中在机会上。

（2）ST战略是利用扩大自身的优势来减少外部带来威胁的可能性。根据自身优势，合理安排资源，以应对外部环境所带来的威胁，目的是将组织优势扩大到最大限度，把威胁减少到最低限度。

（3）WO战略是一种内外取向兼顾的战略，该战略力图使自身的劣势降到最低，同时使外部环境机会增加到最大，克服自身的弱点以寻求发展的机会。

（4）WT战略是一种应对危机及威胁的战略，通过制订调整计划来克服内在劣势，同时回避外在的威胁。

利用SWOT分析法，大学生可以遵照以下步骤进行操作：

（1）S：评估自己的长处；
（2）W：评估自己的不足；
（3）O：找出潜在的职业机会；
（4）T：发现潜在的威胁；
（5）提纲式地列出中短期的职业目标；
（6）列出相应时间段内的行动计划；
（7）寻求专业建议和帮助。

≪练习7-7≫

SWOT分析法

请你采用SWOT分析法来分析自身的优势、劣势及周围环境的机会与威胁，在分析的基础上制定相关策略，并填在图7-5中。

我的目标职业：

	SWOT	机会(O)	威胁(T)	
内部因素	优势(S)	优势机会(SO)	优势威胁(ST)	外部因素
	劣势(W)	劣势机会(WO)	劣势威胁(WT)	

我的选择方向：

图7-5 采用SWOT分析法制定相关策略

（三）5W 分析法

5W 分析法是职业决策的常用工具，通过解析职业生涯规划的五个核心问题形成系统方案。当五个问题得到准确回答时，可形成明确的职业规划方案。

1. Who am I?

这个问题是指通过系统性自我评估，全面认知个人特质、优势与局限，建立客观的自我认知体系。

2. What do I want?

这个问题是指需要明确职业目标与生活诉求的匹配关系，建立以价值导向的职业愿景。

3. What can I do?

这个问题是指通过能力测评与发展性评估，确认当前可迁移技能与未来潜力方向，职业定位需要以实证能力为基础，发展空间受可塑性水平制约。

4. What can support me?

这个问题是指对职业发展支持系统的识别与运用，需要开展主客观资源分析。主观层面涉及人际网络、导师资源等支持条件；客观层面涵盖经济环境、行业政策、岗位供求等因素。

5. What can I be in the end?

这个问题是指需要基于前四个阶段的分析成果，采用 SMART 原则制定可操作的职业目标。

三、检验职业生涯目标

对于想要找到努力方向的大学生来说，目标定位就像大海中的灯塔，给航行的船只起到指明灯的作用。职业生涯目标是具体的、现实的，它甚至可以具体到某地区、某城市、某组织中的某个职业岗位，但我们在进行职业生涯规划时不可能一蹴而就：将未来要从事的职业岗位具体化。因此，在确定职业生涯目标之前，大学生首先要确定职业生涯发展方向，即未来准备在某个行业或某个领域从事具有某一类特征的职业岗位，从而在进行职业生涯规划时让目标一步一步更加清晰明确。

目标管理由美国现代管理大师彼得·德鲁克提出。大学生在制定近期职业生涯目标时，可以运用 SMART 模式。SMART 分别代表 Specific（具体的）、Measurable（可以衡量的）、Attainable（可以达到的）、Relevant（具备相关性）和 Time-bound（有明确截止期限的）。

1. Specific

目标要尽量具体，不要用含糊笼统的语言。例如，"做一个勤奋学习的人"不是一个具体的目标，"学习更多的管理知识"更具体一些，"学习更多的人力资源管理知识"又更具体了一些，但还是不够具体。要想目标更具体，需要加上第二点——Measurable。

2. Measurable

目标必须可以衡量,而要衡量,往往需要将目标量化。例如,"读三本人力资源管理的经典著作"就更具体了。

3. Attainable

目标要化为行动。"做一个勤奋学习的人"不是行动,"读三本人力资源管理的经典著作"是行动。实际上,"读"还只能算是一个比较模糊的行动。因此,"读三本人力资源管理的经典著作"还可以继续细化为更具体、更加可以衡量的行动,可以改为"读三本人力资源管理的经典著作,并就收获和体会写出三篇读书笔记"。

4. Relevant

职业生涯目标的设定和岗位职责相关联,不能跑题。如果设定的职业生涯目标与岗位职责完全不相关,或相关度很低,即使达到了职业生涯目标,意义也不大。

5. Time-bound

通常,总目标之下会建立一些循序渐进的小目标,这就像在你前进道路上的一个个里程碑。这样,对照着总目标,你就可以每隔一段时间检查自己的进展情况。因此,目标要有时间限制。例如,"读三本人力资源管理的经典著作,并就收获和体会写出三篇读书笔记"加上时间限制后,这个目标最后可能变成:"在未来三个月之内,读三本人力资源管理的经典著作(每月一本),并就收获和体会写出三篇读书笔记(每月一篇)"。

◀ SMART 模式制定目标案例 ▶

小李的职业生涯目标是考公务员,因此他将职业生涯目标设置为参加公务员考试,成为一名公职人员。小李的职业生涯目标可以分解为以下几个阶段目标:

阶段一:大一学年打好专业课基础,每门课成绩在 80 分以上,为大二学习专业核心课程打下坚实的基础。

阶段二:大一学年参加学生会学习部部长竞选成功,并组织五次以上的学习活动,锻炼自己的人际交往能力与活动组织能力等,这些都是未来在行政岗位上必备的能力。

阶段三:大二学年将精力主要放在专业知识学习与专业技能锻炼上,专业课成绩争取在 90 分以上,并至少参加两次省级以上的专业技能比赛。这样可以让小李的简历脱颖而出。

阶段四:大二学年参加文艺类社团并担任骨干力量,参加十次以上的社团活动,发展兴趣爱好并完善人格。

阶段五:大三在大型知名企业实习,将校内掌握的知识与技能运用到实践中,实习业绩争取排在全班前三名。

阶段六:大三下学期报名公务员考试培训机构,学满 240 课时并完成学习笔记,争取公务员笔试成绩排在前两名。

小李在某个阶段采用 SMART 模式制定的目标如表 7-5 所示。

表 7-5　采用 SMART 模式制定的目标

原有目标	转化目标	符合 SMART
本学期提高英语的听说能力	通过一个学期	T
	学习中级口译课程	S/R
	保证每天锻炼英语听说能力 1 小时	T/M
	最终能听懂英语新闻广播	A/M
	能和外国友人进行半小时的英语对话	A/M
今年 7 月份完成职业调研	用一个月的时间调研	T
	前三周走访设计公司	S/M/A/R/T
	对每家设计公司 1～2 位的人力资源人员进行采访	A/M/R
	每次采访 30 分钟，了解公司的用人需求	A/M/R
	最后一周完成 2000 字的调研报告	S/T
完成《高等数学》课本中的作业	今晚：18:00—20:00	T
	到图书馆自习教室	S
	学习第 7 章的内容	S/A/M
	完成章后 5 道作业题	A/M
	保证做对至少 4 道作业题	A/M

《练习 7-8》

检验你的职业生涯目标

请你在安静、无人打扰的环境中仔细考虑后回答以下每一道题目。它能在一定程度上帮助你反思职业生涯规划过程，论证你的职业生涯规划的合理性，理顺你的职业生涯发展思路。

1. 你是一个什么样的人？
_____
_____
_____

2. 你的性格优势是什么？（你认为应该继续保持的）：
_____
_____
_____

3. 你的性格劣势是什么？（你认为应该改变的）：
_____
_____
_____

单元七　如何做出你的职业决策

4. 你的业余爱好是什么?

5. 你渴望成为什么样的人?

6. 你理想中的职业是什么?

7. 通过努力你能实现的理想职业是什么?

8. 什么因素制约着你对理想职业的选择?

9. 到目前为止,你最成功和最失败的一次经历分别是什么? 各自的原因是什么?

10. 你认为事业成功最重要的因素是什么?

11. 你一年计划中要达到的职业目标是什么? 为了实现它,你还需要做哪些努力?

12. 你的两年计划要达到的职业目标是什么？要实现这个目标,你还需要做哪些努力？

___

13. 你的三年计划要达到的职业目标是什么？要实现这个目标,你还需要做哪些努力？

___

14. 你希望从周围环境中得到哪些支持？

___

成功者的足迹

谨慎选择第一份职业

初入职场,人生选择往往是被动的。为了解决就业问题,能够尽快适应社会环境,大多数人会做出这样的选择:接受第一份接纳自己的工作。当求职者四处投递个人简历、经历无数次面试并被一次又一次拒绝时,信心和耐心会逐渐丧失,甚至开始怀疑自己的能力。一旦有一份工作摆在自己面前,就会毫不犹豫地接受。

大多数求职者都处于一种被选择的状态,尤其是在经济不景气时。尽管他们所获得的并不是自己最满意的工作,但是迫于就业压力还是被动地接受它。这份工作短期也许能给自己带来一些安全感和稳定感,但会出现"路径依赖""机会成本"等现象——求职者迈出了第一步,惯性使他们不得不迈出第二步,以致一辈子都不得不走下去。

从某种意义上讲,大部分求职者已经丧失了一次选择的机会——上大学时被动选择的专业。这种所谓的"专业"往往决定了求职者的求职路径,大学毕业后,他们几乎会不由自主地选择"专业对口"的工作。因为年轻而无法自主,所以选择基本是被动和盲目的。但是,这并不意味着求职者在大学毕业后依然要为"专业"承担责任。随着年龄的增长和阅历的丰富,求职者已经获得了更多的选择权和机会。

每一项选择都包含太多复杂的因素,时刻都影响着求职者的选择。有时候偏离一下人生既定的轨道也未尝不可。

有这样一则故事：一个出生在山区的印第安年轻人，面临着留在山区采石还是考大学的选择。这个难题困扰了他很长时间。这个地区的很多人都依靠采石为生，几乎形成了一种子承父业的传统模式。采石并不是体面的工作，却可以让家人过得稳定、安逸。

有一天，这个年轻人的父亲带他来到一所大学校园，他指着大楼的台阶对儿子说："你现在看到的这些石头，都是我们采来的，我为此骄傲。"儿子点点头。父亲接着说："但是，我并不认为你也应该成为采石匠。你可以选择做自己喜欢做的事情。"

既定的轨迹是熟悉的，这种轨迹也许是前辈留下来的，也许是自己正在迈进的。当我们仔细思索之后发掘出自己内心的真实感受，偏离一下既定的轨迹也未尝不可。除了你自己，没有任何人或任何理由可以要求你一定要沿着既定的轨迹前进。

我的一位顾客曾经是一名大学生，然而他现在所从事的工作也许令人感到意外：在一家蔬菜公司当搬运工。这位顾客大学毕业后就去服兵役，退伍后又遇到经济不景气，一时也找不到工作。经人介绍，他到蔬菜公司当了一名临时工，本打算赚点零用钱，没想到一干就是几个月。渐渐地，他开始习惯搬运工的工作环境，也就没有心思积极地去寻找更好的工作。十多年来，他一直是一名蔬菜搬运工，现在已经年近四十，更不想换工作。他对我说："换工作，谁会要我呢？我有什么专长？"人总是有惰性的，即使你不喜欢某一份工作，做了一两个月之后，也许就会习惯，就会被这种天生的惰性套牢，不想再换工作。日复一日，年复一年，不知不觉三年五载过去了，即使动了转行的念头，也会变得步履艰难。年纪太大、家庭负担沉重等都会成为我们逃避现实的借口。久而久之，心志磨损，做一天和尚撞一天钟，如果再扯上人情的牵绊、恩怨的纠葛，更会让人深感"人在江湖，身不由己"！

因此，一个人踏入社会的第一项选择十分重要。也许你会说：换一份职业还不容易吗？但是想象的空间很大，而现实却很残酷，大多数人被自己的惯性拖着往前走，常常会有一种无力感。

（作者根据网络资料整理）

课后任务

1. 完成你的行动计划

你的职业生涯目标是什么？为什么选择它作为自己的职业生涯目标？围绕这个职业生涯目标，你拥有怎样的选择机会？选择一种职业决策模式，做出你的第一份工作的选择。为了达成你的职业生涯目标，你将如何行动？请你根据自身情况，完成表7-6。

表 7-6 我的行动计划

计划执行人　　　　　　　　　时间　　　　　　　　　见证人

项目	行动计划
我将来可能从事的工作及选择的理由	
我的职业目标	
目标达成的时间	
行动步骤	
1	
2	
3	
4	

2. 既然你已经做出了第一份工作的选择,现在请你设计一张自己的名片,包括名片的正面、反面、颜色、图标、称呼和职务等,思考并回答:你为什么这样设计?你要如何努力才能达到名片上称呼的职位?目前,你要具备什么优势,才能达到以上目标?你遇到什么困难?将来你带着这张名片与什么人会面?你的心情会是如何的?

_____
_____
_____
_____
_____
_____

3. 请你完成职业生涯规划书中用职业决策方法进行自我职业定位的内容。

_____
_____
_____
_____
_____
_____

单元八

你的职业生涯管理

【课前小调查】

1. 你是否制定并实施了自己的学业规划?(　　)
   A. 是　　　　　　　　　　　B. 否
2. 你是否特别重视对自己职业能力的培养?(　　)
   A. 是　　　　　　　　　　　B. 否
3. 你是否在为应对未来工作世界做着如提升抗压能力等心理方面的准备?(　　)
   A. 是　　　　　　　　　　　B. 否
4. 多项研究表明,大学生的职业适应和角色转化大概需要三年的时间。大学期间就要做好从学生向职业人转变的准备,你是否了解目标职业对个人素质的要求,并制订相应的素质提升计划?(　　)
   A. 是　　　　　　　　　　　B. 否
5. 健康对于我们每个人来说都是重要的,你在健康管理方面做得如何?(　　)
   A. 随时掌握自己的健康状况　　B. 能合理地安排自己的时间
   C. 有良好的饮食习惯　　　　　D. 有良好的运动习惯
   E. 我还年轻,以上这些还未重视

【认知目标】

认识到职业生涯规划是一个持续一生的过程,在职场中仍要持续进行评估和反馈,自觉调整自己的职业生涯规划。

【技能目标】

掌握职业生涯管理的多种方式,能够运用职业生涯规划档案管理自己的职业生涯规划。

【完成任务】

完成附录——大学生个人职业发展档案。

HR 助力规划职业生涯

职业生涯管理是一个持续的过程,涉及自我认知、职业规划、技能发展以及适应变化等多个方面。综合以上内容,下面是针对这一模块的具体建议。

(1) 自我评估与定位。职业生涯管理的第一步是个体要深入了解自己,明确自己的优势、劣势、兴趣所在以及价值观,并定期进行自我反思,随着经验和认知的增长不断更新对自我的理解。

(2) 设定清晰的职业目标。基于自我评估的结果,设立具体且现实的职业发展目标,并根据实际情况灵活调整。

(3) 制订行动计划。为了实现职业目标,制订详细的行动计划,列出达成每个目标所需的步骤,将大目标分解成小任务逐步推进。同时,要为可能出现的挑战做好准备,提前思考应对策略。

(4) 持续学习与发展。现代职场环境快速变化,新技术层出不穷,需保持终身学习的态度,紧跟行业发展动态,确保自己始终具备竞争力。此外,跨学科的知识积累也有助于开拓新的思维视角和解决问题的方法。

(5) 关注工作与生活的平衡。重视个人生活的质量,合理安排时间,寻找那些既能激发热情,又能实现工作与生活平衡的职业路径。

(6) 记录进展与成就。养成记录的习惯,无论是取得的成绩还是经历的困难,回顾过去的经验、总结规律,通过这种方式看到自己的成长轨迹,增强自信。

问题的提出与重要性

当大学生做出职业决策之后,接下来就是对它的检验了。大学生对自己的职业决策最终的检验为:在自己选择的职业领域内获得一份工作,并获得持续的发展。但是大学生在真正进入职业领域之前,如果没有做出职业决策,那么仍处在选择之中;如果已做出职业决策,一要对职业决策不断地修改和完善,使之更加贴近自己的实际;二要根据自己的职业决策行动起来。因此,大学生必须积极管理自己的职业生涯。好的职业生涯管理能够在一定程度上避免"就业错位",使学与用更加紧密结合,使大学生的人才效益和社会效益得以彰显。

一、什么是职业生涯管理

职业生涯管理是企业人力资源管理的重要内容,对指导学生求职及未来职业发展具有十分重要的意义。

美国组织行为专家道格拉斯·霍尔认为,职业生涯管理是指一个人对自己的工作经历中的活动和行为进行的规划和管理。

我国人力资源专家杜映梅认为:职业生涯管理是组织开展和提供的用于帮助和促进组织内正从事某类职业活动的员工,实现其职业发展目标的行为过程,包括职业生涯设计、规划、开发、评估、反馈和修正等一系列综合性的活动与过程。员工和组织经过共同努力与合作,使每个员工的职业生涯目标与组织的发展目标一致,员工的发展与组织的发展相吻合。

我国人力资源专家周文霞认为:职业生涯管理是一个对个体进行开发、调整和实现职业生涯目标与策略的过程。职业生涯管理是一个长达一生的过程,它能够使我们认识自我、工作、组织;设定个体的职业目标;开发实现目标的战略以及在工作和生活经验的基础上修正目标。

综上所述,职业生涯管理是发挥潜能、实现目标的过程,而大学生的职业生涯管理是指大学生通过大学职业指导人员的协助,在自我认识和了解社会的基础上,确立职业生涯发展目标和人生发展方向,选择职业,制定自我发展的总体目标和人生阶段目标,并进行执行、评估、反馈和调整的动态过程。

二、为什么要进行职业生涯管理

职业生涯管理可以帮助大学生找到职业生涯发展与企业发展的结合点,促使大学生积极开发与管理自己的职业生涯,以实现个体与社会组织的最佳匹配。职业生涯管理对大学生的职业生涯发展具有以下四个重要的推动作用。

1. 可以有效增强大学生职业生涯规划过程的执行能力

大学生正处在职业生涯探索期和职业生涯建立期的转换阶段,主要任务是通过职业生涯探索,明确发展方向,完成具体的职业规划和知识储备。这一阶段对大学生职业的选择和今后职业生涯的发展具有十分重要的作用。大学生自觉实施职业生涯管理有利于准确定位并合理安排大学的学习生活,有利于构建合理的知识结构和提高综合素质,有利于提升职业品质并树立正确的择业观,等等。

2. 可以使大学生设立目标,增强学习动力

职业生涯管理既能使大学生了解自身长处和短处,养成对未来职业环境和工作目标进行分析的习惯,还可以使大学生合理安排时间和精力,完成职业生涯阶段目标并逐步提高自身技能。此外,职业生涯管理有利于大学生提高对职业环境的把握能力,以及应对困难与挫折的能力。

3. 可以提升大学生的职业能力

良好的职业生涯管理可以帮助大学生从更高的角度看待工作中的各种问题和选择,使职业生活更加充实和富有成效。职业生涯管理可以使大学生思考职业生活同个体追求、家庭目标等其他生活目标的关系,避免顾此失彼、两面为难的困境。

4. 可以不断提升大学生的自我价值

大学生可以从以下几个方面提升自我价值:

(1)大学生要明确自己的职业目标,通过努力学习和积累知识,不断提升自己的知识

水平和技能。同时,大学生要关注社会和行业的发展趋势,跟随时代发展的脚步,保持自己的竞争力和创新能力。

(2)大学生应该积极参加各种实践活动,如实习、社会实践、志愿者活动等,不断锻炼自己的能力,积累实践经验。

(3)大学生应该积极建立人际关系,扩大自己的社交圈,与各行各业的人士交流,了解各行各业的工作和发展趋势,拓宽自己的视野和思维。

(4)大学生应该保持积极的心态,要勇于面对挫折和困难,并想办法解决。同时,大学生要学会平衡生活和学业,保持健康的生活方式和心态,不断提高自己的心理素质。

理论的讲解与运用

一、职业生涯管理的分类

(一)依据职业生涯管理内容的不同进行分类

依据职业生涯管理内容的不同,职业生涯管理可分为外职业生涯管理与内职业生涯管理。

1. 外职业生涯管理

外职业生涯是指从事职业时的工作单位、工作地点、工作时间、工作内容、工作职务、工作环境和工资待遇等外在因素的组合及其变化过程。对外职业生涯的发展与管理称为外职业生涯管理。外职业生涯管理所描述的是个体客观存在的职业通路,它包括各个阶段、主要层面和相应的地位等。对于个体而言,外职业生涯管理意味着努力在自己的生命中确立一条有依据可循的、可感知的、可行的发展通路。相对于内职业生涯管理,外职业生涯管理注重外在的客观存在。因为外职业生涯的构成因素通常是由他人给予的,也容易被他人收回。有的人一生竭力追求外职业生涯的成功,但内心极为痛苦,因为他们往往不了解外职业生涯的发展是以内职业生涯的发展为基础的。

2. 内职业生涯管理

内职业生涯是指从事一项职业时所具备的知识、观念、心理素质、经验、能力和内心感受等内在因素的组合及其变化过程。对内职业生涯的发展与管理称为内职业生涯管理。内职业生涯所描述的是个体主观感受的职业通路,因此具有主观性,而且对阶段性要求不高,更多地注重所取得的成功或满足的主观情感。个体可以通过他人的帮助而获得内职业生涯的各项因素,但主要靠自己努力追求实现。内职业生涯的各构成因素不因外职业生涯的构成因素不同而不同,而且一旦获得,他人便不能收回或剥夺,也不因外职业生涯因素的改变而丧失。

内职业生涯的发展是外职业生涯发展的前提,它能带动外职业生涯的发展,它对人的职业生涯成功乃至人生成功中起着关键作用。因而在职业生涯管理的各个阶段,大学生应重视内职业生涯的发展,并积极开展内职业生涯管理。尤其是在职业生涯早期和中前期,大学生一定要把对内职业生涯各因素的追求看得比对外职业生涯各因素的追求更为重要,在内职业生涯管理中积极地发展自己。

(二)依据职业生涯管理主体的不同进行分类

依据职业生涯管理主体的不同,职业生涯管理可分为组织职业生涯管理与自我职业生涯管理。

1. 组织职业生涯管理

组织职业生涯管理是指由组织启动的旨在开发员工的潜力、留住员工、使员工能自我实现的一系列管理方法。组织职业生涯管理是实现组织与员工双赢发展的有效途径,是组织"以人为本"精神的体现。如今,许多组织已经深刻地认识到职业生涯管理的必要性,并已付诸实施,希望给组织内部的员工提供有效的发展机遇和路径。大学生在进行职业生涯管理时,有必要从组织的视角探索如何在组织框架下实现个人成长,使自己的职业生涯发展目标与组织的职业生涯发展目标保持一致。

2. 自我职业生涯管理

自我职业生涯管理又称为个体职业生涯管理,是以实现个体发展的成就最大化为目的,通过对个体兴趣、能力和个体发展目标的有效管理来实现个体的发展愿望。自我职业生涯管理是在组织环境下,由个体启动并主动实施的、用于提升个体竞争力的一系列方法和措施。

职业生涯管理是一种互动式的管理,个体和组织必须都承担一定的责任,双方共同完成对职业生涯的管理。因此,组织职业生涯管理与自我职业生涯管理是相辅相成的。同时,在职业生涯管理中,个体和组织必须按照职业生涯管理工作的具体要求做好各项工作,无论是个体还是组织都不能过分依赖对方。从个体角度来看,职业生涯规划必须由自己决定,要结合自己的性格和兴趣进行设计。而组织在进行职业生涯管理时,考虑的主要因素是组织整体,以及所有组织成员的发展。

二、职业生涯管理的特征

(一)管理过程的连续性

职业生涯管理是一项连续而又系统的工程。职业生涯管理不应当仅仅是大学生毕业时才着手进行的工作与任务,而应当贯穿于大学的各个阶段,大学生要分阶段、分任务逐级完成。因此,大学生从跨进大学校门开始,就应该进行职业生涯管理,为顺利就业奠定基础。

(二)管理内容的多样性

大学生职业生涯管理是一个系统工程,在具体的内容、形式和方法等方面体现出多样性特点。大学生所进行的职业生涯管理的具体内容包括目标管理、健康管理、时间管理和压力管理等。

(三)管理措施的可行性

大学生在进行职业生涯管理时,要充分考虑自身的条件和外在环境的约束,制定切合实际的职业生涯规划。这就需要大学生加强自我认知能力,对自己进行全面客观的定位,并对外界条件进行仔细分析,选择适合自己的职业目标,而不能幻想,否则,将会错失职业生涯中的重要良机。

（四）管理阶段的适时性

大学生在进行职业生涯管理时，要根据大学各阶段的情况特点，合理安排实施。凡事预则立，不预则废。因此，各项主要活动何时实施、何时完成，都必须有时间和顺序上的妥善安排。大学生应根据不同的学习阶段进行相应的职业生涯管理。

（五）管理计划与方案的前瞻性

大学生即将面对的职业世界是非常广阔的，在自我定位和选择职业生涯发展道路之前，必须考虑社会的实际需求和人生发展的规律。只有这样，大学生才能在自我认识的基础上做好自我定位，并选择一条适合自身特点的职业生涯发展道路。

三、影响大学生职业生涯管理的因素

职业生涯管理会受到各种因素的影响与制约，主要包括以下两个方面的因素：

（一）社会客观因素

（1）目前，我国的社会环境稳定并充满活力，这为各种人才的成长提供了前所未有的机遇。但同时人才竞争日趋激烈，大学生就业环境看起来不容乐观，大学生应该在认真分析社会现状的基础上，有针对性地做好职业生涯规划。

（2）社会经济的发展对大学生就业起着决定性作用，制约着就业的数量和质量。社会经济环境的改变，影响不同行业和企业的发展，进而影响大学生职业方向的发展与选择。

（3）社会整体的教育状况影响行业的发展，进而影响着大学生的职业生涯管理和未来职业的发展。

（4）职业的社会评价对大学生职业生涯管理的影响是潜移默化的，尤其是大学生在对某种职业缺乏深入了解与切身感受时，社会评价的作用就会格外突出。

（二）自身主观因素

1. 职业价值观因素

不同的价值观会导致不同的行为方式。职业目标不同的人，通常他们的职业价值观也是不同的。职业价值观的不同，往往决定了职业目标的差异。因此，对大学生来说，在追求职业目标的过程中，一定要通过学习、理解并反复实践来不断提升和端正自己的职业价值观。

2. 知识因素

大学生要想实现职业目标，必须具备一定的知识结构和丰富的知识积累。但同时也必须看到，随着当今社会的快速发展，新知识不断涌现，旧知识更新加快。因此，如果大学生要适应知识经济和信息化时代，就必须树立终身学习、终身教育的观念，在进行职业生涯管理的过程中，不断丰富知识储备，以便适应职业目标的要求。大学生除了储备一定的知识量以外，还要不断提高自己的知识应用能力和水平，增强技能素质，不断缩小自己的知识量与职业生涯目标的差距。

3. 能力因素

能力是指一个人为了达到目标使用的技术手段和方法的应用水平,是实践和操作水平的体现。大学生从事任何职业,除了具备专业技能之外,还必须具备基本的能力素质和能力结构。例如,如果大学生想成为一名医生,就必须具备医学专业知识的应用能力、同情心、耐心、良好的沟通技巧和道德责任感等。

4. 心理素质因素

心理素质涉及一个人的意志力,面对变故和挫折时的心理承受能力。心理素质的一个很重要的内容就是情商,它是指个体管理自己及其与他人关系的能力,包括自我管理与人际关系技能两个方面。情商不仅对一个人的行为起重要的支配作用,也直接关系到能否处理好各种各样的人际关系,营造有利于自身发展的社会环境。因此,大学生在进行职业生涯管理时,要注意提高自己的情商水平,能够更好地实现职业发展。

探索的方法与技能训练

一、大学期间职业生涯管理的原则

(一)符合社会需要的原则

大学生在进行职业生涯管理时,要把社会需要作为出发点和归宿,以社会对自己的要求为准绳,去观察和认识问题,进而规划管理自己未来的职业生涯。虽然现在的高校毕业生就业实行双向选择、自主择业,但自主择业是相对的、有条件的,不能一味地追求"自我设计"而不顾社会需要。一方面,社会的发展、科技的进步和经济的繁荣,也都期望着合格的大学生为之奋斗。另一方面,社会是由人构成的,社会需要本质上就是人类的需要。在现实生活中,个体需要的内容无论有多少、需要的结构无论多复杂,它总是受到现实社会条件的制约。人们正是通过不同的职业活动,在满足社会需要的同时,也在满足着个体的需要。人类社会的每一步发展,都是上述职业活动共同作用的结果。

(二)发挥个体素质优势的原则

大学生在进行职业生涯管理时,要综合考虑自己的素质情况,根据自身的特长和优势规划与管理未来的职业生涯,以便于在未来的职业岗位上能够顺利、出色地完成本职工作。发挥个体素质优势主要包括以下三点。

1. 发挥专业所长

大学生经过大学阶段的学习,不仅具有较为扎实的基础知识,而且具有一定的专业知识。因此,大学生在进行职业生涯管理时要从所学专业特点出发,做到以专业为主线或以专业为依托拓展专业路径。这样,大学生可以在未来的职业岗位上发挥所长,大显身手。

2. 发挥能力所长

同一专业的同届毕业生,由于个体的情况不同,能力也有差异,根据不同的能力选择不同的职业岗位,是充分发挥个体素质优势的最佳体现。比如,有的人语言表达能力较强,适合从事教学和宣传工作;有的人设计能力较强,适合从事设计工作;有的人研究能力较强,适合从事科研工作;有的人组织能力较强,适合从事管理工作;有的人文字表达能力较强,适合从事文秘和编辑等工作;等等。由此可见,大学生在进行职业生涯管理时,要根据自己的能力和特长选择职业岗位,既是胜任工作的需要,也是发挥个体最大潜力、进行创造性劳动的需要。

3. 适当考虑性格特点

性格并不能决定一个人的成才方向和成就的高低。但是,大学生在进行职业生涯管理的过程中,尤其是在选择职业岗位时,应适当考虑自己的性格特点,充分发挥性格所长。

(三)积极主动的原则

大学生在职业生涯管理的过程中,应审时度势,不应消极等待,而应主动出击,积极参与。这里所说的"主动",主要包括以下三个方面:

1. 主动参与职业岗位竞争

竞争机制的引入,冲击着各行各业,也冲击着人才就业市场。竞争使人们增加了紧迫感和危机感,也增强了责任感。从某种意义上说,大学生进行职业岗位的竞争,就是靠自身才华和良好的素质争取一份比较理想的职业。

2. 主动了解人才供求信息和规格要求

由于社会对大学生的要求在不断发生变化,因此大学生主动了解用人单位对人才的需求信息,才能有的放矢地选择职业岗位。

3. 主动完善自己

大学生应根据社会需要,加强学习,主动提高和完善自己,以尽快适应新的职业岗位。

(四)分清主次的原则

在职业生涯的管理过程中,大学生面临的选择是多方面的。比如,大学生在未来的职业选择中,单位性质、工作地点、工作条件、生活待遇和发展方向等诸多方面,不可能每一项都令人称心如意,重要的是大学生在职业生涯管理过程中要权衡利弊、分清主次后,再做出抉择。需要注意的是,大学生切不可急功近利、好大喜功。

(五)着眼未来,面向未来的原则

在职业生涯的管理过程中,大学生不能只看眼前利益,而不看企业发展前景;不能只看企业的暂时困难,而不看企业的未来;不能只图生活安逸,而不顾事业的追求;等等。大学生在进行职业生涯管理时,要站得高、看得远,把自己的命运与国家和民族的命运紧紧地联系在一起,找到自己的最佳位置,牢牢地把握好职业选择的主动权。

◀ 练习8-1 ▶

职业生涯管理练习

李达是一名大二旅游管理专业的学生,对他而言,大学生活是紧张无序的。让我们来看看他的困扰:

> 进大学快两年的时间,我的生活是丰富的,参加了三个社团并担任了职务;我是学生会的宣传委员,每次举办活动都由我设计海报;我有很多朋友,时常约我一起出去玩。另外,我还在校外找了一份兼职,每周五、周日晚上要去上班。刚开始,我还觉得挺充实,总觉得有很多事情要做。可时间一长,我发现了问题:我根本没有属于自己的时间。有时候好不容易完成手头上的工作,刚想放松一下,突然一个电话就会把我的计划打乱。例如,我想周六上午去自习室看书,结果朋友邀请我参加聚会,盛情之下我只好放下书包参加聚会。我学的是旅游管理专业,我很想多读些专业书籍,可就是没有时间读书。而且,我一直打算提高自己的学历,想早点着手准备考研,可一直没有付诸行动。眼前的事情太多了,让我顾不上将来的事情。我觉得目前的学习和生活一团糟,仿佛不是我去做事情,而是事情推着我去做。这学期专业课特别多,我平时也没有时间系统地学习专业课程,再过一个多月又要期末考试了,真不知道会考成什么样子。

看了这个案例,你有什么体会?李某的烦恼该怎么解决呢?

_____
_____
_____
_____

二、大学期间职业生涯管理的内容

职业生涯管理包含许多具体内容,它们直接影响个体职业生涯规划的实施进程及目标的实现。大学生应结合当前所处的职业生涯阶段,解决好影响自己职业生涯发展的目标管理、健康管理、压力管理和时间管理等问题。

(一)目标管理

目标是指一个人想要达到的境地或目的。如果大学生能明白目标的真正意义,就会发现目标是一种力量,它能带领我们走向成功。成功者取得成功的原因之一,就是确立了明确的目标。如果我们不知道自己的未来愿景,就永远到不了那里;如果我们没有自己的主见,他人就会为我们做主;如果我们对自己的未来没有计划,我们就会成为他人计划里的一枚棋子。当我们制定了目标以后,就会注意和目标有关的一切,会尽力达成目标。

◀ **练习 8-2** ▶

思维体操——目标管理

按照目标设置的程度,目标管理者可以分为以下四类:

第一类目标管理者会制定并写下自己的目标。通常，他们会非常认真地制定自己的目标，并且把它记录下来。一段时间以后再反思与检讨，看自己有没有实现阶段性的目标和阶段性的工作计划。

第二类目标管理者会认真思考自己的目标。通常，他们会思考：我应该这样做吗？我恐怕还要加强学习才行，将来我又能做些什么呢？但是他们没有为实现目标做出具体计划。

第三类目标管理者曾经思考过自己的目标。但是他们思考得并不认真，也没有为实现目标做过具体计划。

第四类目标管理者则完全没有人生的目标。他们过一天算一天，浑浑噩噩地过日子。

由此可见，成功与否的区别在于，成功者在职业生涯规划中选择了正确的目标，并进行有效的职业生涯目标管理，而失败者则相反。因此，我们常常能够看到一些天赋相差无几的人，由于目标管理的差异，结果人生发展大相径庭。

请你认真回顾曾经在各个时期制定的职业生涯规划的目标，分析一下哪些目标是现实的？哪些目标只是空想？而那些现实的目标又有哪些已经实现了？哪些还没有实现？没有实现的原因是什么？

_____
_____
_____
_____

（二）健康管理

健康管理是指通过采取一系列的方法、策略和措施，维护和提升个体或群体的身体和心理健康状况的过程。它的宗旨是调动个体及集体的积极性，有效地利用有限的资源来获得最大的健康效果。概括地说，健康包含两个方面的含义：一是身体方面的健康，即生理机能正常，抵抗能力强，没有生病或很少生病；二是心理方面的健康，即能够保持平静的情绪、敏锐的智力、适应社会环境的行为和气质等。大学生进行健康管管理是一项非常重要的任务，只有拥有良好的身体和心理素质，才能为未来的职业生涯发展奠定良好的基础。

每个人的健康状况与他对健康的认知、生活方式、周围环境、医疗保健和生物学因素有着密切的关系。其中，生活方式包括饮食结构、工作、睡眠、运动、文化娱乐和社会交往等方面。个体通过调整自己的生活方式，适当采取保健措施，可以最大程度地促进自身健康。

对于长期从事办公室工作的人来说，久坐不动很可能导致颈椎和腰肌劳损、腰椎间盘突出、便秘和痔疮等；过量饮用咖啡、浓茶和酒，吸烟，工作紧张，睡眠不足，睡眠质量差等，也都会不同程度地导致健康受损。长此以往，就会出现各种各样的病症。

现代医学研究表明，不少疾病并不是由生物学因素引起的，而是由不良的生活方式、心理因素和环境因素等引起的,这种新的医学观念称为"生物-心理-社会医学模式"。

大学生职业生涯健康管理主要包括以下几个方面:

1. 身体健康管理

大学生身体健康管理的主要内容包括:

第一,大学生要学习卫生保健的基本知识,树立自我保健意识,增强预防疾病的能力。

第二,大学生要随时掌握自己的健康状况,对自己的健康状况做到心中有数。

第三,大学生要养成良好的生活习惯。

有研究表明,人的健康长寿60%取决于个体的生活方式。个体健康生活习惯的养成就是科学实施健康管理的过程。大学生应养成以下良好的生活习惯:

(1) 合理安排作息时间,按时休息和起床,形成良好的作息制度;

(2) 选择合适的运动项目,每天锻炼半小时,养成科学锻炼的习惯;

(3) 保证合理的营养供应,养成良好的饮食习惯;

(4) 戒掉吸烟、酗酒以及沉迷于网络游戏等不良嗜好。

2. 心理健康管理

心理健康标准的核心是:凡对一切有益于心理健康的事件或活动做出积极反应的人,其心理便是健康的。大学生心理健康管理的内容主要有以下几个方面。

第一,学习方面的心理健康。

在校大学生的主要活动是学习。心理健康的大学生是能够进行正常学习的,在学习中获得智力与能力,并将习得的智力与能力用于进一步的学习。大学生在学习中能充分发挥智力与能力的作用,并能产生成就感。当成就感不断得到满足时,大学生就会产生"乐学感",如此形成良性循环。大学生在学习方面的心理健康,主要表现在以下六个方面:

(1) 体现为学习的主体。心理健康的大学生,时刻表现出自己是学习活动的主人和积极的探索者。

(2) 从学习中获得满足感。心理健康的大学生可以从学习中获得满足感,并从中增强信心,充分相信自己具有学习的能力。

(3) 从学习中促进大脑均衡发展。心理健康的大学生能合理使用大脑,顺应大脑兴奋和抑制的活动规律,注重一定的运动调节,能借助大脑使智力与能力得到更好的发展。

(4) 从学习中保持与现实环境的接触。每个人都有幻想,心理健康的大学生与有心理障碍的大学生的根本区别在于,心理健康的大学生的幻想有一定的现实基础并且在时间上比较短暂,不会妨碍大学生的学习和人际交往,而有心理障碍的大学生则相反。

(5) 从学习中排除不必要的恐惧。心理健康的大学生能摆脱消极情绪的困扰,合理地进行心理调节。

(6) 从学习中养成良好的学习习惯。心理健康的大学生会制订学习计划;独立思考;按时完成作业;经常复习、预习功课;长期坚持努力学习;逐渐形成良好的学习习惯;等等。

第二，人际关系方面的心理健康。

大学生的人际关系主要涉及师生关系和同学关系等方面。大学生处理错综复杂的人际关系的能力直接体现大学生的心理健康水平。大学生在人际关系方面的心理健康，主要表现在以下六个方面：

（1）能了解彼此的权利和义务。心理健康的大学生能够了解彼此的权利和义务，既重视对方的要求，又能适当满足自己的需要，从而保证人际关系的健康发展。

（2）能客观地了解他人。心理健康的大学生不会以表面印象来评价他人，不会将自己的好恶强加于人，而是客观公正地了解和评价他人。

（3）关心他人的需要。心理健康的大学生知道只有尊重和关心他人，才能得到回报。良好的人际关系只有在相互信任、尊重和关心中，才能获得发展。这就是"君子贵人而贱己，先人而后己"的道理。

（4）诚心地赞美和善意地批评。心理健康的大学生不是虚伪地恭维他人，而是诚心诚意地称赞他人的优点。心理健康的大学生也不迁就他人的缺点，而是以合理的方式加以批评，并帮助他人改正缺点。

（5）积极地沟通。心理健康的学生对沟通持积极主动的态度，在沟通中能明确地表达自己的想法，并认真听取他人的意见。心理健康的大学生沟通的方式是直接的，而不是含糊其词，在积极的沟通中增进人与人之间的感情和友谊。

（6）保持自身人格的完整性。心理健康的大学生能与人和谐相处、亲密合作，但不放弃自己的原则和人格，即在保持个性和差异的前提下亲密合作。

第三，自我方面的心理健康。

心理健康的大学生能够了解自己并接受自己。人贵有自知之明，心理健康的大学生能正确客观地认识自我，了解自己的能力、性格和需要。他们既不自卑，也不自负；他们经常进行自我反思，看到自己的长处，更能容纳自己的不足，并寻求方法加以改进。大学生在自我方面的心理健康主要表现在以下六个方面。

（1）善于正确地评价自己。心理健康的大学生能够正确地评价自己，不为他人的议论所左右，能够一分为二地看问题，从而成为自信、自尊、自爱和自重的人。

（2）通过他人来认识自己。心理健康的大学生能经常反躬自问："我在某方面的情况与他人相比怎么样？"他们除了与周围的人相比较之外，还经常与理想的自己相对比。心理健康的大学生把他人当成自己的一面镜子，能虚心、客观地接受他人的评价，从中认识自己。

（3）及时而正确地归因。大学生及时而正确地归因能够达到自我认识的目的，因为学业成绩或工作成果通常反映一个人能力的大小或努力的程度。但是，该如何归因呢？是归因于运气、教师的教学水平等客观原因，还是归因于主观的能力与努力程度？心理健康的大学生，主要归因于主观方面。

（4）扩展自己的生活经验。心理健康的大学生不断扩展自己的生活范围，从中不断地充实自己、超越自己、接纳新的自己。

（5）根据自身实际情况确立抱负水平。心理健康的大学生善于根据自己的能力水平和目标的难易程度，把抱负水平定在经过一定的努力就能实现的层次，以此激发自己努力进取。

（6）具有自制力。心理健康的大学生敢于为了既定的目标而克服困难，促使自己完成应当完成的任务。此外，心理健康的大学生还善于抑制自己的不良行为和冲动，遇到挫折能够冷静对待、分析原因，并保持乐观态度。

◀ 练习 8-3 ▶

心理健康状况自我测评

评分规则：仔细阅读每道题目并回答，回答"是"计 1 分，回答"否"计 0 分。最后，将每道题目的得分相加，得出总分。

1. 每当考试或被提问时，你会紧张得出汗。
2. 看见不熟悉的人，你会手足无措。
3. 当你心里紧张时，头脑会不清晰。
4. 你常因处境艰难而沮丧气馁。
5. 你的身体经常发抖。
6. 你会因突然的声响而跳起来，全身发抖。
7. 当他人做错事时，你也会感到不安。
8. 你经常做噩梦。
9. 经常有恐怖的景象浮现在你的眼前。
10. 你经常胆怯和害怕。
11. 你经常突然出冷汗。
12. 你经常稍不如意就怒气冲冲。
13. 当你被他人批评时，经常暴跳如雷。
14. 当他人向你请求帮助时，你会感到不耐烦。
15. 你做任何事情都拖拉。
16. 你的脾气暴躁、容易动怒。
17. 你一点也不能宽容他人，甚至对自己的朋友也是如此。
18. 你被认为是一个很挑剔的人。
19. 你经常被他人误解。
20. 你经常犹豫不决，下不了决心。
21. 你经常把他人交办的事情搞错。
22. 你会因不愉快的事情缠身，一直无法解脱。
23. 你脑海中总是浮现一些奇怪的念头，虽然知道无聊，却无法摆脱。
24. 四周的人在快乐地玩闹，你却觉得孤独。
25. 你经常自言自语或独自发笑。
26. 你经常觉得父母或朋友对你关爱少。
27. 你的情绪极不稳定，很善变。

28. 你经常有生不如死的想法或感觉。
29. 你经常在夜里听到声响而难以入睡。
30. 你是一个感情很容易冲动的人。

你的总分是：_____

测评结果说明如下。

0～6分：说明目前你的心理健康状况真的很不错。

7～16分：说明你现在的精神有些疲惫，最好能合理安排学习和工作，劳逸结合，让神经得到放松。

17～30分：说明你现在的心理健康状况不容乐观，有必要请心理医生或者教师给予疏导，相信你很快会从烦恼和不安中走出来。

3. 情绪管理

许多优秀的职业人士往往不是因为拥有高智商而成功的，他们成功的秘诀是具有较好的情绪管理能力，即处理感情、人际互动和人际沟通的能力。情绪管理能力随着人生经历不断地发展。简言之，情绪管理能力能感知和了解情感的力量，并加以有效地运用，使之转化为人类的力量和影响力。情绪管理能力的产生不仅需要大学生具有理性的思考，而且要有感情的运用。情绪管理能力要求大学生认识并尊重源于情感的资讯和能量。情绪管理能力不仅能激励大学生追求个体目标，也能激发他们的抱负，把理想转化为现实。

大学生想具有良好的情绪管理能力，需要做好以下几个方面：

(1) 自觉力。情绪管理的第一步就是要能察觉到自己的情绪，随时随地能清楚地知道自己的情绪状态。不管处在何种负面情绪中，大学生都要先接受自己真实的情绪。大学生只有认清自己的情绪，知道自己现在的感受，才有机会掌握自己的情绪，才能对自己的情绪负责，而不会被情绪左右。

(2) 理解力。实际上，情绪只是一种心理状态。所有人都希望每天过得开心和惬意，不希望有恐惧和悲伤的时刻，而这些不希望出现的情绪，便称为"负面情绪"。大学生要认识负面情绪的真正价值和意义，可以在我赢、你赢、大家赢的"三赢"基础上运用它，使负面情绪变得具有正面情绪的性质，从而获得更大的成功和更多的快乐。

(3) 运用力。20世纪50年代发展起来的合理情绪疗法理论认为，情绪并非直接源自外在的诱发事件，而应该归因于个体对于这个事件的解释和想法。也就是说，人们并不是因事件烦恼，而是因自己看待事物的方式而烦恼，引发情绪的主要原因是自己的信念系统。人们的消极想法便是以各式各样的思维误区（如极端思维、以偏概全、自以为是等）去推测他人的想法，出现夸大、贬损和过于情绪化等情形。大学生在出现思维误区时应该用更科学的思维取代错误的思维，减轻痛苦，使自己的情绪好转。

(4) 摆脱力。情绪的摆脱力就是个体以合适的方式疏解情绪的能力。大学生只有学会及时疏解负面情绪，才能让心灵更加自由。比如，当大学生产生负面情绪时，可以通过逛街和听音乐等方式来转移注意力。

常见的疏解负面情绪的方法有以下几种：

① 转化法。有些时候，负面情绪是不容易控制的。这时，大学生可以采取迂回的办法，把自己的情感和精力转移到其他的活动中，如学习一种新的技能、参加自己感兴趣的活动等，使自己没有时间沉浸在负面情绪中。

② 宣泄法。当大学生因挫折而焦虑和紧张时，可以通过参加运动量大的活动（如踢球和爬山等）宣泄自己的情绪。大学生在宣泄情绪时一定要注意宣泄方式和周围气氛，宣泄方式应是无破坏性的。

③ 安慰法。人不可能事事皆顺心，当大学生在职业生涯管理中遇到困难和挫折时，即使做了很多努力仍无法改变，则可说服自己适当让步，找一个可以接受的理由让自己保持内心的安宁，承认并接受现实，以摆脱负面情绪。

④ 松弛法。大学生在出现焦虑、恐惧、紧张、心理冲突、入睡困难、血压增加和头痛等情绪和症状时，可以在专业人员的指导下进行放松练习。大学生通过放松练习，可以减轻或消除各种不良的身心反应。

⑤ 沟通法。当大学生对择业感到茫然时，也可找教师、同学和亲友沟通，说出自己的想法，听听大家的建议和看法。

◁ 练习 8-4 ▷

情绪管理检查表

回答下列问题，以了解你的态度是如何通过行为反映出来的。你可以同时让几位了解你的人来回答这些问题，把他们的回答和你的回答作比较。选择一两项你认为有必要加以改善的情绪领域。

1. 我总是尽最大的努力做事情吗？
2. 我是否乐观？
3. 我是否友善和具有合作精神？
4. 我是否行动迅速且独立？
5. 我是否承担了应尽的责任（或做得更多）？
6. 我看起来是否自信、从容？
7. 我是否真诚？
8. 人们是否尊重我的想法？
9. 我是否值得信任？
10. 我是否举止得体，显得老练，能为他人着想？
11. 我的衣着是否得体？
12. 我能否先人后己？我能达到什么程度？
13. 我能接受他人的赞扬吗？
14. 我能给予他人赞扬吗？

15. 我是否经常向他人提出建议？
16. 我敢于说"不"吗？
17. 我是否经常等待他人为我做出决定？
18. 我是否努力去了解他人的感受？

我需要改善的情绪有：
_____
_____
_____

（三）压力管理

1. 认识压力

压力管理是指个体通过了解压力的构成和自身对压力的反应，评估自己的优势因素并对自身压力进行有效疏导与调适的过程。

如果大学生能够很好地运用压力，压力就会有效地转化为发展的动力，促进大学生职业生涯的发展与事业成功。压力有很多种形式，它可能来自他人或环境，也可能来自自身。一个人在现实生活中需要同时扮演多种不同的角色，如父母、伴侣或儿女等。有时候，一个人在社会生活中不得不面对挫折和变化，当他的学习或工作达到极限时，压力就会产生。一些重大的变化，如患重病或丧失亲人，也会给一个人带来很大的压力。压力是会积累的，因此，一系列小的事情会让压力明显增加，这一点请同学们一定不要忽视。

每个人对压力的反应是不同的。对一个人来说是一种挑战的事情，对另一个人来说可能是一种巨大的压力。一个人对压力的反应，取决于他的生活方式、社会地位、职业背景、年龄、文化、性别、教育和遗传因素等。一个人的精神状况和身体健康情况，也会对他所感觉到的压力产生影响。

压力管理是现代生活的一部分，因此，大学生学习如何进行压力管理，并有效地运用压力管理来发展自己的职业生涯是非常重要的。如果大学生想让压力为己所用，则需要重新审视自己对压力的反应方式，并学习应对压力的方法。

◀ 练习 8-5 ▶

自我检查压力

仔细阅读并思考下面的问题，如果大部分问题都是目前困扰你的事情，你就需要对压力管理有更进一步的认识。

1. 你觉得手上的课业、工作太多，无法应对。
2. 你觉得时间不够，所以要分秒必争。

3. 你觉得没有时间消遣,终日记挂着学业和工作。
4. 你遇到挫折很容易发脾气。
5. 你担心他人对自己的表现评价不佳。
6. 你担心自己的经济状况。
7. 你有头痛、胃痛或背痛的毛病,难以治愈。
8. 你需要借助烟酒、药物和零食等抑制不安的情绪。
9. 你需要借助安眠药入睡。
10. 当你与家人、朋友和同学相处时,常常因各种琐事而发脾气。
11. 当你与他人交谈时,喜欢打断对方的话题。
12. 你上床后辗转反侧,纷繁的思绪如潮水般涌来,久久不能成眠。

2. 有效应对压力的管理方法

职场中的每个人都会面临各种压力,压力也会或多或少地影响着我们。适度的压力能够激发人们的成就动机,但是过高的压力则可能导致人们产生焦虑、挫折和绝望等负面情绪。有研究表明,感到压力过大的员工容易出现心理问题。因此,越来越多的管理者开始重视员工的压力管理。当代大学生也会感受到压力对自己产生的影响。因此,大学生十分有必要了解压力的状况和结果,掌握一些应对压力的方法。

（1）加强锻炼,重视休息。大学生最好每天在固定时间进行半个小时的有氧运动,如散步、慢跑、游泳和骑自行车等,既能增强心肺功能,提高抵抗疾病的能力,还能有效缓解身心的压力。

（2）自我激励。当大学生感受到压力时,可以用下面的话来激励自己:"我有足够的能力生活下去!""吸烟和酗酒不能解决任何问题!""我是一个乐观主义者,我会关注生活中积极的事情。""担心一件事情并不能改变这件事情,这只会浪费我宝贵的时间和精力。""担心自己无法控制的事件是毫无意义的。""无论发生什么,我知道我能处理好它。"

（3）积极寻求社会帮助与支持。寻求社会帮助和支持对改善大学生的压力有着重要作用。社会支持包括来自朋友、同学、教师和其他社会关系的帮助与信息支持。大学生要学会成为有效的社会支持网络中的一部分,在需要时主动向他人寻求帮助与支持,避免将自己与社会隔绝开来。

（4）学会放松。大学生可以选择那些使自己精神振作的活动,经常参加这些活动,并充分利用呼吸和放松的技巧来抵抗压力。放松训练的原理是基于身躯神经活动的规律,学会放松有助于调整机体功能,增强心理承受能力。放松的方式可以根据个体的情况选择。

（四）时间管理

大学生要学会合理利用有效的时间,将无效的时间降低到最低限度,学会分配时间,以及学会分清事情的轻重缓急,这对大学生来说是极其重要的。

‹练习 8-6›

时间的计算与回想

假设人的生命有三万天,你已经用去了多少天?还剩下多少天?将计算结果填入表 8-1。

表 8-1　生命计算表

年　月　日	签名：
我的生命已用去_____天	我的生命还剩下_____天

填完表后,请把你的第一感受用简单的语言写下来,并与朋友分享。

_____

_____

_____

　　时间管理已成为现代社会生活中不可回避的问题。美国管理学家彼得·德鲁克说过：认识你的时间,是每个人只要肯做就能做到的,这是一个人走向成功的有效自由之路。大学生具有良好的时间管理习惯不仅能够提高自己的工作效率,而且能为自己留出更多的时间维护健康与人际关系。因此,大学生必须学会时间管理。有效的时间管理方法有以下几种：

　　(1) 善于集中时间。大学生在进行时间管理时,切忌平均分配时间。而要把有限的时间集中在处理最重要的事情上,要有勇气并机智地拒绝不必要的事情和次要的事情。当大学生准备做一件事情时,首先要自问："这件事情值不值得做?"大学生遇事不可贸然行动,更不能因为觉得自己做了事、没有偷懒,就心安理得。

　　(2) 善于把握时机。时机是时间和事物转折的关键时刻,如果大学生抓住时机,就可以牵一发而动全身,以较小的代价取得较大的效果,促进事物的转化,推动事物向前发展。如果大学生错过了时机,往往会使到手的成果付诸东流,造成"一着不慎,全盘皆输"的严重后果。因此,大学生要善于审时度势,抓住时机,赢得时机。

　　(3) 善于处理两类时间。这里所说的两类时间：一类是自己可以控制的时间,称作"自由时间";另一类是不由自己控制的时间,称作"应对时间"。两类时间都是客观存在的,也都是必要的,大学生要善于处理和运用好这两类时间。

　　(4) 善于利用零散时间。大学生在日常学习和生活中,会有许多零星、片段的时间。大学生要珍惜并充分利用零散时间,把它用来从事零碎的工作,从而最大程度地提高工作效率。

　　(5) ABC 分类法。大学生可以将自己的工作按轻重缓急分为：A(紧急、重要)、B(次要)、C(一般) 三类。大学生要学会：安排各项工作的优先顺序,粗略估计各项工作的时间和占用百分比;在工作中记录实际耗用时间;每日计划时间与实际耗用时间对比,分析时间利用效率;重新调整自己的时间安排,更有效地工作;等等。

三、有效的职业生涯管理模式

职业生涯管理是有规律可循的,大学生在进行职业生涯管理时,可以借鉴一些有效的模式,提高职业生涯管理的效率。

（一）任务管理模式

在职业生涯管理过程中,大学生一定要明确职业生涯各个阶段的发展任务,只有明确任务,才能在职业生涯管理过程中有效地实现自己的目标。任务管理模式对大学生职业生涯发展具有重要意义,既可以作为大学生职业生涯发展的参考,也可以作为大学生职业生涯发展各个阶段实施状况的一个衡量标准。当然,职业生涯发展各个阶段的任务具体到某一个特定的个体和职业,会有一定的差异,但从共性来看主要包括以下内容：

1. 成长阶段——职业准备期(多为24岁之前)

个体身份：学生/求职者。

个体在此阶段的主要任务是接受适当的教育或者培训,以进行知识储备和技能的有效训练。

（1）在知识的学习、业余爱好的形成和提高及各种活动中,个体不断挖掘自己的需要与兴趣,不断发现并发挥自身的才干、知识和能力;

（2）从人际交往与反馈中,个体锻炼角色领悟能力,对自身的存在状况做出判断,初步选择职业方向;

（3）个体了解有关职业信息,制订有倾向的学习计划;

（4）个体寻找试验性的工作或兼职,探索满足自己需要的职业方向。

2. 进入工作领域阶段——职业选择期(多为24—27岁)

个体身份：组织新成员。

个体在此阶段进行职业生涯经验的积累,主要任务是发现自身职业特质和职业兴趣与具体职位的匹配度,锻炼心理素质,继续进行知识储备。

（1）个体衡量组织提供的职业信息(如工作环境、职业种类和待遇等)是否与自己的需要相匹配;

（2）个体学会处理理想与现实之间不相符合所带来的问题;

（3）个体学会与第一个上司/培训者相处,初步建立人际关系网;

（4）个体应尽快熟悉组织文化,尽快了解内情,在一定程度上学会采用"圈子内"独特的语言、符号和行为模式与他人沟通。

3. 职业生涯早期阶段——职业适应期(多为28—32岁)

个体身份：组织中的正式成员。

个体在此阶段已经成为组织的正式成员,承担某一项工作的责任,发挥并发展自己的能力,为提升或进入其他职业领域做准备。

（1）个体学会应对第一项工作带来的成就感或挫折感;

(2) 个体根据领导与同事对自己工作的反映,根据组织提供的职业通路与发展机会,评价自己的工作能力,并评估自己所选择的职业是否正确;

(3) 个体学会应对各种复杂的人际关系;

(4) 个体调整态度与价值观,努力与组织、工作相适应,并进一步判断自己的去留。

4. 职业生涯中期阶段——职业稳定期(多为33—45岁)

个体身份:管理者/咨询顾问。

此阶段,有的人可能被提升,承担更大的责任;有的人可能仍然保持着自己原来的职位;有的人可能在原来的职位上继续钻研,保持着技术权威地位;有的人可能被组织调离到另一个横向职业领域发展;有的甚至离开了组织。

(1) 个体处理自我发展、家庭发展带来的压力,并使之与工作协调起来;

(2) 个体继续学习,保持自己的职位;

(3) 个体发展自己的职业绩效标准,形成自己独立的见解,相信自己的决策;

(4) 个体重新评估自己与组织的关系,考虑是否进行新的职业选择。

5. 职业生涯后期阶段——职业衰退期(多为45岁以后)

个体身份:领导者/非领导者(为组织做出贡献的人/咨询者/专家)。

如果是领导者,则:

(1) 学会整合他人的能力;

(2) 学会行使权力的技巧与技能;

(3) 学会处理组织内部或组织与环境之间的矛盾与冲突;

(4) 从主要关心自己转到更多地为组织的长远利益服务;

(5) 学会承担领导者的角色,挑选与发展接班人;

(6) 正确处理好与家庭的关系,应对家庭的各种变故;

(7) 树立良好的公众形象。

如果不是领导者,则:

(1) 坚持技术上的竞争力,保持自己的技术权威地位;

(2) 学会成为一名良师,带好新员工;

(3) 发展所需要的人际和群体技能;

(4) 扩大和加深兴趣并拓展技术的广度与深度;

(5) 应对比较有能力的年轻员工给自己带来的职位威胁;

(6) 正确处理好与家庭的关系,应对家庭的各种变故。

(二)标杆管理模式

标杆管理是指企业不断寻找和研究行业内一流企业的最佳实践,并以此为基准与本企业进行比较、分析和判断,从而使企业自身得到不断改进,创造优秀业绩的良性循环过程。标杆管理是现代企业的一种新型的经营管理模式,对于提高企业自身产品质量和经营管理水平,以及增强企业竞争实力有突出的效果。在职业生涯管理过程中,每个人都必须随时准备与全球的同行进行比较,向优胜者学习,运用标杆管理的方法进行自我完善。

标杆管理主要包括以下几个方面的内容:

1. 确认标杆管理的目标

标杆管理的目标是大学生职业生涯管理学习的对象,即标杆。大学生确立的标杆可以是自己的专业领域或自己感兴趣的行业领域中的职业生涯典范,也可以是周围熟悉的同学、朋友、教师或父母。大学生在确立标杆时要具体,并有参照的标准。

2. 通过自我分析,对照确立的标杆,找出自身差距,确定学习目标

首先,大学生通过自我分析找出自身职业生涯发展中的问题所在;其次,大学生要确定学习目标。学习目标一定要具体,它可以是标杆的某一项突出职业技能,也可以是一项重要的职业素养。总之,大学生要确定的学习目标是标杆典范在生活和工作等方面表现出来的成功品质。大学生找到自己和标杆的差距之后,通过与标杆的交流或访谈,收集与分析数据,确定标杆的各项指标。

3. 瞄准标杆管理的目标,制定可行的学习目标,把学习细化和量化

这个步骤是标杆管理中最关键的一个部分。首先,大学生要结合标杆的各项指标,找到操作性强的缩短差距的有效途径;其次,在这一基础上进行系统学习与改进,实施标杆管理。在这个步骤中,大学生要结合实际,创造适合自己的职业生涯管理方式;要注意超越自我,克服学习中的惰性。

(三)发展视窗管理模式

发展视窗管理模式是一个很直观的职业生涯管理模式。当大学生开始进行职业生涯管理时,可以按照下列步骤分析职业生涯管理:

(1)准备一张纸,在纸上画一条线,代表你的一生,在这条线的某点画一个"×",代表现在的时间位置。

(2)在"×"下面列出个人项目:你的目标、目前工作的角色、价值观、责任、特质、需求及期望等,只要想到能说明"我是谁"的事情、现象、状况或心态,都可以列出。这些项目可以写在一张纸上,也可分别写在不同的小卡片上。然后再将这些项目按优先顺序或重要性排列起来。

(3)根据上述项目,回答下列问题:

① 哪些项目是暂时的、易逝的?哪些项目是永远的、可以延续的?

② 你希望哪些项目包含在你未来的规划中?你希望摒除哪些项目?

③ 你想再加入或修改哪些项目?

(4)根据过去的经验及个人的感受,回答下列问题:

① 过去有哪些曾让你很兴奋、希望有机会尝试的事情?你希望把这些事情列入你未来的计划中吗?

② 你觉得在工作或学习上,哪方面最能得心应手?哪些技术你最擅长?哪些人际关系你处理得最好?

③ 请列出你的现状与对工作的期望。你认为自己需要什么?又有哪些方面需要学习?

④ 你最想做什么事情?你希望将来的工作是什么样的?你心中理想的工作和人际关系是什么样的?

⑤ 你现在最想停下哪项工作或学习?你现在应该开始着手准备哪项工作或学习?

⑥ 你有哪些资源尚未充分利用或者误用?你是否不需要这些资源?

⑦ 当你的理想行不通时,你的次要选择是什么?

将以上所有你思考的问题,整理并记录在这张纸上。

(5) 从现在开始,每天写日记,进行自我反省和自我思索,从文字中了解自己的感受及价值观。

(6) 为了获得理想工作,你可以运用哪些资源?在这些资源中,哪些是你可以掌握的?哪些是需要他人协助的?请将这些问题整理出来并记录在纸上。

(7) 将以上内容按照先后顺序排列起来,标注在你的职业生涯发展视窗中。根据职业生涯发展视窗的内容,按照一定顺序整理勾画出来,即构成你的职业生涯曲线。

◁ 练习 8-7 ▷

绘制你的职业生涯曲线

1. 请你在白纸上画一条直线作为横坐标轴,这条直线的长度代表你生命的长度。直线的左端代表你生命的开始,右端是你估计自己终老的年龄。

2. 在这条直线上找到你现在的年龄点,做一个标记并注明你的年龄。然后通过该点作一条垂直于横坐标轴的垂线,在上面标上一定的刻度与数字,这个刻度上标记的数字的大小,代表着你对生活的满意程度。

3. 现在开始思考,在未来的职业生涯发展中你要实现哪些理想目标。比如生活、休闲、家庭和事业等方面。

4. 为每一个理想目标估计一个年龄(构成横坐标),并想象它的实现给你带来的满意程度如何(构成纵坐标)?二者垂线的交点,就是你的职业生涯发展中的一个重要的"点"。

5. 最后,请将这些理想目标确定的"点"用平滑的曲线连接起来,即构成你的职业生涯曲线。

将绘制的职业生涯曲线与周围的同学分享,并将交流的真实感受记录下来。

你的职业生涯曲线:

你的感受：
_____
_____
_____

（四）日计划管理模式

"千里之行，始于足下。"大学生要紧紧抓住当下，从现在做起，要善于规划好一天的生活。日计划管理模式将为大学生提供有效的帮助，具体步骤是：

（1）写下今天的目标任务；
（2）估计每一项目标任务完成时间的长短；
（3）简要列出目标任务的计划、行动方法和步骤；
（4）预测目标任务完成可能遭遇的问题以及应对措施；
（5）留些缓冲时间给不能预见的事情；
（6）确定目标任务的优先顺序；
（7）追踪与检讨。

大学生可以在每天早上或晚上做日计划，并检验每天所做的事情是否与周计划相吻合；或者一周以后，检验一周所做的事情是否与月计划相吻合；一个月以后，检验一个月所做的事情是否与季度计划相吻合；一个季度以后，检验一个季度所做的事情是否与年计划相吻合。只有安排好了日计划，你才能够逐步地安排你的周计划、月计划、季度计划和年计划。可见，日计划管理是大学生职业生涯发展的重要基础。

（五）问题诊断与解决模式

在实际的职业生涯管理过程中，大学生只有不断提高自身的知识技能以适应外部环境的变化，才能保持自己的职业竞争力。为了有效地发现职业生涯发展过程中存在的问题，以便提升自身的知识和技能水平，同学们可以通过练习8-8对自己的职业生涯发展状况进行诊断。

◀ 练习8-8 ▶

诊断你的职业生涯发展状况

请你参考下列问题，对自己的职业生涯发展状况进行诊断：
1. 你最辉煌、最成功的时候是哪一段时间？辉煌和成功到了什么程度？
2. 你成功的因素是什么？其中，外部因素是什么？内部因素是什么？
3. 现在，你还具备这些成功因素吗？
4. 你怎样才能使成功因素持续下去？
5. 目前，影响你进一步发展的最大瓶颈是什么？
6. 造成这些瓶颈的因素有哪些？其中，自身可控因素是什么？

7. 在自身可控因素中,哪些是客观因素?哪些是主观因素?
8. 哪些因素必须借助他人或有他人参与才能控制?
9. 你可以控制或改变哪些因素?
10. 你现在可以改变哪些因素?
11. 哪些因素需要创造条件才能改变?
12. 你需要创造什么条件来改变这些因素?
13. 谁来创造条件?
14. 从现在做起,你应该做什么?

通过对以上问题的诊断分析,你可以对自己的职业生涯发展状况做出深刻的剖析,请将这些诊断分析记录下来,并思考你现在最需要解决哪些问题。将这些亟待解决的问题整理出来,并思考如何解决它们。最后,将以上的思考汇总在表8-2中。

表8-2 问题现象与对策

问题现象1	
问题透视	
解决策略	
问题现象2	
问题透视	
解决策略	
问题现象3	
问题透视	
解决策略	

(六)管理技巧模式

英国作家萧伯纳曾说过,征服世界的将是这样一些人:开始的时候,他们试图找到梦想中的乐园,当他们无法找到的时候,就亲手创造了它。任何一个事物都有其发展规律可循,职业生涯管理也是一样。下面总结了职业生涯管理技巧,大学生可以结合自身的实际情况进行分析和借鉴,为己所用。

(1)在职业生涯发展过程中,重要的不是个体现在所处的位置,而是下一步迈出的方向。

(2)职业生涯发展与管理:只要开始,永远不晚;只要进步,总有空间。

(3)职业生涯的每一次飞跃发展都是以学习新知识、建立新观念为前提条件的。

(4)在职业生涯早期,对个体锻炼最大的工作就是最好的工作;在职业生涯中期,收入最多的工作就是最好的工作;在职业生涯后期,实现人生价值最大的工作就是最好的工作。

(5)在职业生涯发展过程中,当个体的工作热情、努力程度不因工资待遇低、不因上级不赏识而减少,就表示个体开始为自己打工了。

(6)个体不要把主要精力放在帮助上级改正缺点和错误上,而是放在如何从上级身上学到优点上。

(7)个体确定自己的职业锚之日,就是其职业转变为事业之时。

(8)个体在职业生涯发展的道路上应该没有空白点;每一种环境、每一项工作都是一种锻炼,每一次挫折、每一次失败都是一次机会。

（9）在职业生涯发展的道路上,只要个体不放弃目标,每一次挫折、每一次失败都是有回报的。

（10）在职业生涯发展初期,个体可能遇到自己不喜欢而且不想从事一生的工作。但需要明白的是:喜不喜欢这份工作是一回事,应不应该做好这份工作、是否有能力做好这份工作是另外一回事。

（11）成功的人和不成功的人就差一点点:成功的人可以无数次修改方法,但绝不轻易放弃目标;不成功的人总是修改目标,而不是修改方法。

（12）职业生涯没有目标不行,目标太多不行,目标总变也不行。个体对目标的处理方法是:选择、明确、分解、组合和时间坐标。

（13）目标分解是在现实处境与理想之间建立可拾级而上的阶梯,目标组合是找出不同的目标之间互为因果、相互促进的内在联系。

（14）求知是自我实现的前提,求美是自我实现的过程。

（15）只有暂时没有找到解决方法的困难,没有解决不了的困难。

（16）个体实现自我令人兴奋,天人合一使人内心平静。

（17）企业不仅是个体挣钱谋生的场所,更是学习进步、实现人生价值的舞台。

（18）内职业生涯发展是外职业生涯发展的前提,内职业生涯发展可以带动外职业生涯发展。

（19）外职业生涯的因素通常由他人决定和给予,也容易被他人否定和剥夺;内职业生涯的因素主要靠自己探索和获得,并且不随外职业生涯的因素改变而改变。

（20）当外职业生涯略超前时,会让个体产生动力;当超前较多时,个体会有压力;当超前太多时,可能对个体产生毁灭性的影响。当内职业生涯略超前于外职业生涯时,个体会觉得很舒心;当超前较多时,个体会很烦心;当超前太多时,个体会承受不了压力而去寻找新的发展空间。

（21）正确的角色定位需要个体的理智,及时的角色转换需要个体的智慧。

四、大学生职业生涯规划的实施

教育与培训是职业生涯规划的一个重要内容,大学生做出职业决策,就意味着行动的开始,行动的第一步就是接受教育或培训,掌握必备的专业知识和技能。

◁ 练习 8-9 ▷

大学期间的教育规划

由于大学生在每一学年的学习重点与心理特征都有所不同,因此可以积极根据每个学年的特点,将学年作为职业生涯规划实施的具体阶段。大学生可以在每个阶段设立目标,进行职业生涯规划,并根据每个阶段的不同目标和自身成长特点,制订一些切实可行的行动计划。表8-3所示为职业院校的学生在大学期间的教育规划。

表8-3 职业院校的学生在大学期间的教育规划

大学阶段	阶段目标	实施方案
大学一年级（上学期）	职业生涯规划的认知	① 适应大学生活，初步确立学习目标； ② 了解自己与社会，做好初步的职业生涯设计； ③ 重点了解自己要从事的职业或与自己所学专业对口的职业； ④ 积极参加社会实践活动，拓展自己的人际关系； ⑤ 加强英语和计算机的学习，为通过国家级考试做准备； ⑥ 初步进行专业的心理咨询和职业咨询，了解社会职位素质要求，参加能力提升训练，使职业目标逐渐与专业、兴趣、爱好等结合； ⑦ 如果有转系、留学、读双学位和提升学历的规划，就要早做准备，了解相关的规定和流程，为自己的职业选择奠定基础
大学一年级（下学期）	职业定向：初步确定职业方向，同时培养相应的职业能力	① 认识自己，确定自己的价值观、动机和抱负，该阶段主要是适应职业，落实职业规划，通过具体的职业心理测试，深化自我认识，认真评估自己的职业目标； ② 积极参加学生会或社团活动，尝试兼职工作，锻炼自己的组织能力、团队协作精神，同时检验自己的知识技能； ③ 加强英语和计算机方面的学习，争取拿到相应的国家级等级证书； ④ 了解与就业相关的法律法规、政策和就业程序，参加专项行为训练，初步制定自己的职业生涯规划，将社会需求与个体需要相结合； ⑤ 积极发现自己的职业竞争力的不足之处，修正自己的职业生涯目标，制订职业竞争力提升计划
大学二年级（上学期）	充分做好职业准备	① 积极进行自我评估和职业评估，检验自己的职业目标是否明确，检验上一年的准备是否充分； ② 了解职业生涯发展的路径、职业目标修正的方法，能对自身职业生涯相关问题进行评估，并发现问题； ③ 完成专业知识的学习，掌握较好的专业技能，考取与目标职业有关的职业资格证书或通过相应的职业技能鉴定； ④ 进行职业体验，尽可能在业余时间从事与自己未来职业、未来专业相关的工作，积累经验
大学二年级（下学期）	做好职场顶岗实习准备	① 了解本届大学毕业生就业相关政策及就业程序，积极进行求职简历和求职技巧学习，收集就业渠道信息； ② 有学历晋升愿望的，要积极搜集招生简章和考试信息，并利用学校就业指导中心，提高面试技巧； ③ 了解相关单位及创业信息，继续参加各项提升训练
大学三年级	进入职场顶岗实训，做好职业定位	① 认真撰写毕业论文，积极大胆地提出自己的观点，同时要重视实习经历，从微观实践上明确自己的岗位职责与要求，为成功就业奠定基石； ② 积累工作经验，整合自己的能力、动机、态度和价值观，逐步发现并确认自己的职业锚

五、大学生职业能力培养

大学生在管理自己的职业生涯过程中,要积极通过职业意识的培养和工作技巧的训练等措施,有意识地培养用人单位所需要的职业能力,真正实现职业生涯的发展与管理。大学生可从以下四个方面进行准备:

(一)提升自我学习能力

首先,大学生从阅读中学习。阅读是最常用的学习方式,书籍是知识的主要载体之一,博览群书,能够开阔视野、拓展思路。书是人类进步的阶梯,书中记载着人类丰富的历史经验,大学生应认真学习书中的知识,可以使自己少走弯路。在阅读的过程中,大学生要准确理解所阅读材料的内容,了解其内涵,把握其真谛、精髓和实质,这是提高学习能力的前提。

其次,大学生要从实践中学习。"知行合一"道出了"知识不用于实践,难以获得真正的智慧"的道理。实践是学习的重要内容,也是学习的重要途径。大学生在实践时,一要自觉地向实践学习,自觉了解实践、尊重实践和总结实践,从实践中获得真知;二要自觉地学习他人的经验,善于运用"他山之石"攻玉。实际上,大学生在实践中经常会遇到难以解决的问题,在解决问题的过程中学习,学习的过程也就是实践的过程。

最后,大学生要善于进行理论创新。大学生在运用所学知识指导实践的同时,善于做"结合"的文章。大学生在运用所学知识时,不应简单照抄照搬,而应坚持具体问题具体分析的原则,做到灵活运用。在此过程中,需要不断总结实践经验,推动理论创新,构建新的理论框架,持续完善知识体系,最终实现个人能力的全面提升与升华。

(二)提升人际交往能力

人际交往能力是职业生涯管理中极其重要的方面。大学生想要有效地提升人际交往能力,可从两方面入手:一是提高对社会情境的辨析能力;二是提高对他人心理状态的洞察力。

(三)提升口语表达能力

出色的口语表达能力,其实是由多种内在素质综合决定的,它需要个体具有冷静的头脑、敏捷的思维、超人的智慧、渊博的知识及一定的文化修养。因此,大学生想要提升口语表达能力,可以从以下几个方面着手:

1. 大学生要努力学习和掌握相关的知识

大学生要博览群书,扩大自己的知识面,增加自己的知识量。

2. 大学生要努力学习和掌握相应的技能和技巧

在重要活动中发表讲话或演讲之前,大学生要做好充分准备:写出讲稿,又不照本宣科;以情感人,充满信心和激情;以理服人,讲稿条理清楚、观点鲜明、内容充实、论据充分;注意概括,力求用言简意赅的语言传达最大的信息量;仪态大方自然,恰到好处地以手势、动作、目光和表情辅助说话;表达准确、吐字清楚、音量适中、语音抑扬顿挫、节奏分明、幽默生动,恰当地运用设问、比喻和排比等修辞手法,以及谚语、歇后语、典故、流行语等语言元素,能够使语言更加幽默生动、富有趣味性;尊重听者的人格,了解听者的需要,设身处地为听者着想,以礼待人;注意听者的反应,根据需要及时调整讲话内容或风格。

3. 大学生要积极参加各种能增强口语表达能力的活动

大学生可以参加演讲会、辩论会、班会、讨论会、文艺晚会、街头宣传和信息咨询等活动,要多讲多练。凡是课堂上教师讲的或自己在书本上学到的知识,大学生应尽可能地用自己的话讲出来,这样做有助于提高口语表达能力。大学生在锻炼口语表达能力时,要有刻苦学习、持之以恒的精神。大学生只有勤于学习、大胆实践、善于总结、及时改进,才能不断提高口语表达能力。

(四)积极自检,促进职业生涯发展

职业生涯发展是指随着时间的推移和社会的发展,从业人员的职业生涯会不断向前发展,既有横向的迁移和变化,又有纵向的晋升变化。职业发展也包括职业需求和期望、职业态度、择业观和价值观的变化。因此,大学生在职业生涯管理过程中,要积极自检,发现并及时调整存在的问题及不足,促进职业生涯的发展。

通常,大学生积极自检包括但不限于以下几个方面:

1. 恪尽职责能力

(1) 在学业或者生活上,为了达到目的,习惯于直面困难并解决它;
(2) 为了不影响学习,尽可能避免人际冲突;
(3) 如果做错事情,承认错误并从中吸取教训;
(4) 面对问题并且努力解决它,而不让问题继续困扰自己;
(5) 当有私人问题时,仍然能够集中精力学习;
(6) 当有紧急事件发生时,不惊不慌,平心静气地解决它。

2. 计划能力

(1) 在学习和生活上,进行长远规划;
(2) 对于学习,至少在一个星期以前就筹划完善,知道什么时候做、怎样做;
(3) 熟悉制订计划的技巧;
(4) 在开始学习某一专业课程之前,详尽地规划自己的学习方法;
(5) 常常在规定的时间内完成学习任务。

3. 控制能力

(1) 要按照已制订好的计划和日程表学习;
(2) 能够更好地执行学习计划;
(3) 能够定期检查学习成效;
(4) 在规定的时间内完成学习计划。

4. 口语表达能力

(1) 花费一些时间用于交际;
(2) 当陈述问题时,他人能明白你的意思;
(3) 能够让他人听懂你交付给他的任务;
(4) 能够全神贯注地与他人沟通。

5. 文字表达能力

(1) 能够将有关学习或者工作上的重要事情写在备忘录上;
(2) 能够将比较复杂的问题整理后写出来;

(3) 能够熟练掌握文章的语法结构和逻辑结构,写的文章具有说服力和可读性;
(4) 能够写一篇让外行人也看得懂的专业报告。

6. 创造能力
(1) 当听到其他人的创新时,能够举一反三并在自己的学习中尝试;
(2) 在学校生活上,常常思考采用更好的方法来做事情;
(3) 在面对困难时,能够提出创造性的见解。

7. 主动能力
(1) 在目前的学习上,大部分的学习方法是自己选择的;
(2) 在不被他人督促的情况下,能够随时主动学习;
(3) 在学习上碰到困难时,首先尝试自己解决;
(4) 能够积极参加集体活动;
(5) 能够按照计划行事,做到今日事今日毕。

8. 适应能力
(1) 当自己的意见或者计划与他人不一致时,能够倾听他人的想法;
(2) 能够增加对事物的了解,改变自己对某种观念、方法或他人的看法;
(3) 能够接受"渐进式改变",并尽力为实现改变而努力;
(4) 在处理问题时,能够不受先入为主的观念影响;
(5) 在被批评时,认为这是学习和改进的机会并能够虚心接受。

大学生在今后的职业生涯学习与发展的过程,要继续坚持职业生涯发展的观念,不断地检验和提升自己的职业能力与素养,并真正地在自己的职业发展领域独占鳌头,最后走向人生的成功。

成功者的足迹

比尔·拉福的故事

1. 学习生涯和职业生涯轨迹

美国知名企业家比尔·拉福中学毕业后,考入麻省理工学院。他没有选择经济学专业,而是选择工科中最普通、最基础的专业——机械制造专业。

大学毕业后,比尔·拉福考入芝加哥大学,攻读为期三年的经济学硕士学位。

出人意料的是,获得经济学硕士学位以后,他并没有从事与商业有关的职业,而是考了公务员。

在政府部门工作了五年后,他辞职去通用集团。又过了两年,他开办了自己的商贸公司。

2. 学习生涯和职业生涯规划简图

机械制造专业的学习→工学学士→经济学专业的学习→经济学硕士→政府部门工作,锻炼为人处世的能力、建立广泛的人际关系→在大公司工作,熟悉商务环境→自创公司→事业成功。

单元八　你的职业生涯管理

第一阶段：机械制造专业的学习

选择：在中学时代，比尔·拉福就立志经商。当时他的父亲是洛克菲勒集团的一名高级职员，他发现儿子有商业天赋，行事机敏果断、敢于创新，但经历的磨炼太少，没有经验，更缺乏必要的知识。于是，父子俩进行了一次长谈，并描绘出比尔·拉福的职业生涯蓝图。因此，升学时比尔·拉福没有选择经济学专业，而是选择了工科中最基础、最普通的机械制造专业。

评析：从事商品贸易工作必须具备一定的专业知识。在商品贸易中，工业产品占绝大多数，如果不了解产品的性能和生产制造情况，就很难保证在商品贸易中得利。比尔·拉福在机械制造专业学习，不仅培养他的工业产品的相关知识技能，而且让他建立一套严谨求实的思维体系。而清晰的推理分析能力、脚踏实地的工作态度，正是从事商品贸易工作所需要的基本素质。

收获：比尔·拉福在麻省理工学院的四年，除了机械制造专业之外，还广泛接触了其他工科课程，如化工、建筑和电子等，这些知识在他后来的商业活动中发挥了举足轻重的作用。

第二阶段：经济学专业的学习

选择：大学本科毕业之后，比尔·拉福并没有立即投身商海，而是考进芝加哥大学，开始了为期三年的经济学专业的学习。

评析：在市场经济中，一切经济活动都通过商业活动来实现，如果不了解经济规律，不懂得经济学知识，就很难在商场中立足。

收获：比尔·拉福掌握了经济学的基本知识，掌握了影响商业活动的众多因素，还认真学习了有关法律和微观经济活动的管理知识。几年下来，他对会计和财务管理也较为精通，已完全具备了经商的知识结构。

第三阶段：政府部门工作

选择：比尔·拉福拿到经济学硕士学位之后考取了公务员，在政府部门工作了五年。

评析：经商必须有很强的人际交往能力，要想在商业上获得成功，必须深知处世规则，善于与人交往，建立诚信合作关系。这种开拓人际关系的能力只有在社会工作中才能得到提高。

收获：在环境的塑造下，比尔·拉福养成了强烈的自我保护意识，由稚嫩的热血青年成长为一名老成、处变不惊的公务员，并结识了各界人士，建立起一套人际关系网络，为后来的商业发展提供大量的信息和便利条件。

第四阶段：通用集团锻炼

选择：五年的政府工作结束之后，拉福完全具备了成功商人所需的各种素质，于是他辞职去了通用集团。

评析：通过各种学习获得足够的知识，但知识要通过实践的锻炼才能转化为技能。这也是大学生进行职业生涯管理应该借鉴的地方，即除了激情，还应该考虑更多的现实。

收获：在国际著名的通用集团进行锻炼，比尔·拉福不仅为实践所学的理论找到了一个强大的平台，而且学习了丰富的管理经验，完成了原始的资本积累。

第五阶段：自创公司，大展身手

选择：两年后，比尔·拉福已熟练掌握了商情与商务技巧，便婉言谢绝了通用集团的高薪挽留，开办了拉福商贸公司，开始了梦寐以求的经商生涯，实现多年前的计划。

评析：时机成熟后，应果断决策，切忌浪费时间，应抓住契机实现计划。

收获：比尔·拉福在成立公司前做的准备工作，几乎考虑了每个细节。拉福商贸公司的成长速度出奇地快，20年后，拉福公司的资产从最初的25万美元增长到200亿美元。

比尔·拉福的职业生涯设计脉络清晰，步骤合理，充分考虑了个人兴趣和个人素质，并着重于职业技能的培养，这种职业生涯设计在他坚持不懈的努力下，终于变为现实。

（作者根据网络资料整理）

课后任务

完成附录——大学生个人职业发展档案。

附　录
大学生个人职业发展档案

1. 个人情况

基本信息						
姓　名		学　号		性　别		1寸 免冠 照片
籍　贯		出生年月		政治面貌		
专　业		年　级		外语水平		
计算机水平						
技能证书						

文化教育		
起止时间	地点	教育机构
至		
至		
至		
至		

主修课程			
课程名称	学分	课程名称	学分

所受培训			
起止时间	地点	培训机构	所获证书

工作或社会实践活动		
起止时间	工作或社会实践单位	工作或实践活动主要内容及成果

个人情况总结

2. 当前情况

当前在校情况		
专业知识性技能			
课外辅修	选修课程	
	课外阅读	
社团活动	参加社团	职务	参加或主办的活动
兼职情况	兼职单位	职务	主要工作

自我描述	
自我性格描述	
职业价值观描述	
职业兴趣描述	
学习风格描述	
职业技能描述	

附录　大学生个人职业发展档案

职业匹配	
自我性格 匹配职业	
职业价值观 匹配职业	
职业兴趣 匹配职业	
学习风格 匹配职业	
职业技能 匹配职业	
自我职业定位	
综合职业测评及自我总结,分析将来你可能从事的职业:	

可附页

221

3. 当前目标计划及未来计划

当前目标计划				
目标	成本	所需时间	所获证书	具体能力
外语				
计算机				
技能证书				
专业学习				
社团活动				
课外阅读				
工作实践				

注：个人要有达成目标的具体可行计划，包括准备阶段每天的安排

附录 大学生个人职业发展档案

毕业后 0—3 年计划	
升（调）职	
业绩目标	
所需知识及能力	
有效途径	
注：包括成本、时间、地点和质量	
效果评估	

毕业后 3—5 年计划	
升（调）职	
业绩目标	
所需知识及能力	
有效途径	
注：包括成本、时间、地点和质量	
效果评估	

发展行动日志

可附页

参 考 文 献

[1] 阮雪刚,沈菁.大学生职业生涯规划与就业指导[M].北京:电子工业出版社,2024.
[2] 吴伟,张猛,初晓卓.美好前程:大学生职业生涯规划[M].修订本.上海:上海交通大学出版社,2024.
[3] 大J.一半命运设定,一半我来决定[M].南宁:接力出版社,2024.
[4] 张元奎.大学生职业生涯规划与就业指导[M].上海:上海交通大学出版社,2024.
[5] 乔志宏,刘锐.大学生职业生涯规划与就业指导教程[M].北京:清华大学出版社,2023.
[6] 吴芝仪.我的生涯手册[M].北京:经济日报出版社,2021.
[7] 马华兴,王鹏.做出好选择[M].北京:中国友谊出版公司,2021.
[8] 吴剑.职业规划与大学生涯[M].北京:经济科学出版社,2019.
[9] 王占军.大学生职业生涯规划咨询案例精编M].上海:华东师范大学出版社,2017.
[10] 钟思嘉,金树人.大学生职业生涯规划:自主与自助手册[M].北京:高等教育出版社,2017.
[11] 贾杰.别装了,其实你没病:生涯微咨询欢乐答疑[M].北京:北京大学出版社,2017.
[12] 钟谷兰,杨开.大学生职业生涯发展与规划[M].2版.上海:华东师范大学出版社,2016.
[13] 贾杰.活得明白:生涯咨询的十八个典型[M].北京:北京大学出版社,2015.
[14] 王丽,朱宝忠.大学生职业生涯规划训练手册[M].北京:北京理工大学出版社,2014.
[15] 于秀国,徐世艾.目标牵引式大学生学业规划的探索与实践[M].北京:首都经济贸易大学出版社,2013.
[16] 丹尼尔·卡尼曼.思考,快与慢[M].胡晓姣,等译.北京:中信出版社,2012.
[17] 汉娜,拉德克,萨基特.职业生涯设计:沟通引领你通往成功(原书第4版)[M].刘颖,译.北京:机械工业出版社,2011.
[18] 赵麟斌.大学生职业生涯规划与就业指导[M].2版.北京:北京大学出版社,2011.
[19] 金树人.生涯咨询与辅导[M].北京:高等教育出版社,2007.